Les Éditions du Boréal
4447, rue Saint-Denis
Montréal (Québec) H2J 2L2
www.editionsboreal.qc.ca

CHRONOLOGIE
DU QUÉBEC

Québec sous la loi des mesures de guerre 1918, Boréal, 1971.

René Lévesque, portrait d'un Québécois, La Presse, 1973.

Brève Histoire du Québec (en collaboration avec Jean Hamelin), Boréal, 1981.

Les Quatre Saisons dans la vallée du Saint-Laurent, Boréal, 1988.

Un citadin à la campagne. Quatre saisons à Sainte-Anastasie, Boréal, 1995.

Le Regard infini (en collaboration avec Pierre Morency et Luc-Antoine Couturier), MultiMondes, 1999.

Jean Provencher

CHRONOLOGIE DU QUÉBEC

1534-2007

Troisième édition mise à jour

Boréal

Les Éditions du Boréal reconnaissent l'aide financière du gouvernement
du Canada par l'entremise du Programme d'aide au développement
de l'industrie de l'édition (PADIÉ) pour ses activités d'édition
et remercient le Conseil des Arts du Canada pour son soutien financier.

Les Éditions du Boréal sont inscrites au Programme d'aide aux entreprises
du livre et de l'édition spécialisée de la SODEC et bénéficient du Programme
de crédit d'impôt pour l'édition de livres du gouvernement du Québec.

Photo de la couverture : Jean-Claude Dufresne, Centre-ville, 1440, avenue Union
(Montréal). Don de CCDMD.

© Les Éditions du Boréal 2008
Dépôt légal : 2ᵉ trimestre 2008
Bibliothèque et Archives nationales du Québec

Diffusion au Canada : Dimedia
Diffusion et distribution en Europe : Volumen

*Catalogage avant publication de Bibliothèque et Archives nationales du Québec
et Bibliothèque et Archives Canada*

Provencher, Jean, 1943-
    Chronologie du Québec : 1534-2007
    3ᵉ éd. mise à jour.
    (Boréal compact ; 122)
    Comprend un index
    ISBN 978-2-7646-0592-9
    1. Québec (Province) – Histoire. – Chronologie. I. Titre.
FC2911.P76   2008   971.4002'02   C2008-940689-3

À mes chers enfants,
Sébastien et Emmanuelle

Introduction

Si, par la magie de l'histoire, on pratique une coupe verticale en un point précis de la trame vivante du temps, un monde multiforme prend vie devant nos yeux. À quelque époque que ce soit, des gens besognent, occupés à assurer leur vie quotidienne. D'autres, chanceux ou habiles, créent, inventent ou s'embarquent pour des continents inconnus. Quelques-uns s'emparent du pouvoir politique par la force, tandis que d'autres encore y sont portés par la volonté de leurs concitoyens. La vie des hommes et des femmes est jalonnée par les événements qui marquent leur communauté ou le monde. Leur existence est parfois bouleversée par des cataclysmes naturels ou par les revers de fortune qui caractérisent les institutions humaines. Ils subissent également l'influence de leurs contemporains.

Mais parce que l'histoire témoigne d'une réalité en perpétuelle transformation, les noms et les dates qui hantent nos mémoires ne prennent toute leur signification que lorsqu'on les place en perspective. La grande vertu d'une chronologie du genre de celle qui vous est présentée ici est de traduire sur le plan visuel, donc dans un langage immédiatement compréhensible, les rapports complexes et subtils qui relient les divers événements historiques.

Voici donc une vaste chronologie du Québec depuis 35000 av. J.-C., date approximative de l'arrivée des Indiens en Amérique, jusqu'à 2000. Même si ce n'est pas là son premier objectif, elle saura probablement vous divertir. Le poète et philosophe américain Henry David Thoreau disait : « Le temps est un ruisseau dans lequel je vais pêchant. » Cet ouvrage vous invite à pêcher dans le ruisseau du temps. Vous en rapporterez peut-être des choses que vous saviez déjà, mais il est sûr aussi que vous y ferez des découvertes qui vous rempliront d'étonnement.

Pour le Québec, dont l'isolement spatial s'est longtemps traduit par un « retard » correspondant, ce genre d'ouvrage est particulièrement révélateur. En 1614, alors que Québec a 6 ans, que Trois-Rivières naîtra dans 20 ans et Montréal, dans 28 ans, l'Écossais John Napier, à la recherche de nouvelles méthodes de calcul numérique, invente les logarithmes. En 1673, alors que le gouverneur Frontenac interdit de nourrir et d'entretenir des bêtes à cornes en ville, Louis Jolliet et Jacques Marquette descendent le Mississippi jusqu'à la frontière de l'Arkansas et de la Louisiane, et Molière meurt après une représentation du *Malade imaginaire*.

Par contre — et probablement en grande partie à cause de cela même — l'accélération de l'histoire qui a marqué le XXᵉ siècle s'est incarnée de façon spectaculaire dans le Québec de l'après-guerre. Quand le FLQ fait sauter ses premières bombes, on parachève la nationalisation de l'électricité et on fonde la revue *Parti pris*. Quand le Parti québécois tient le référendum, c'est l'élection de Ronald Reagan à la présidence des États-Unis et la naissance en Pologne du syndicat libre Solidarité.

Voilà bientôt 25 ans que je recueille des dates, toutes sortes de dates, dans les ouvrages les plus divers, avec l'idée de publier un jour le présent ouvrage. Assurément, il a fallu faire un choix. J'ai privilégié le Québec d'abord, puis la vie en Occident depuis le XVIᵉ siècle. Bien sûr, le choix des événements retenus est personnel. Peut-être l'intérêt du lecteur naîtra-t-il de l'inattendu et, qui sait, du côté arbitraire de ce choix.

De même, il a fallu répartir ces événements à l'intérieur de certaines catégories. J'ai choisi les quatre grandes rubriques suivantes : « Culture et société », « Politique », « Amérique du Nord », « Monde ». Le défi consistait à créer des catégories qui puissent s'appliquer aux diverses périodes de l'histoire d'un continent qui a connu de nombreux découpages politiques en même temps qu'elles donnent une version cohérente d'événements fort divers. Bien sûr, d'autres modes de découpage auraient été possibles et auraient jeté un éclairage différent sur les événements rapportés. Encore là, j'espère que la liberté dont je me suis prévalu en découpant ainsi la réalité fera naître de rafraîchissantes perspectives dans l'esprit du lecteur.

Jean Provencher

QUELQUES DATES IMPORTANTES AVANT 1534...

35000 av. J.-C.

Arrivée des premiers Asiatiques en Amérique à travers le détroit de Behring, alors un isthme.

12000 av. J.-C.

Âge des ossements humains les plus anciens découverts en Amérique.

8000 av. J.-C.

Premiers chasseurs et cueilleurs attestés dans le sud de la Patagonie. • Vestiges d'une civilisation archaïque au Pérou.

Vers 4000 av. J.-C.

Invention de l'écriture en Égypte.

Vers 2400 av. J.-C.

Les Inuits arrivent de la Sibérie et occupent l'Arctique canadien.

Vers 500 av. J.-C.

Naissance de la civilisation maya.

100

Début des relations maritimes entre l'Extrême-Orient et l'Amérique centrale.

700-800

Chez les Mayas, progrès décisifs en astronomie et en arithmétique.

800-925

Effondrement de la civilisation maya.

Vers 980

Début du règne des Incas au Pérou.

Vers 1000

Les Vikings de Leif Eriksson débarquent probablement à Terre-Neuve, sur les rives du golfe du Saint-Laurent et même de l'estuaire du même nom.

1291

Voyage des frères Vivaldi depuis Gênes vers l'ouest.

1348

Première grande épidémie de « peste noire » en Europe.

1400-1500

Décadence et guerres civiles en pays maya.

1431

Née en 1412, Jeanne d'Arc meurt sur le bûcher.

1440-1469

Moctezuma Ier est au pouvoir en Amérique centrale. C'est le début du règne de la confédération aztèque.

1451

Naissance de Christophe Colomb.

1454

Parution de la Bible de Gutenberg.

1474

Voyage de Christophe Colomb dans les îles grecques.

1480

Léonard de Vinci dessine une machine en forme de vis et dont la voilure tourne autour d'un axe vertical. On dit qu'il a conçu alors l'hélicoptère.

1491

Naissance de l'explorateur Jacques Cartier à Saint-Malo, en France.

1492

Christophe Colomb arrive en Amérique aux îles Lucayes, aujourd'hui les Bahamas.

1494

Christophe Colomb explore les côtes de Cuba. L'Espagne et le Portugal se partagent le Nouveau Monde à l'occasion du traité de Tordesillas.
• Naissance du futur roi de France François Ier.

1497

L'Italien Giovanni Caboto explore la côte est de l'Amérique du Nord et vraisemblablement le golfe du Saint-Laurent.
• Partant de Lisbonne, Vasco de Gama se rend en Inde en contournant le cap de Bonne-Espérance.

1506

Christophe Colomb meurt
en Espagne.

1508

Les Espagnols commencent
l'occupation de Puerto Rico.

1509

Premier établissement portugais
permanent au Brésil par Diego
Alvarez Correa.

1512

Nicolas Copernic affirme le
premier que la Terre n'est pas le
centre de l'univers, mais qu'elle
tourne autour du Soleil.

1513

Ponce de León explore la côte de
la Floride. • Le 13 septembre, Vasco
Nunez de Balboa découvre la mer
du Sud (l'océan Pacifique) après
avoir franchi le détroit de Darién,
entre le Panamá et la Colombie.

1515

François Ier devient roi de France.

1519

Fernand Cortez débarque au
Mexique. • Départ de Magellan
pour les Philippines.

1521

Goridllo y Guijos explore la côte
de la Floride jusqu'au cap Hatteras.

1524

L'Italien Giovanni da Verrazzano fait
un voyage sur les côtes de
l'Amérique du Nord au nom
du roi de France.

1525

Domination des Espagnols en
Amérique centrale. • Fin de la
dynastie aztèque.

1529

Piero Valeriano importe le haricot
d'Amérique pour le pape
Clément VII.

1532

Francisco Pizarro conquiert l'Empire inca en Amérique du Sud, au
moment où le dernier roi tarasque
est exécuté en Amérique centrale.

LA NOUVELLE-FRANCE
1534-1760

Dessin d'Andrew Morris. Lithographie de N. Sarony, New York, 1850.

L'explorateur Jacques Cartier prend possession du Canada au nom du roi de France.

Second voyage de Jacques Cartier au Canada, au cours duquel il se rend jusqu'à Montréal. L'hiver passé à Stadaconé (Québec) est très dur. Jacques Cartier perd 25 de ses 110 hommes d'équipage.

L'Espagnol Ignace de Loyola fonde la Compagnie de Jésus.

Fondation de l'ordre des Ursulines par l'Italienne Angela Merici.

CULTURE ET SOCIÉTÉ

POLITIQUE

AMÉRIQUE DU NORD

Par ce document, François Iᵉʳ nomma Cartier « capitaine general et maistre pillotte » et le chargea de retourner à Hochelaga pour tenter d'atteindre le royaume du Saguenay. La commission est révoquée trois mois plus tard, à la nomination de Roberval. Lettres patentes de Cartier pour le troisième voyage, 17 octobre 1540, Bibliothèque nationale, Paris.

MONDE

De retour en France après une absence de 14 mois, Jacques Cartier présente un rapport au roi François Iᵉʳ, affirmant avoir trouvé une rivière de 800 lieues (le Saint-Laurent) qui peut conduire à l'Asie.
• Michel-Ange entreprend de peindre le *Jugement dernier* sur le mur du fond de la chapelle Sixtine.

Mort en France du chef de Stadaconé, Donnaconna. • Tenue d'une première loterie publique en France.

Detail de la carte dite de Vallard (1547).

Soumission des Mayas du Yucatán à Francisco de Montejo.

Troisième voyage de Jacques Cartier au Canada.

Frénétiques dans leur recherche d'or, quelques centaines d'Espagnols réussissent à conquérir d'immenses territoires en Amérique centrale et à les piller de leurs trésors.

CULTURE ET SOCIÉTÉ

Jean-François de La Roque, seigneur de Roberval en Valois et de Pois-en-Rethelois, vers 1535, Musée Condé, Chantilly.

POLITIQUE

AMÉRIQUE DU NORD

Sur ordre du roi de France, Jean-François de La Rocque de Roberval arrive au Canada avec mission de fonder une colonie et de répandre la foi catholique.

MONDE

Jacques Cartier retourne en France avec une importante cargaison qu'il croit de diamants et d'or. À l'examen, cela se révèle être du quartz et de la pyrite de fer, d'où le proverbe « faux comme un diamant du Canada ».
• Mise en place du tribunal de l'Inquisition à Rome par le pape Paul III.

Le froid, la famine et la maladie obligent La Rocque de Roberval et tout son équipage à rentrer en France. • Le navigateur et mécanicien espagnol Blasco de Garay soumet à Charles V les plans d'un navire à vapeur.

La narration de Jacques Cartier est publiée sous le titre de Brief récit, & succincte narration, de la navigation faicte es ysles de Canada, Hochelaga & Saguenay & autres, avec particulieres meurs, langaige, & cerimonies des habitants d'icelles : fort delectable à veoir. *Peinture à l'huile de Théophile Hamel, Bibliothèque du Parlement du Canada, Ottawa.*

L'explorateur Jacques Cartier publie à Paris la relation de son second voyage. • Première assemblée du Concile de Trente pour faire face aux progrès de la Réforme protestante.

Mort de François Ier. Henri II devient roi de France.

Vue de Saint-Malo.

Fondation de l'Université de Mexico.

Mort de l'explorateur Jacques Cartier à Saint-Malo.

En s'inspirant du récit de Cartier, le Vénitien Ramuzio illustre Hochelaga : double rangée de palissades, marins accueillis par le chef devant l'entrée et le mont Royal (Monte Real) à gauche.

L'anatomiste italien Realdo Columbo décrit pour la première fois les positions et les gestes du fœtus humain.

Charles IX devient roi de France.
• Jean Nicot importe en France des plants de tabac d'Amérique.

CULTURE ET SOCIÉTÉ

POLITIQUE

AMÉRIQUE DU NORD

MONDE

CULTURE ET SOCIÉTÉ

S'ils choisissent en connaissance de cause la vie périlleuse et épuisante de matelot, les hommes du XVIᵉ siècle n'ignorent pas que l'expédition peut se terminer par un naufrage.

POLITIQUE

AMÉRIQUE DU NORD

Fondation de San Augustin, en
Floride.

Henri III devient roi de France.

MONDE

Gravure d'époque, inspirée de l'expédition de Martin Frobisher au Labrador.

Le navigateur anglais Martin Frobisher découvre au Canada la baie qui portera son nom. • Grande épidémie de matlazahualt au Mexique : plus de la moitié de la population autochtone est anéantie.

Des marchands de Saint-Malo, de Rouen et de Dieppe organisent des expéditions à la recherche de fourrures dans le golfe du Saint-Laurent, à des fins purement commerciales.

lou marin

CULTURE ET SOCIÉTÉ

POLITIQUE

AMÉRIQUE DU NORD

MONDE

Gravure de 1775 représentant les combats entre Indiens en Nouvelle-France.

Des Malouins équipent cinq navires pour le commerce des fourrures le long du Saint-Laurent. Ils en retirent un tel avantage qu'ils doublent aussitôt le nombre de bâtiments.

Le marchand de Rouen Étienne Bellenger fait rapport de son exploration du golfe du Saint-Laurent et ramène en France des fourrures qui rapportent du dix pour un.

Le développement par les compagnies

Au XVIe siècle, le manque de capitaux entrave la France dans ses tentatives de s'implanter en Amérique. La colonisation aux frais de l'État se révèle un fardeau excessif pour un roi engagé dans les guerres de religion. Le commerce des fourrures, bientôt florissant, permet de trouver une solution à ce problème : en retour d'un monopole exclusif octroyé par l'État, une compagnie privée assumerait, à même ses bénéfices, le fardeau du peuplement du territoire. D'où l'origine du système des compagnies utilisé d'abord par Henri IV.

La compagnie a le pouvoir de peupler et fortifier le pays, de faire le commerce avec les autochtones et de prescrire des lois et des ordonnances. Elle délègue ses pouvoirs à un lieutenant, qui prend le titre de gouverneur en 1635. Mais, en 1663, la colonie, peu peuplée et mal administrée, vit encore dans un état précaire. Force est de constater que les diverses compagnies qui se sont succédé au fil du temps — celles des Marchands, du Canada, de Caen, des Cent-Associés, de Rouen et la Communauté des Habitants — ont failli à la tâche. Le roi Louis XIV, poussé par son ministre Colbert, reprend en main la colonisation française en Amérique et effectue une profonde réorganisation administrative. La Nouvelle-France acquiert alors ses institutions administratives essentielles (gouverneur, intendant, conseil souverain) et les compagnies qui seront formées par la suite ne détiendront que des monopoles commerciaux.

CULTURE ET SOCIÉTÉ

POLITIQUE

Avec François Gravé du Pont, le capitaine de marine Pierre de Chauvin de Tonnetuit fonde Tadoussac, site stratégique pour la traite des fourrures avec les Montagnais.

AMÉRIQUE DU NORD

Assassinat de Henri III. Henri IV devient roi de France.

MONDE

Shakespeare publie *Hamlet.* • On joue à Florence, à l'occasion du mariage de Henri IV et de Marie de Médicis, le premier opéra complet de l'histoire de la musique, *Euridice,* créé par Jacopo Peri. • Des opticiens hollandais inventent le télescope.
• Pour la première fois, on utilise la harpe dans les orchestres.

CULTURE ET SOCIÉTÉ

POLITIQUE

AMÉRIQUE DU NORD

MONDE

Illustration sur la bordure d'une carte de 1593 représentant l'Amérique du Nord.

Le capitaine de marine François Gravé du Pont et l'explorateur et géographe Samuel de Champlain remontent le Saint-Laurent jusqu'au sault Saint-Louis et se livrent à un nouvel inventaire des lieux.

Les premiers rails pour le guidage des roues font leur apparition dans des mines de la région de Newcastle, en Angleterre.

Grave épidémie de « peste noire » en Angleterre.

Samuel de Champlain, lieutenant du vice-roi.

Pierre du Gua de Monts et Samuel
de Champlain explorent l'Acadie.
• Fondation de Port-Royal.

William Shakespeare.

Miguel de Cervantes publie la
première partie de *Don Quichotte*.
• William Shakespeare publie
Macbeth et *Le Roi Lear*. Abraham
Verhoeren fait paraître à Anvers *De
Nieuwe Tijdinghen*, le premier journal
à connaître une périodicité régulière.

CULTURE ET SOCIÉTÉ

POLITIQUE

L'« Abitation » de Québec sert à la fois de logement, d'entrepôt et de réduit de défense.

AMÉRIQUE DU NORD

Le baron Jean de Biencourt de Poutrincourt et de Saint-Just devient commandant de Port-Royal, le premier établissement fondé en Acadie.

La Compagnie de Londres fonde Jamestown, en Virginie, premier établissement anglais sur le continent nord-américain.

MONDE

Claudio Monteverdi compose la musique d'*Orfeo*, considéré comme un chef-d'œuvre et toujours interprété aujourd'hui.

CULTURE ET SOCIÉTÉ

Au printemps, quand les navires reviennent de France, les survivants sont affaiblis par la sous-alimentation et le scorbut.

POLITIQUE

Le 3 juillet, Samuel de Champlain fonde Québec et y construit un agglomérat de bâtiments qu'il appelle l'« Abitation » de Québec. La ville compte alors 28 personnes. • Jean Duval, serrurier, est pendu haut et court à Québec pour avoir projeté de tuer Champlain afin de livrer Québec aux Basques et aux Espagnols et de faire ainsi fortune. • Au cours de l'hiver, 20 des 28 hommes meurent.

Champlain conclut une alliance avec la nation huronne.

AMÉRIQUE DU NORD

On donne le nom de Nouvelle-France au Canada. • Aux États-Unis, Henry Hudson explore la baie de Delaware et la rivière Hudson.

MONDE

Fondation à Londres du club de golf Royal Blackheath, toujours en exploitation. Le premier club, le St. Andrews, avait été fondé en 1552.

Du thé en provenance de Chine est expédié en Europe pour la première fois par l'intermédiaire de la Dutch East India Company. • Galilée met au point son télescope.

Iroquois pilant le maïs dans un mortier. Dessin dans Voyages de Champlain.

L'explorateur Henry Hudson découvre la baie d'Hudson et la baie James. • John Guy, en provenance de Bristol, s'installe avec un groupe de colons à la baie de la Conception, à Terre-Neuve.

Arrivée à Port-Royal, en Acadie, des pères Biard et Massé, les premiers jésuites en terre d'Amérique.
• L'infortuné explorateur Henry Hudson trouve la mort, abandonné de son équipage en révolte.

Assassinat de Henri IV. Louis XIII devient roi de France.

Samuel de Champlain est nommé lieutenant de la Nouvelle-France ; il devient ainsi le plus important personnage du pays.

Les colons anglais de la Virginie, dirigés par Argall, détruisent les établissements français à Port-Royal, en Nouvelle-Écosse, et empêchent la colonisation française au Maryland.

Naissance en France du fondateur de Montréal, Paul de Chomedey de Maisonneuve. • En Angleterre, on brûle des hérétiques pour la dernière fois.

Champlain publie à Paris ses *Voyages*. On commence à utiliser de la monnaie de cuivre en Occident.

CULTURE ET SOCIÉTÉ

Arrivée en Nouvelle-France des quatre premiers récollets, missionnaires religieux qui continueront leur œuvre pendant près de deux siècles.

Illustration figurant sur la « Carte géographique de la Nouvelle-France faicte par le Sievr de Champlain Saint Tongois capitaine ordinaire pour le roy de la marine ».

POLITIQUE

AMÉRIQUE DU NORD

Champlain gagne la Huronie en empruntant la rivière des Outaouais, la rivière Mattawa, le lac Nipissing et la rivière des Français. Bientôt il découvre le lac Huron, la « mer douce », et revient à Québec au printemps de 1616. • Entrée en exploitation de la Compagnie du Canada.

MONDE

Fondation de la Compagnie des Marchands par des négociants de Rouen et de Saint-Malo à qui l'on accorde le monopole de la traite des fourrures en Nouvelle-France.
• L'Écossais John Napier, à la recherche de nouvelles méthodes de calcul numérique, invente les logarithmes.

Louis Hébert, surnommé plus tard « le premier agriculteur du Canada », s'établit à Québec avec son épouse, Marie Rollet, et leurs trois enfants.

Détail de la bordure d'une carte de la Nouvelle-France publiée en 1612.

En France, le duc de Richelieu devient secrétaire d'État. • Première comparution de l'astronome italien Galilée devant le tribunal de l'Inquisition.

CULTURE ET SOCIÉTÉ

POLITIQUE

AMÉRIQUE DU NORD

MONDE

CULTURE ET SOCIÉTÉ

POLITIQUE

Champlain présente un mémoire à
Louis XIII, dans lequel il fait valoir sa
vision d'une colonie française dont le
centre serait Québec.

AMÉRIQUE DU NORD

Arrivée en Virginie des premiers
esclaves noirs en Amérique.

MONDE

*Inuit dessiné à la faveur de l'expédition de Frobisher. Détail d'une aquarelle de John White,
copiée par Sloane, British Library, Londres.*

L'une des filles de Louis Hébert et de Marie Rollet donne naissance au premier enfant à survivre dans la colonie.

Construction du Couvent des Récollets à Québec.

Champlain fait construire le fort Saint-Louis à Québec, au sommet du cap Diamant.

Les franchises de la Compagnie du Canada, détenant le monopole de la traite des fourrures pour la région supérieure de la vallée du Saint-Laurent, soit à partir de Matane, passent aux mains d'une nouvelle société, la Compagnie de Caen.
• Les 120 Pilgrim Fathers, partis d'Angleterre sur le *Mayflower,* débarquent au Massachusetts et fondent Plymouth, le premier véritable établissement européen aux États-Unis.

Tentative anglaise de coloniser Terre-Neuve et la Nouvelle-Écosse. Aux États-Unis, on célèbre en novembre le premier Thanksgiving Day.

On plante des pommes de terre en Allemagne pour la première fois.

Partie d'une carte de 1616 dédiée « À Monseigneur le Marquis de Seignelay et Lonré ».

En France, le duc de Richelieu est nommé cardinal.

Une loi sur les brevets est adoptée en Angleterre pour protéger les inventeurs.

À l'invitation des Récollets, arrivée de cinq missionnaires jésuites chargés d'établir une mission de la Compagnie de Jésus en Nouvelle-France. Les Jésuites comptent alors 13 112 membres répartis dans 32 pays du monde. Le Huron Ahuntsic, aspirant catholique, est précipité dans la rivière des Prairies avec le père Viel, missionnaire récollet.

Champlain est à nouveau confirmé dans ses fonctions de lieutenant de la Nouvelle-France. Il doit « commettre des officiers pour la distribution de la Justice & entretien de la Police, Reglemens & Ordonnances » et on l'encourage à continuer de chercher le chemin de la Chine.

Les Hollandais fondent la Nouvelle-Amsterdam (New York).

Le cardinal Richelieu devient ministre du roi.

Fondation à Paris de la communauté des Sœurs de la Miséricorde par Vincent de Paul. • Londres met sur pied le Colonial Office.

CULTURE ET SOCIÉTÉ

Champlain fait construire au cap Tourmente une habitation comprenant deux corps de logis et une étable « à la façon de Normandie ».

La Nouvelle-France compte un peu moins de 100 habitants, dont moins d'une douzaine de femmes.

Même avant le début de la colonie, le castor joue un rôle important en Amérique, déjà objet de troc entre les Algonquins et les Iroquois.

POLITIQUE

Le cardinal Richelieu abolit la Compagnie de Caen pour lui substituer la Compagnie des Cent-Associés, obligée dorénavant de travailler au peuplement de la colonie. Un décret royal réserve la Nouvelle-France aux seuls catholiques ; on tolérera un petit nombre de protestants, mais les cérémonies religieuses leur seront interdites.

AMÉRIQUE DU NORD

Pierre Minuit achète l'île de Manhattan des chefs amérindiens pour un lot de marchandises évalué à 24 dollars.

MONDE

Le récollet Joseph Le Caron, premier missionnaire chez les Hurons, publie à Paris un violent réquisitoire contre la Compagnie de Caen, qui, selon lui, n'aide pas à l'évangélisation et limite la colonisation. • En France, Richelieu concentre tous les pouvoirs entre ses mains.

Fondation à Londres de la Company of Adventurers to Canada dans le but de chasser les Français du Canada et d'établir une colonie anglo-écossaise à Tadoussac.
• La guerre éclate entre la France et l'Angleterre. • Fondation de l'Œuvre de la propagation de la foi.

Durant l'hiver, c'est la famine pour les habitants français de la colonie. Le 27 avril, pour la première fois en Nouvelle-France, on laboure « avec le Soc & les bœufs », travail qui auparavant devait se faire à bras d'hommes.

La Nouvelle-France tombe aux mains des Anglais : en juillet, les frères Kirke — David, Lewis, Thomas, John et James — mettent le siège devant Québec. Champlain doit capituler. Il quitte la colonie avec tous les officiers administrateurs, 60 des 80 colons, de même que les récollets et les jésuites. Les frères Kirke occuperont Québec pendant trois ans.

La prise de Québec par les frères Kirke, ainsi que l'a vue un artiste de l'époque.

CULTURE ET SOCIÉTÉ

POLITIQUE

AMÉRIQUE DU NORD

MONDE

CULTURE ET SOCIÉTÉ

Le navigateur anglais Thomas James explore la baie James.

POLITIQUE

AMÉRIQUE DU NORD

John Winthrop, leader puritain, débarque au Massachusetts avec 1 000 colons, fonde Boston en septembre et devient le premier gouverneur de cette colonie.

MONDE

Le roi de France, Louis XIII, demande à l'Angleterre la restitution du Canada. • Le traité de Madrid met un terme à une autre guerre franco-anglaise.

Parution de la *Gazette de France* de Théophraste Renaudot. • Éruption du Vésuve.

Retour des jésuites dans la colonie, qui obtiennent le monopole des missions canadiennes. Jusqu'en 1673, ils rédigeront leurs *Relations*. • Le site de ce qui sera Trois-Rivières est définitivement adopté pour la rencontre annuelle des Amérindiens et des trafiquants de fourrures à l'intérieur de la colonie.

Le 23 avril, le pont de glace se brise devant Québec. Il s'agirait de la première mention d'un pont de glace à cet endroit depuis le début de la colonie. • Champlain fait construire aux frais de la Compagnie des Cent-Associés l'église Notre-Dame-de-la-Recouvrance sur le cap Diamant, à Québec.

CULTURE ET SOCIÉTÉ

Le 1ᵉʳ mars, Champlain devient à nouveau lieutenant de la Nouvelle-France et représentant de Richelieu dans la colonie.

POLITIQUE

Le 13 juillet, la Nouvelle-France et l'Acadie retournent à la France en vertu du traité de Saint-Germain-en-Laye, signé entre les rois de France et d'Angleterre.

L'« azaret du Canada » était utilisé comme médicament par les Iroquois.

AMÉRIQUE DU NORD

Champlain publie à Paris les *Voyages de la Nouvelle-France*, ouvrage qui contient une rétrospective depuis 1504, un récit de ses propres voyages de 1603 à 1629 et une relation de ce qui s'est passé en 1631. Champlain joint à ce livre son *Traité de la marine et du devoir d'un bon marinier*.

Galilée est forcé par l'Inquisition d'abjurer les théories de l'astronome polonais Copernic sur la rotation de la Terre. Le tribunal déclare que tout cela est contraire aux Écritures et Galilée de s'écrier : « Et pourtant, elle se meut ! »

MONDE

CULTURE ET SOCIÉTÉ

Les Iroquois recommencent leurs incursions dans la colonie. • Le père Jean de Brébeuf part pour la Huronie avec trois autres missionnaires.

Fondation du Collège des Jésuites à Québec, premier collège régulier en Amérique du Nord, une école primaire pour les jeunes garçons.

POLITIQUE

Sur les ordres de Champlain, le sieur Laviolette, employé à la traite des fourrures, fonde Trois-Rivières. Il fait construire une palissade à l'intérieur de laquelle on érige quelques maisons devant servir de logements et de magasins. Trois-Rivières est très fréquenté par les Montagnais, les Algonquins et les Hurons.

Le 25 décembre, mort de Champlain, premier gouverneur de la Nouvelle-France, au fort Saint-Louis. Le missionnaire jésuite Charles Lalemant l'assiste dans ses derniers moments.

AMÉRIQUE DU NORD

Jean Nicollet de Belleborne, interprète et commis de la Compagnie des Cent-Associés, visite les Amérindiens de la baie des Puants (Green Bay) et explore le Wisconsin. Il est le premier Européen à explorer la région du Nord-Ouest américain.

Vase iroquoien.

MONDE

Les Français s'installent à la Guadeloupe. • Jacques Cornut publie à Paris sa *Canadiensium Plantarum Historia*. • Fondation par Richelieu de l'Académie française. • Entrée de la France dans la guerre de Trente Ans. • En France, seuls les apothicaires peuvent vendre du tabac, et sur ordonnance médicale seulement.

À Québec, les jésuites font installer devant l'église un carcan pour punir les coupables « de blasphèmes, de s'enivrer, de perdre la Messe et service divin aux jours de Feste ».
• « Un ouvrier, écrit un auteur des *Relations,* mange par semaine deux pains de six à sept livres. » Le pain est l'élément de base dans la nourriture de la population.

Charles Huault de Montmagny est nommé premier gouverneur et lieutenant général de la Nouvelle-France, dont la population s'élève alors à 400 habitants. • Le jésuite Paul Le Jeune écrit que Québec n'est plus, contrairement aux années 1620, « ce petit coin caché au bout du monde ».

Fondation du Collège Harvard à Cambridge, au Massachusetts.

Les jésuites établissent la « réserve » de Sillery, la première tentative méthodique en Amérique du Nord en vue de franciser les indigènes.

Les Amérindiens préparent le pemmican à partir des petits fruits de l'amélanchier.

Le thé fait son apparition à Paris.
• Pierre Corneille publie *Le Cid.*

René Descartes publie *Le Discours de la méthode.* • Extermination de la chrétienté au Japon. Les livres étrangers et les contacts européens sont désormais défendus. • Les commerçants anglais s'établissent à Canton, en Chine.

CULTURE ET SOCIÉTÉ

Le 11 juin, tremblement de terre au cours duquel les Amérindiens sont étonnés « de voir leurs plats d'écorce se choquer les uns contre les autres et l'eau sortir de leurs chaudières ».

Arrivée à Québec des Ursulines, financées par Mme de Chauvigny de la Peltrie. Elles s'établissent dans la basse-ville où elles fondent un « séminaire de filles ». Nouvellement arrivées, elles aussi, les Hospitalières augustines fondent l'Hôtel-Dieu de Québec. • Jérôme Le Royer de la Dauversière contribue à mettre sur pied la Fondation de la Société de Notre-Dame de Montréal pour la « conversion des sauvages » qu'on veut rassembler dans l'île.

POLITIQUE

AMÉRIQUE DU NORD

Les Suédois arrivent au Delaware.

Le père Jérôme Lalemant entreprend la construction de Sainte-Marie-des-Hurons, mission fortifiée située non loin du littoral de la baie Georgienne. • Les Hollandais d'Orange (Albany, N.Y.) commencent à troquer aux Iroquois des arquebuses contre du castor. Les armes à feu donnent alors aux Iroquois, rivaux des Hurons dans le commerce des fourrures, une incontestable supériorité militaire. • La première presse à imprimer en Amérique du Nord entre en exploitation à Cambridge, au Massachusetts.

MONDE

La torture est abolie en Angleterre.

CULTURE ET SOCIÉTÉ

Le théâtre fait son apparition à Québec. Piraube, secrétaire du gouverneur Montmagny, tient le premier rôle dans une tragicomédie.

La Nouvelle-France compte moins de 500 habitants. • Paul Chomedey de Maisonneuve arrive de France avec Jeanne Mance.

POLITIQUE

Les Cent-Associés concèdent l'île de Montréal à la Société de Notre-Dame de Montréal pour la conversion des sauvages.

Les Iroquois déclarent officiellement la guerre aux Français. En juin, le gouverneur Montmagny parlemente vainement avec eux à Trois-Rivières. Les négociations dégénèrent en un bref combat dont le gouverneur sort victorieux.

AMÉRIQUE DU NORD

Le jésuite Charles Raymbant atteint le site de Sault-Sainte-Marie.

MONDE

On commence à fabriquer des produits de coton à Manchester, en Angleterre. • Pour la première fois, l'arsenic est prescrit comme médication.

CULTURE ET SOCIÉTÉ

En décembre, le fleuve sort de son lit à Montréal et menace la sécurité des colons. Maisonneuve promet de se rendre au sommet du mont Royal en portant une croix sur ses épaules, si les eaux se retirent sans aucun dommage, ce qui survient effectivement. • À Montréal, Jeanne Mance préside à la fondation de l'Hôtel-Dieu.

Le 9 juin, les Iroquois commencent à harceler la petite communauté de Montréal, se livrant à une guerre d'embuscade dans laquelle ils sont passés maîtres. Ils tuent cinq colons. • Sur ordre du gouverneur et par crainte de la famine dans la colonie, on doit procéder à l'inventaire des blés et au contrôle de leur consommation.

POLITIQUE

Le 17 mai, fondation de Ville-Marie, ville missionnaire, par un laïc dévot, Paul Chomedey de Maisonneuve. • En août, pour lutter contre les Iroquois, le gouverneur Montmagny se hâte de bloquer le Richelieu, leur route traditionnelle. Il emploie 40 soldats à construire le fort Richelieu, sur l'emplacement de la future ville de Sorel.

AMÉRIQUE DU NORD

Mise sur pied de la Confédération de la Nouvelle-Angleterre formée par les colonies du Connecticut, de New Haven, de Plymouth et du Massachusetts.

MONDE

On introduit en Angleterre l'impôt sur le revenu et la propriété. • Mort du cardinal Richelieu. Le cardinal Mazarin lui succède comme premier ministre.

Décès de Louis XIII, roi de France. Lui succède Louis XIV, qui régnera jusqu'en 1715. • Guerre civile en Angleterre, qui durera jusqu'en 1646. • La consommation de café devient populaire à Paris.

Les maisons de Québec sont presque toutes en colombage pierroté et on fait venir des artisans de France pour les construire. On trouve sur place la chaux, le sable et la brique. • Le 30 mars, à Montréal, de puissants dogues que l'on a fait venir de France pour effrayer les Iroquois repoussent 200 d'entre eux.

Le 6 mars, par arrêt royal, les Cent-Associés cèdent leur monopole de commerce à la Communauté des Habitants de la Nouvelle-France. En retour, celle-ci s'engage à verser chaque année, comme redevance seigneuriale, 1 000 livres de fourrures de castor, à payer les dépenses de l'administration du pays et à établir 20 personnes chaque année au Canada. Pour la première fois, le commerce des fourrures va se pratiquer sous la direction et pour le profit direct des commerçants établis dans la colonie, qui vendront leurs pelleteries à la métropole par des intermédiaires rochelois. N'importe quel colon peut participer à la traite. • Le gouverneur Montmagny conclut à Trois-Rivières un traité de paix avec les Agniers de la nation iroquoise.

Fin de la dynastie des Ming en Chine. Début de la dynastie mandchoue, au pouvoir jusqu'en 1912. • René Descartes publie ses *Principia philosophicæ,* dans lesquels il écrit : « Je pense, donc je suis. »

Descartes parcourant les rues d'Amsterdam.

CULTURE ET SOCIÉTÉ

Construction de l'église Notre-Dame de Québec. • Les propriétaires de navires sont tenus de transporter un immigrant par tonneau de fret. • Arrivée du premier cheval dans la colonie, à l'usage exclusif du gouverneur Montmagny.

Le 19 septembre, à Québec, Jacques Boisdon reçoit du Conseil de la Nouvelle-France la permission « à l'exclusion de tout autre [...] de tenir boutique de patisserie et hostellerie pour tout allans et venans ». C'est la plus ancienne législation relative à la tenue des auberges et des cabarets au Canada.

POLITIQUE

Le Conseil du roi édicte un règlement pour « établir un ordre et police en Canada ». L'arrêt crée un conseil composé du gouverneur, du supérieur des Jésuites et du gouverneur de Montréal. Le Conseil nomme le général et les capitaines de la flotte, les commis et les contrôleurs de la traite, ainsi qu'un secrétaire pouvant agir comme notaire public. Désormais, le Conseil a juridiction sur tout ce qui concerne la traite et l'intérêt général du pays. • La ville de Québec compte désormais un syndic, élu chaque année au scrutin, pour représenter sa communauté.

AMÉRIQUE DU NORD

Les Iroquois attaquent la Huronie. Deux mille Hurons se joignent bon gré mal gré aux Iroquois ; les autres sont massacrés. Environ 300 d'entre eux viennent se réfugier à Québec sous la commande de leurs missionnaires jésuites.

MONDE

Révolution de Cromwell en Angleterre. • Éclatement de la Fronde en France. • De 17 millions qu'elle était en 1618, la population de l'Allemagne est maintenant tombée à 8 millions à cause de la guerre, de la famine et des épidémies.

L'inventaire des blés et le contrôle de leur consommation se poursuit par crainte de la famine. • Jeanne Mance revient d'Europe à Ville-Marie avec des défricheurs et « quelques vertueuses filles ».

Le jésuite Ragueneau dit que Québec est « un misérable bourg d'une trentaine de maisons dispersées dans aucun ordre ». • Le gouverneur fait ériger à Trois-Rivières de nouvelles fortifications pour protéger le bourg contre d'éventuelles attaques iroquoises.

L'Angleterre met de l'avant l'idée d'un Commonwealth.
• En Angleterre aussi, l'anglais devient la langue officielle pour tous les documents juridiques à la place du latin.

On estime la population du monde à 500 millions.

CULTURE ET SOCIÉTÉ

Au printemps, fréquentes et violentes attaques des Iroquois contre les colons de Montréal et de Trois-Rivières. Les habitants deviennent fort pieux. • Frappée durement par les nombreuses attaques iroquoises et par la petite vérole, la Huronie s'écroule.

Le 22 septembre, Maisonneuve revient de France avec 100 soldats venus principalement du Maine et de l'Anjou pour défendre Montréal contre les Iroquois. On rapporte que n'eût été leur présence, Montréal tombait aux mains des Iroquois. À bord du navire se trouve également Marguerite Bourgeoys. Elle dit qu'à Québec tout est si pauvre que cela fait pitié. À son arrivée à Montréal, elle ne trouve pas d'enfants d'âge scolaire à cause de la forte mortalité infantile.

POLITIQUE

Jean de Lauson est nommé gouverneur. • Après le tribunal établi par Champlain pour rendre la justice civile et criminelle, Québec devient le siège d'une sénéchaussée, composée d'un lieutenant général, d'un lieutenant particulier et d'un procureur fiscal.

AMÉRIQUE DU NORD

Marguerite Bourgeoys.

MONDE

Dans le commerce du livre, on commence à distinguer l'éditeur et l'imprimeur. • Dans sa carte de la Lune, l'astronome italien Giovanni Riccioli introduit plusieurs des noms lunaires modernes.

Fin en France des troubles politiques connus sous le nom de la Fronde. • Les premières boîtes aux lettres sont mises en place à Paris.

La reine de France envoie en Nouvelle-France « quelque nombre de filles fort honnestes » sous la conduite d'une religieuse hospitalière de Quimper. • Médard Chouart Des Groseilliers fait vers l'ouest du Canada son premier voyage en quête de fourrures ; il devient ainsi un des premiers coureurs de bois.

Les Iroquois signent avec les colons de Montréal une paix momentanée.

L'Acadie passe aux mains des Anglais et le demeurera jusqu'en 1667.

Les Anglais s'emparent de la Jamaïque.

Décès en France d'Hélène Boullé, épouse de Samuel de Champlain. • Couronnement du roi Louis XIV à Reims. • Les Portugais expulsent définitivement les Hollandais du Brésil.

CULTURE ET SOCIÉTÉ

La Communauté des Habitants est au bord de la faillite et des réformes ramènent les Cent-Associés dans l'administration de la traite des fourrures. • Après des années d'une émigration rationnelle dans le choix des métiers et judicieuse dans le choix des recrues, les marchands commencent à amener de France des émigrés d'une qualité professionnelle douteuse, pour la plupart journaliers ou garçons de service, souvent fort jeunes. Les contrats témoignent du changement par leur caractère bâclé, insolite.

Arrivée à Montréal des Sulpiciens qui viennent assurer le ministère spirituel. • Par corvée, Marguerite Bourgeoys fait bâtir la chapelle Notre-Dame-de-Bon-Secours, la première église de pierre sur l'île de Montréal.

POLITIQUE

Pierre de Voyer d'Argenson est nommé gouverneur.

AMÉRIQUE DU NORD

Pierre-Esprit Radisson et Médard Chouart Des Groseilliers découvrent la haute vallée du Mississippi et atteignent le Minnesota, au sud-ouest du lac Supérieur.

MONDE

Blaise Pascal publie *Les Provinciales* contre les jésuites. • Spinoza est excommunié. • Rembrandt déclare banqueroute ; ses biens sont mis en vente. • Ouverture d'une première maison de l'opéra.

L'homme de science hollandais Christiann Huygens met au point le premier pendule pour les horloges.

Mgr François de Laval est nommé par Rome vicaire apostolique en Amérique du Nord. • Déclenchement d'une nouvelle guerre des Iroquois qui rôdent autour de Québec. • À Montréal, Marguerite Bourgeoys inaugure sa première école et fonde la Congrégation de Notre-Dame, communauté de religieuses enseignantes.

Mgr de Laval.

Deux cents personnes s'embarquent à La Rochelle en direction de la Nouvelle-France, l'effort le plus considérable fait à ce jour pour peupler la colonie. Ce groupe comprend des personnes recrutées pour Ville-Marie et des immigrants qui passent en Amérique à leurs frais. Mais, comme on néglige de prendre à bord des navires les précautions hygiéniques indispensables, un bon tiers meurt sur l'océan et on ne débarque à Québec que des malades, ce qui a pour conséquence d'introduire la petite vérole dans la colonie. • L'arrivée de Mgr de Laval crée un conflit de juridiction et de pouvoir avec l'abbé de Queylus, nommé depuis 1657 vicaire général au Canada de l'archevêque de Rouen. • Arrivée à Montréal des premières hospitalières de Saint-Joseph. • La Communauté des Habitants vend son monopole sur la traite des fourrures à une compagnie de Rouen, qui achètera tout le castor à six livres. Cette compagnie doit verser à la Communauté des Habitants 50 000 livres comme droit sur le castor. • Des Groseilliers et son beau-frère Pierre-Esprit Radisson entreprennent un long voyage de traite à l'ouest et au nord des Grands Lacs.

La Société des Missions étrangères est fondée à Paris. • Le médecin anglais Sir Thomas Browne se fait l'apôtre de l'incinération pour les morts. • Le financier suédois Johann Palmstruck met au point les premiers chèques émis par la Banque d'État de Suède.

Molière publie *Les Précieuses ridicules*. • Le médecin anglais Thomas Willis décrit pour la première fois la fièvre typhoïde.

CULTURE ET SOCIÉTÉ

Au jour de l'An, à Québec, salve de fusils, souhaits échangés dès le point du jour, remise de cadeaux et d'étrennes.

Les Iroquois sèment à nouveau la terreur dans la colonie, tuant une centaine de personnes. Pierre Dubois d'Avaugour, le nouveau gouverneur, débarque au pays avec 100 soldats pour lutter contre les Iroquois. En septembre, il publie un édit interdisant la vente de l'eau-de-vie aux Indiens sous peine des sanctions les plus sévères. Le mois suivant, deux hommes convaincus d'avoir contrevenu à l'édit sont fusillés et un troisième est fouetté sur la place publique à Québec.
• Pour favoriser l'entrée d'espèces métalliques dans la colonie, le Conseil supérieur décrète que les pièces d'or et d'argent vaudront 25 % de plus que sur le marché métropolitain. D'où l'origine de l'appellation « valeur monnaie du pays ». À la demande du roi, le contrat avec la compagnie de Rouen est annulé. La Communauté des Habitants reprend tous ses droits.
• Début des apparitions du Diable à Catherine de Saint-Augustin à Québec. Elles se poursuivront jusqu'en 1667. • À Québec, on pend un meunier de Beauport pour sorcellerie.

POLITIQUE

AMÉRIQUE DU NORD

MONDE

On trouve des actrices pour la première fois sur des scènes anglaises et allemandes. • Fondation de l'Académie d'architecture de Paris. • Francis Staedtler fonde une fabrique de crayons à Nuremberg.
• En Angleterre, les premières toilettes à chasse d'eau sont importées de France.

Mort du cardinal Mazarin. Début du règne personnel de Louis XIV et du ministre des Finances Jean-Baptiste Colbert.

La menace des Iroquois

Au printemps de 1660, année particulièrement agitée, Dollard des Ormeaux et ses 16 compagnons combattent les Iroquois sur la rivière des Outaouais. Au pied des rapides du Long-Sault, ils ont à peine le temps de remettre en état un vieux fortin abandonné qu'ils doivent faire face à 800 assiégeants. Après trois jours de combat, les 17 Français sont massacrés. On fera un héros de Dollard des Ormeaux mais, chez les historiens, les témoignages divergent sur le but de cette expédition du Long-Sault. Certains allèguent que les 17 Français allaient défendre Montréal contre les Iroquois, d'autres que cette opération était avant tout de caractère économique, les Français cherchant à briser les routes de fourrures des Iroquois.

Panique générale à Québec : la rumeur veut qu'une armée d'Iroquois s'approche de la ville, résolue à massacrer tous les Français. Les habitants des environs quittent leurs terres et leurs maisons pour gagner les réduits de la ville. Contre les Iroquois, une douzaine de grands chiens gardent les portes du monastère des Ursulines.

Six Iroquois capturés à Québec sont torturés et exécutés au bûcher.

L'évêque de Québec, Mgr de Laval, annonce qu'il excommuniera *ipso facto* quiconque se livrera à la vente de boissons enivrantes aux Amérindiens. Pour amadouer les femmes iroquoises, les ursulines de Québec leur font festin et leur remettent de petits présents : images, canifs, ciseaux, petits miroirs…

Dissolution de la Compagnie des Cent-Associés. Prise en main de la colonie par le roi de France et envoi de secours accueilli avec joie et soulagement. • Fondation du Séminaire de Québec. • Important tremblement de terre, le plus violent de l'histoire de la Nouvelle-France.

Le roi de France institue à Québec un Conseil souverain, sous l'autorité de deux chefs, le gouverneur et l'évêque. Le Conseil a le pouvoir de réglementer « toutes les affaires de police publiques et particulières de tout le pays ». Le Conseil obtient aussi du roi un droit de contrôle sur le gouvernement de la colonie et — ce qui est encore plus important — il « ordonne de la dépense des deniers publics ». Bientôt, ce petit parlement de Québec ne cesse de faire de l'opposition au gouverneur, à l'intendant et même au roi. Et la coutume de Paris demeure la loi de la Nouvelle-France. • À la suite de querelles, le vicaire apostolique François de Laval obtient le rappel du gouverneur d'Avaugour et choisit lui-même son successeur, Saffray de Mézy.

Les écrits de René Descartes sont mis à l'index.

Molière publie sa comédie *L'École des femmes*. • On commence la construction du palais de Versailles. André Lenôtre conçoit les plans du parc et des jardins de Versailles.

CULTURE ET SOCIÉTÉ

POLITIQUE

AMÉRIQUE DU NORD

MONDE

CULTURE ET SOCIÉTÉ

Pour le peuplement de la colonie, concurrençant ainsi les navires royaux, des marchands rochelois mettent sur pied des entreprises de navigation. • Pierre Boucher publie *Histoire véritable et naturelle des mœurs et productions du pays de la Nouvelle-France.*

Le premier recensement : 3 215 habitants. • Le gouvernement français envoie des « filles du roi » (orphelines élevées aux frais du roi) et oblige les célibataires à se choisir une épouse parmi elles. Jusqu'en 1673, il en vient 900 qui trouvent un mari dès leur arrivée. • Arrivée du lieutenant de Tracy et du régiment de Carignan-Salières pour réprimer l'Iroquoisie.

POLITIQUE

Dissolution de la Communauté des Habitants de la Nouvelle-France, totalement ruinée. Le roi de France concède désormais la colonie en fiefs et seigneuries à la Compagnie des Indes occidentales. L'administration de la colonie relèvera désormais du roi par l'intermédiaire de ses ministres.

Daniel de Rémy de Courcelle est nommé gouverneur. • La Nouvelle-France se voit dotée d'un gouvernement bicéphale : au gouverneur reviennent la direction des activités militaires et les relations extérieures (ce qui comprend les affaires indiennes), à l'intendant, la justice, la police et les finances. • Jean Talon, l'homme de confiance de Jean-Baptiste Colbert, contrôleur général du roi, est le premier intendant de la colonie. Cet homme dynamique veut étendre ici le royaume de France. C'est le début d'une lutte entre le Conseil souverain et l'intendant.

AMÉRIQUE DU NORD

Les Anglais s'emparent de la Nouvelle-Amsterdam et la renomment New York. Ils s'emparent aussi de Fort Orange qui devient Albany.

MONDE

Les coureurs de bois

Pendant 200 ans, le commerce des fourrures est la grande activité économique du pays. Au début, Québec, Trois-Rivières et Montréal tiennent des foires annuelles de fourrure en mai et en juin. Les Amérindiens viennent alors, les canots chargés de peaux. Ils établissent leur campement sur un terrain vague, bordant le fleuve ou une rivière. Les commerçants qui traitent avec eux élèvent des « boutiques volantes » qu'ils doivent démolir, sitôt la foire terminée.
À compter des années 1660, ce sont plutôt les coureurs de bois qui partent en forêt chercher les fourrures. Ils travaillent à leur compte ou pour de riches commerçants. À l'occasion, des messagers que le gouverneur envoie parmi les nations indigènes pour ravitailler les missionnaires font office de coureurs de bois. Même des explorateurs font des affaires au cours de leurs voyages.
En 1690, on estime à environ 700 le nombre de coureurs de bois. C'est beaucoup. Aussi, pour soutenir le prix de la fourrure sur les marchés européens et inciter la jeunesse du pays à cultiver la terre plutôt que de courir les bois, le gouverneur et l'intendant tenteront, à maintes reprises et de diverses manières, de réglementer ce commerce.

Premier recensement nominatif dans l'histoire du Canada : la ville de Québec compte 747 habitants. • La Compagnie des Indes occidentales prélève un droit de 25 % sur le castor et de 10 % sur les peaux d'orignal et accorde aux particuliers, en retour, le droit de vendre sur le marché métropolitain.

Une armée de 1 300 hommes l'emporte sur les Iroquois. La confédération qui s'ensuit reconnaît la souveraineté du roi de France et cette victoire assure à la colonie 16 années de développement pacifique.

Molière publie *Le Misanthrope*. • Isaac Newton mesure l'orbite lunaire. • On met au point le premier fromage cheddar. • Colbert fonde à Paris l'atelier des Gobelins.

En février se tient un carnaval particulièrement joyeux à Québec, après des années de guerre contre les Iroquois. • Le 5 avril, le ministre Colbert écrit à l'intendant Talon que le roi envoie par le soin de la Compagnie « quatre cents bons hommes ». Talon lui répond le 26 août qu'il n'en a reçu que « cent vingt sept, très faibles, de bas âge et de peu de service ». • L'intendant amorce et inaugure le commerce avec les Antilles. • La colonie exporte pour près de 550 000 livres de pelleteries ; c'est une des meilleures années depuis le début de son histoire. • À Québec, Marguerite Lebœuf doit fermer sa maison close et quitter la ville, alors qu'elle se livre à une véritable croisade contre la prostitution. • Arrivée de 14 chevaux en Nouvelle-France à l'usage des habitants. La colonie compte 3 107 bovins, presque tous regroupés sur la côte de Beaupré, de la rivière Saint-Charles au cap Tourmente. On trouve aussi 45 moutons. Il y a assez de porcs pour se passer des lards de La Rochelle, mais le recensement ne donne pas leur nombre.

Jean Talon, intendant de 1665 à 1668, redevient intendant en 1670.

CULTURE ET SOCIÉTÉ

Début de la construction à Montréal de l'école de Marguerite Bourgeoys, connue sous le nom de Maison Saint-Gabriel ou Ferme Saint-Gabriel.
• Le régiment de Carignan-Salières se rembarque pour la France, mais laisse au pays 400 de ses hommes qui s'y établissent.

Le 26 juin, en vertu d'une ordonnance, le Conseil souverain défend à quiconque de partir à la chasse des fourrures sans avoir obtenu un congé, sans avoir laissé visiter ses bagages, sans pouvoir emporter, par tête, et pour huit jours, plus d'un pot d'eau-de-vie. Le contrevenant est passible de la confiscation de ses marchandises, d'une amende de 50 livres et, en cas de récidive, d'une punition corporelle. • Mgr de Laval crée une école d'arts et métiers à Saint-Joachim. • En octobre, grande tempête à Québec, qui dure 15 jours. Le vent, la pluie, la marée qui monte jusqu'au troisième étage des maisons de la basse-ville causent de grands dégâts.

POLITIQUE

Jean Talon repasse en France le 8 avril et Claude de Boutroue d'Aubigny est nommé intendant.

AMÉRIQUE DU NORD

Fondation par les jésuites de la mission de Sault-Sainte-Marie.

MONDE

Avec le traité de Lisbonne, l'Espagne reconnaît l'indépendance du Portugal. • Molière publie *L'Avare* et Jean Racine, *Les Plaideurs.* • Les *Fables* de La Fontaine commencent à paraître.

Un soldat du régiment de Carignan-Salières. Aquarelle de Francis Back.

Retour des Récollets dans la colonie, alors que les Jésuites leur remettent Trois-Rivières. • Bailleurs de fonds de Pierre-Esprit Radisson et de Médard Chouart Des Groseilliers, les Anglais forment la Compagnie de la Baie d'Hudson, société par actions qui établit pour l'Angleterre un droit de commerce sur l'arrière-pays de la Nouvelle-France.

Jean Talon est à nouveau nommé intendant.

La déception de Jean Talon

Arrivé en Nouvelle-France en 1665, l'intendant Jean Talon travaille à bâtir un pays industriel et commercial, et non plus seulement une colonie axée sur une agriculture de subsistance et sur la traite des fourrures. Mais il est vivement déçu des réactions de la royauté française et de son entourage touchant le sort de la Nouvelle-France.

La résignation lui est malaisée et il rédige une lettre ironique à son ministre français. « Monseigneur, écrit-il à Colbert, je n'aurai plus l'honneur de vous parler du grand establissement que, cy-devant, j'ay manqué pouvoir se faire en Canada à la gloire du Roy et à l'utilité de son état, puisque vous connaissez qu'il n'y a pas dans l'ancienne France assez de surnuméraires et de sujets inutiles pour peupler la nouvelle, et entrant dans toutes les raisons de votre dernière depesche, je tourneray mes soins à ce que vous m'ordonnez jusques à ce que cette matière informe vous paraisse digne de quelque plus grands secours que celui qu'elle a reçu cette année. Souffrez seulement, Monseigneur, que je vous dise que, si elle paraissait à vos yeux ce qu'elle est, vous ne lui refuseriez pas votre application. »

La colonie s'étend de Lachine, que vient de fonder Cavelier de La Salle à trois lieues en amont de Montréal, jusqu'au cap Tourmente, à dix lieues en aval de Québec. • Marguerite Bourgeoys obtient du roi de France les lettres patentes de la Congrégation de Notre-Dame de Montréal. • Talon tente de former « des soldats et des habitants qui ne pouvaient manier la hache et qui se forment au mestier » en construisant des maisons pour les familles françaises à venir, une galiotte et une brasserie. • Il décrète par ailleurs que tout volontaire arrivé à l'expiration de ses trois années de service et qui ne sera pas marié, 15 jours après l'arrivée des vaisseaux qui amènent les filles, sera privé de la traite et de la chasse.

Envoyé en exploration par l'intendant Talon, Daumont de Saint-Lusson se rend au lac Supérieur, reçoit l'allégeance de 14 nations amérindiennes et prend possession au nom du roi de France de tout l'intérieur du continent, jusqu'à l'océan Pacifique.

Début de la correspondance de la marquise de Sévigné avec sa fille sur la vie de cour française. • Ouverture de l'Opéra de Paris.

CULTURE ET SOCIÉTÉ

La peau de castor est une monnaie que l'on thésaurise comme un écu d'or. • Mort de Marie de l'Incarnation, vénérée comme une sainte dès ce moment. On réclame comme des reliques les objets qui ont été à son usage. • Grâce à la tannerie de Bissot, à Lauzon, la colonie a « des cuirs pour faire huit mille paires de chaussures par année ».

Ordre du gouverneur Frontenac : interdit de nourrir et d'entretenir des bestiaux dans les villes. • Les jésuites cessent de publier les *Relations,* qui depuis un demi-siècle font une heureuse réclame à la colonie.
• Fermeture de la brasserie de Jean Talon : mévente. Les habitants préfèrent le vin et l'eau-de-vie. • Mort à Montréal de l'infirmière Jeanne Mance.

POLITIQUE

Louis de Buade de Frontenac devient gouverneur de la Nouvelle-France. • Jean Talon procède à une grande distribution de seigneuries : 46, un nombre jamais atteint en une seule année. • Départ de Talon, las de lutter contre les mauvaises volontés coalisées des autres dirigeants de la Nouvelle-France.

Colbert écrit à Frontenac : « Je vous dirai donc encore que Sa Majesté n'eût pas fait dessein de donner aucune assistance au Canada cette année par les grandes et prodigieuses dépenses qu'elle a été obligée de faire pour l'entretènement de plus de deux cent mille hommes qu'elle a à présent, sur mer. »

AMÉRIQUE DU NORD

Parvenus au lac des Mistassins, le père Charles Albanel, Denys de Saint-Simon et Sébastien Provencher descendent la rivière Rupert jusqu'à la baie d'Hudson et prennent possession des lieux au nom du roi de France. • Louis Jolliet et le père Jacques Marquette explorent les environs de Chicago, au nord du Missouri.

Louis Jolliet et Jacques Marquette explorent les cours du Wisconsin, du Mississippi et de l'Illinois.

MONDE

Nicolas Denys publie à Paris sa *Description géographique et historique des Costes de l'Amérique septentrionale : avec l'Histoire du païs et son Histoire naturelle des peuples, des animaux, des arbres et plantes d'Amérique septentrionale & de ses divers climats. Avec une description exacte de la pesche des moluës, tant sur le Grand-Banc qu'à la Coste* […].

Molière meurt quelques heures après une représentation du *Malade imaginaire.* • Commencée en 1672, la guerre de Hollande se poursuit et ne se terminera qu'en 1678.

Mgr de Laval fait pression et réussit à faire transformer son vicariat apostolique en évêché. Il en devient le premier évêque. • Denonville dénonce la piètre qualité d'une soixantaine d'engagés de 12 à 15 ans qui arrivent de France : des « petits enfants qui ne sont bons que pour garder des vaches ».

Jacques Duchesneau de La Doussinière et d'Ambault devient intendant et reçoit ordre du roi « de porter les habitants a establir des manufactures de laines, de cuirs, et généralement de ce qui peut leur être nécessaire, mesme de ce qui peut servir à être envoyé au-dehors ».

La Nouvelle-France cesse d'être le domaine seigneurial d'une société de commerce : le roi reprend la colonie qui était aux mains de la Compagnie des Indes occidentales maintenant ruinée. Mais comme il est en guerre avec la Hollande, l'Espagne et l'Empire, il doit réduire de beaucoup les fonds accordés à la colonie, renoncer à poursuivre à ses frais l'œuvre de peuplement et de mise en valeur.

Parution de la *Gazeta de Mexico y Noticias de Nueva Espana,* premier journal publié en Amérique latine.

Louis de Buade de Frontenac. Bronze de Louis-Philippe Hébert à l'Hôtel du Parlement. ANQQ.

CULTURE ET SOCIÉTÉ

À cause de la guerre de Hollande et de l'utilisation du poil de lapin par les chapeliers parisiens, la demande de fourrure est beaucoup moins forte en Europe et il y a donc surproduction dans la colonie. Aussi interdit-on la course des bois jusqu'en 1679. • L'orpheline Kateri Tekakwitha, âgée de 20 ans, reçoit le baptême à sa demande.

Colbert écrit à l'intendant qu'« il faut que le commerce, le travail et l'application des habitants attirent de l'argent dans la colonie ». En un mot, il faut que la colonie produise plus qu'elle n'achète.

POLITIQUE

AMÉRIQUE DU NORD

Le Conseil souverain établit les « Règlements généraux de police » pour la ville de Québec, des mesures de protection publique. Interdiction est faite aux protestants de s'assembler, aux habitants d'héberger des femmes « de mauvaise vie », condamnation de la prostitution et du vagabondage, proscription de la mendicité sans certificat de pauvreté de la part du curé, prohibition de l'ivresse dans les cabarets ou ailleurs sous peine d'amende et même de prison. Par crainte des incendies, défense à tous les résidents de Québec de fumer dans la rue et même de transporter sur eux du tabac.

Iroquois fumant la pipe.

MONDE

Mort à Paris du fondateur de Montréal, Paul de Chomedey de Maisonneuve.

Claude Martin publie à Paris *La Vie de la Vénérable Mère Marie de l'Incarnation*, première supérieure des Ursulines de la Nouvelle-France, tirée de ses lettres et de ses écrits. Jean Racine rend publique sa tragédie *Phèdre*. • La crème glacée devient de plus en plus populaire comme dessert à Paris.

Population de la Nouvelle-France :
9 400 habitants. • Kateri Tekakwitha
prononce des vœux de chasteté.

Plus de 900 « filles du roy » ont déjà accepté d'être transportées en Nouvelle-France. APC.

René-Robert Cavelier de La Salle
explore les Grands Lacs.

Le New Hampshire se sépare du
Massachusetts.

Jean de La Fontaine publie ses *Fables
choisies, mises en vers* et Marie-
Madeleine de La Fayette, son roman
La Princesse de Clèves. • Les premiers
chrysanthèmes arrivent en Hollande
en provenance du Japon.

En France, on publie un édit contre
le duel. • Charles Le Brun commence
la décoration de la galerie des glaces
à Versailles. • Adoption du bill
d'*Habeas Corpus* en Angleterre, qui
protège les citoyens des arrestations
arbitraires.

CULTURE ET SOCIÉTÉ

Mort de la jeune Amérindienne Kateri Tekakwitha, béatifiée en 1980.

Dans la colonie, il y a 24 427 arpents de terre en culture, mais, à cause des incursions, des déprédations et des pillages des Iroquois, la colonie stagne pendant les deux décennies à venir. • Pour limiter la production de fourrures, on institue le régime des 25 congés annuels, soit une permission accordée à seulement 25 individus, le plus souvent de pauvres gens, en guise de gratification royale pour aller traiter parmi les nations indigènes. Ces détenteurs de congés obtiennent facilement 1 000 livres de la part des traiteurs pour la vente de leur permis. De plus, des permis officieux accordés par les autorités à des individus qui les paient grassement en retour rendent la réglementation inefficace.

POLITIQUE

AMÉRIQUE DU NORD

MONDE

À Paris, formation de la Comédie-Française par la fusion du Théâtre Guénégaud et du Théâtre de l'Hôtel de Bourgogne. • Henry Purcell devient organiste à l'abbaye de Westminster. • Extinction du dodo, cet oiseau incapable de voler.

Jean-Baptiste de La Salle fonde à Reims la communauté des Frères des écoles chrétiennes en vue de l'éducation de la jeunesse. • Des danseuses professionnelles font leur apparition pour la première fois à l'Opéra de Paris. • Fondation de l'Académie des sciences de Moscou. • Les premiers chèques font leur apparition en Angleterre.

Construction du Séminaire de Saint-Sulpice à Montréal. • Incendie à la basse-ville de Québec, suivi immédiatement par de grands chantiers : c'est l'époque des premiers entrepreneurs en construction. • Les marchands de Québec prennent l'initiative d'établir la Compagnie du Nord pour exploiter la baie d'Hudson par voie de mer.

Louis XIV nomme Joseph Antoine Le Febvre de La Barre, après sa longue carrière dans la marine, au poste de gouverneur. L'intendant Demeulle le seconde.

René-Robert Cavelier de La Salle descend le Mississippi jusqu'à son embouchure et prend possession de cet immense bassin au nom du roi de France. L'empire français en Amérique s'étend depuis Québec jusqu'au delta du Mississippi.

Installation définitive de la cour de France à Versailles.

Il y a pénurie d'espèces dans la colonie. Demeulle écrit à Colbert qu'on ne peut plus « faire aucun paiement en argent ». Le peu qu'il en reste est aux mains des commerçants. Le marchand devient le centre d'un nouveau système d'échange qui consiste à tirer des billets de lui. Le peuple, mécontent, murmure que les commerçants s'enrichissent au détriment des autres. L'intendant, qui prend la défense de la population, se heurte à la coalition des conseillers « qui ont l'intention de servir leurs parens, qui sont les plus forts marchands ».

Plan de la ville de Montréal tracé en 1685. APC.

Extinction du sanglier en Angleterre.

CULTURE ET SOCIÉTÉ

À l'égard des protestants désireux de venir dans la colonie, on use d'une grande rigueur ; ou on les oblige à se convertir, ou on les refuse. • Dans une lettre datée du mois de mai, le baron de Lahontan dit que la hauteur moyenne de neige est encore de trois ou quatre pieds. • Le 13 novembre, dans une lettre au ministre des Colonies, La Barre signale l'épuisement des terres ensemencées, qui sont « usées par vingt ans de production ».

À court d'argent pour payer la solde des troupes, l'intendant invente la monnaie dite « de cartes ». À l'arrivée des vaisseaux de France, ces cartes sont remboursées par l'argent du trésorier de la Marine. Par la suite, l'intendant émet de la monnaie de cartes pour une quantité supérieure au fonds annuel du roi, ce qui entraîne une forte inflation.

POLITIQUE

Denonville est nommé gouverneur. Il dénonce la multiplication rapide des cabarets à Québec.

AMÉRIQUE DU NORD

Les Français mettent en place un petit poste de traite au lac Népigon, dans la région du lac Supérieur. • Le 1er novembre, le compagnon de La Salle, le chevalier Tonti, quitte Québec pour se rendre en Illinois. Mais il ne peut partir de Montréal à cause des glaces.

Les premiers colons français s'installent au Texas.

MONDE

Première tentative pour éclairer les rues de Londres.

Louis XIV révoque l'édit de Nantes (promulgué en 1598) ; des milliers de protestants français sont exilés.

À Québec, les dames de la Congrégation de Notre-Dame ouvrent pour les filles une école d'enseignement ménager connue sous le nom de Maison de la Providence.
• Des cours d'hydrographie se donnent maintenant dans une maison de Québec et relèvent du « maître d'hydrographie pour le roi à Québec ».

Jean Bochart Champigny est nommé intendant.

Les premiers colons français s'installent le long des rives du Mississippi à la hauteur de ce qui est aujourd'hui l'Arkansas.

À Québec, la croisade contre la prostitution oblige cette fois Jacqueline Roullois à fermer sa maison et à quitter la ville. • Épidémie de rougeole dans toute la colonie. Uniquement à Sillery, 100 Amérindiens en meurent. • Début d'une seconde guerre avec les Iroquois, qui capturent quelques colons à Chambly.

L'Anglais Isaac Newton explique le principe de la gravitation universelle, la loi générale qui régit le mouvement des planètes, dans *Philosophiæ naturalis principia mathematica*.

CULTURE ET SOCIÉTÉ

La population de la Nouvelle-France est de 10 303 habitants. La ville de Québec en compte 1 400. • Mgr de Saint-Vallier devient le second évêque de Québec et on construit l'église de l'Enfant-Jésus dans la basse-ville. • On met sur pied des bureaux de pauvreté à Québec, Trois-Rivières et Ville-Marie pour fournir la subsistance aux mendiants et aux chômeurs, avec l'objectif d'éliminer la mendicité publique.

Dans la nuit du 4 au 5 août, les Iroquois font une attaque surprise contre l'établissement de Lachine. Les assaillants massacrent 24 personnes et détruisent une cinquantaine de fermes. Soixante-douze autres personnes sont portées disparues. À l'automne, afin d'obtenir plus de renforts militaires pour la colonie, le gouverneur Frontenac exagérera le nombre de victimes, parlant de plus de 300 morts. • On commence à creuser le canal de Lachine en bordure de l'île de Montréal pour contourner les rapides du Sault-Saint-Louis.

POLITIQUE

AMÉRIQUE DU NORD

Les Français mettent en place un petit poste de traite au lac La Pluie, dans la région du lac Supérieur.

MONDE

Seconde révolution en Angleterre, celle de Guillaume d'Orange. Le roi Jacques II s'exile en France. • La Bruyère publie *Les Caractères*.

Le Parlement anglais confirme l'abdication de Jacques II. Guillaume et Marie sont proclamés roi et reine pour leur vie durant. • Première guerre interculturelle entre la France et l'Angleterre.

Pour venger Lachine et remonter le moral des colons, Frontenac lance ses troupes et les alliés indigènes contre des villages frontaliers de l'État de New York. On massacre ou incendie de petits avant-postes anglais ou des villages sans défense et l'on revient avec des prisonniers.

Siège de la ville de Québec par la flotte de l'amiral William Phipps. Frontenac répond à l'émissaire de Phipps : « Je nay point de Reponse à faire à votre general que par la bouche de mes cannons et a coups de fuzil. » On considère comme une intervention miraculeuse de la Vierge la victoire qui s'ensuit.

L'Acadie est reconquise par les Anglais. • Le jeune Henry Kelsey, travaillant pour la Compagnie de la Baie d'Hudson, se rend, sous la conduite d'un groupe d'Assiniboines, à ce qui est aujourd'hui la frontière ouest du Manitoba. C'est le premier Européen à visiter la région.

L'ingénieur français Denis Papin met au point une pompe à piston actionnée à la vapeur.

Selon l'intendant Champigny, « les deux mauvaises récoltes, faites en 1689 et 1690, ont beaucoup contribué à l'extrême misère où le Canada est réduit aujourd'huy ».
• Le gouverneur et l'intendant abusent de la facilité qu'ils ont de se procurer des ressources à discrétion avec la monnaie de cartes, d'où une surchauffe de l'économie.
• À Québec, Mgr de Laval fait aménager à l'église Notre-Dame-de-la-Victoire une « maison d'accommodement » relevant du curé de Québec pour l'instruction des jeunes garçons de la basse-ville. • Plus de 100 habitants de la Nouvelle-France périssent à cause des incursions iroquoises.

CULTURE ET SOCIÉTÉ

Madeleine de Verchères, âgée de 14 ans, échappe aux Iroquois qui la poursuivent en se réfugiant dans le fort de Verchères, propriété de son père. Montée sur le bastion, chapeau de soldat sur la tête, elle va çà et là, laissant croire aux Amérindiens que de nombreux soldats occupent le fort. Puis, le coup de canon qu'elle tire sur eux les fait se disperser. Pour ce fait, elle sera longtemps considérée comme une héroïne dans les livres d'histoire du Québec. • On fonde à Québec l'Hôpital général, ce qui amène la dissolution du Bureau des pauvres. • De nombreuses pertes de navires dans le fleuve et le golfe amènent la misère à Québec.
• Frontenac écrit à son ministre que l'anguille est la « manne de l'habitant ».

Le gouverneur Frontenac, malgré les avertissements de l'évêque, remet en honneur le théâtre à Québec.

Madeleine de Verchères repousse la porte du fort de Verchères qu'attaquent les Iroquois. Tableau de Charles W. Jefferys. ANC

POLITIQUE

AMÉRIQUE DU NORD

En Nouvelle-Angleterre, du 1er juillet au 16 septembre, 20 personnes sont mises à mort pour sorcellerie et 56 autres s'avouent coupables du même crime après avoir été torturées.

MONDE

La destruction de la flotte française par l'Angleterre à La Hougue met un terme à la tentative d'invasion française de l'Angleterre.

Fondation de la ville de Kingston, en Jamaïque. • Fondation en Italie de la société secrète des Chevaliers de l'Apocalypse, pour défendre le catholicisme contre l'Antéchrist.
• François Couperin devient organiste de la Chapelle royale.

Quand le gouverneur Frontenac annonce qu'il fera monter *Tartuffe* de Molière à Québec, Mgr de Saint-Vallier sort de ses gonds et dénonce cette pièce et les autres comédies du genre comme « absolument mauvaises et criminelles ». Le roi Louis XIV doit intervenir pour ramener le calme. C'en est fini du théâtre à Québec jusqu'en 1760 !
• Les corsaires anglais imposent leur loi dans le golfe du Saint-Laurent : ils dévastent les établissements de pêcherie sédentaire et capturent les navires de la Compagnie du Nord. Les marchands de la Nouvelle-France, paralysés, n'osent poursuivre le commerce avec l'étranger et Frontenac réclame en vain des croiseurs dans le golfe ainsi qu'un navire pour commercer.

Pierre Le Moyne d'Iberville entreprend ses expéditions à la baie d'Hudson et à Terre-Neuve.

Population de la Nouvelle-France : 12 786 habitants. • On exporte 52 mâts pour les bateaux de France.

Pierre Le Moyne d'Iberville.

Création de la Banque d'Angleterre.
• La taxe sur le sel est doublée en Angleterre. • Parution, pour la première fois, en deux volumes, du *Dictionnaire de l'Académie française*.

Fondation de l'Université de Berlin.

CULTURE ET SOCIÉTÉ

Un mémoire souligne que les capitaux accumulés dans le bas de laine des habitants aisés, « c'est de l'argent mort dans le pays et qui ne court pas dans le commerce ». • Pour relancer le commerce des fourrures aux prises avec des surplus, un édit supprime les congés de traite, c'est-à-dire les permissions données aux individus pour aller traiter parmi les nations indigènes ; on ferme également les postes de l'Ouest.

Les Français trouvent les canots indiens légers, rapides et faciles à transporter.

POLITIQUE

AMÉRIQUE DU NORD

Le traité de Ryswick entre Anglais et Français laisse le *statu quo ante bellum* dans les colonies nord-américaines. Terre-Neuve redevient possession anglaise, mais la France recouvre l'Acadie et la baie d'Hudson. • Les derniers vestiges de la civilisation maya sont détruits par les Espagnols au Yucatán.

MONDE

Fondation en Angleterre de la première compagnie d'assurances sur la propriété. • Le naturaliste anglais John Ray décrit pour la première fois la menthe, une herbe aromatique.

Saint-Domingue est partagé entre la France et l'Espagne. • Charles Perrault publie ses *Contes de ma mère l'Oye*. • La cour de Versailles devient le modèle des cours européennes.

Rétablissement du Bureau des pauvres à Québec à cause de l'indigence de la population et de la croissance du nombre de mendiants. • Refonte des règlements de police dans les villes. • On exporte 86 mâts pour les bateaux de France, mais le roi se tourne désormais vers l'Acadie pour la fabrication des mâts de bateau.

Mort à Québec de Louis de Buade, comte de Frontenac. • Louis-Hector de Callières est nommé gouverneur.

Épidémie de petite vérole qui fait 100 morts en Nouvelle-France. • Le roi accorde aux frères hospitaliers de Montréal la permission d'établir des ateliers dans leur maison et de former des artisans compétents, ce qui équivaut à la fondation d'une école technique. • L'intendant Champigny écrit au ministre des Colonies que « les artisans vivent assez commodément… et il en est de même de tous ceux qui veulent travailler… ».

Pierre Le Moyne d'Iberville fonde la Louisiane. • La fabrication de papier commence en Amérique du Nord.

On impose une taxe sur le port de la barbe en Russie.

Pierre le Grand décrète que, en Russie, le Nouvel An commencera désormais le 1er janvier plutôt que le 1er septembre.

CULTURE ET SOCIÉTÉ

POLITIQUE

AMÉRIQUE DU NORD

MONDE

CULTURE ET SOCIÉTÉ

La population de la Nouvelle-France est d'environ 15 000 personnes ; celle de Québec, d'environ 2 000.
• Bacqueville de La Potherie affirme que les repas à Québec sont magnifiques et qu'ils se font avec cérémonie. Mais Mgr de Saint-Vallier a réussi à abolir les festivités hivernales du carnaval.

Nouvelle disette à Québec alors que plusieurs se trouvent « exposés à mourir de faim ». Le Conseil souverain organise encore une fois la distribution du blé et du pain.
• Durant l'hiver, épidémie de « picote » à Québec, qui fait de grands ravages parmi la population.

POLITIQUE

Fondation en automne de la Compagnie de la Colonie. • Champigny émet de la monnaie de cartes au nom de la Compagnie de la Colonie, dont la plupart des actionnaires ne sont pas solvables. La trésorerie de la Marine refuse d'honorer le paiement d'une partie des lettres de change basées sur la monnaie de cartes. La méfiance s'empare de tout le monde, tant des commerçants que du peuple. On court chez l'intendant pour chercher à convertir ses cartes. • En octobre, Mgr de Saint-Vallier est fait prisonnier par les Anglais, sans pouvoir revenir avant la paix d'Utrecht en 1713. En son absence, Mgr de Laval reprend du service ; mais il meurt en 1708.

Signature de la paix de Montréal entre la Nouvelle-France et ses alliés indigènes et les Cinq Nations iroquoises des Grands Lacs. Ces dernières déclarent qu'elles vont dorénavant rester neutres dans les conflits entre les colonies françaises et anglaises.

AMÉRIQUE DU NORD

Antoine de La Mothe Cadillac fonde un établissement à Détroit.
• Fondation de l'Université Yale, aux États-Unis.

MONDE

La France compte approximativement 19 millions d'habitants ; l'Angleterre et l'Écosse, 7,5 millions ; l'Espagne, 6 millions.

Début de la deuxième guerre intercoloniale ainsi que de la guerre de la Succession d'Espagne.

En novembre, nouvelle épidémie de petite vérole à Québec, qui s'étend rapidement. Finalement, elle fait de 2 000 à 3 000 morts dans toute la colonie, Amérindiens compris. À Québec, où l'on compte de 300 à 400 morts en deux mois, on défend de sonner le glas, tant c'est lugubre.

La tourte est si abondante que le rituel de Québec de 1703 contient des prières destinées à neutraliser cet oiseau.

François de Beauharnois est nommé intendant. Le 6 mai, dans un mémoire « pour servir d'instruction au Sr de Beauharnois », le roi lui écrit « d'avoir en vue que la colonie du Canada n'est bonne qu'autant qu'elle peut estre utile au Royaume ».

Philippe de Rigaud de Vaudreuil, chevalier et marquis, est nommé gouverneur. • Le nombre de conseillers du Conseil supérieur est porté de 7 à 12, sans compter le gouverneur, l'évêque, l'intendant, le procureur général et le greffier, soit 17 membres.

La France s'installe dans ce qui deviendra l'Alabama. • Fondation de la Compagnie Asiento Guinea pour le commerce des esclaves entre l'Afrique et l'Amérique.

Parution du *Boston News Letter,* le premier journal publié en Amérique du Nord.

Rébellion des Camisards, paysans protestants, dans les Cévennes. • Parution du premier quotidien à Londres, le *Daily Courant.* • La reine Anne d'Angleterre donne son approbation aux paris reliés aux courses de chevaux.

Louis-Armand, baron de Lahontan, publie en deux volumes à La Haye *Nouveaux voyages de M. le baron de La Hontan dans l'Amérique septentrionale.* • On commence la construction du palais de Buckingham à Londres. • Fondation de Saint-Pétersbourg.

CULTURE ET SOCIÉTÉ

POLITIQUE

AMÉRIQUE DU NORD

MONDE

CULTURE ET SOCIÉTÉ

Invasion de la tordeuse des bourgeons de l'épinette.

L'intendant Raudot accorde une commission à Pierre de Silva, dit Portugais, pour le transport entre Québec, Trois-Rivières et Montréal de la correspondance officielle et de toute lettre qui lui serait confiée par des particuliers. C'est le premier facteur connu et le début du système postal au Canada.

POLITIQUE

La Compagnie de la Colonie est dans l'incapacité absolue de pourvoir à ses charges. La Nouvelle-France est au bord de la révolution : même les curés menacent d'abandonner leurs ouailles. Vaudreuil et Beauharnois prennent sur eux de mettre en circulation de la monnaie de cartes qui ne repose sur aucun fonds.

Jacques et Antoine-Denis Raudot, père et fils, sont nommés intendant et intendant adjoint. • L'intendant doit refuser pour 100 000 livres de monnaie de cartes. Ce discrédit jeté sur la monnaie de cartes tient les marchands métropolitains à l'écart de la colonie. Ceux qui viennent commercer ne le font qu'à la condition d'être payés en espèces. Grave crise financière qui mène la colonie à la faillite.

AMÉRIQUE DU NORD

Des Français et des Amérindiens massacrent les habitants de Deerfield, au Massachusetts.

MONDE

Jean-Sébastien Bach écrit sa première cantate, *Denn Du wirst meine Seele*.

L'astronome Edmund Halley identifie comme un seul et même astre les comètes aperçues en 1531, en 1607 et en 1682, allant même jusqu'à prédire son retour pour avril 1759. On parlera de cet astre comme étant « la comète de Halley ».

Pontchartrain écrit à Raudot : « En général, il ne convient point trop que les manufactures s'establissent dans ce pays parce que cela ne se pourrait faire qu'au détriment de celles de France […]. Ce doit estre la vue généralle, cependant, on ne doit pas empescher absolument qu'il s'en establisse en Canada surtout pour les pauvres gens. »

La Compagnie de la Colonie s'effondre, entraînant dans sa chute la désorganisation de la traite des fourrures, l'industrie vitale de la colonie. • On institue un nouveau régime : à l'exportation, la vente de castor se concentre dans les mains des fermiers royaux que viendra relayer la Compagnie des Indes en 1719. L'exportation des autres pelleteries demeure libre et concurrentielle.

Population de la Nouvelle-France : 17 104 habitants.

Edmund Halley (1656-1742), astronome anglais.

On appelle désormais Grande-Bretagne l'union de l'Angleterre et de l'Écosse. • Le jeu de billard est introduit dans les cafés de Berlin. • Dernière éruption du mont Fujiyama, au Japon.

CULTURE ET SOCIÉTÉ

POLITIQUE

AMÉRIQUE DU NORD

MONDE

CULTURE ET SOCIÉTÉ

L'intendant Raudot déplore l'attitude négative des habitants envers l'engrais et voit mal comment le Canada pourra devenir un grand producteur de chanvre si les habitants continuent de dire non à la fumure. • Le cours d'hydrographie et la tâche de former des pilotes et des arpenteurs sont de nouveau confiés aux jésuites de Québec.

POLITIQUE

Raudot signale que toute monnaie métallique a disparu du marché canadien, si bien que l'on doit recourir à des émissions répétées de monnaie de cartes.

AMÉRIQUE DU NORD

Le 13 avril, l'intendant Raudot légalise l'achat d'esclaves au Canada. Tous ceux « qui ont été achetés ou qui le seront par la suite appartiendront en pleine propriété à ceux qui les ont achetés comme étant leurs esclaves ».

Michel Bégon de La Picardière.

MONDE

Terrible hiver et grande famine en France. • Pierre le Grand divise la Russie en huit districts gouvernementaux pour en faciliter l'administration.

Terrible famine en Europe. La métropole doit venir chercher les blés canadiens pour ravitailler ses colonies antillaises. • L'Italien Johann Maria Farina met au point à Cologne son eau de Cologne. • En Russie, on commence à envoyer les prisonniers en Sibérie.

Printemps de sécheresse, grandes gelées de mai, été au climat désastreux, invasion de chenilles qui mangent le lin et le blé, pénurie de foin, le beurre est rare et cher. • En hiver, nouvelle épidémie de fièvres malignes, la « maladie de Siam », dans toute la colonie. • Mort de l'explorateur et trafiquant de fourrures Pierre-Esprit Radisson (né vers 1640).

Michel Bégon de La Picardière est nommé intendant de la Nouvelle-France.

Les Anglais s'emparent à nouveau de Port-Royal, en Acadie.

On passe tout l'été sur le qui-vive dans la crainte de voir les Anglais attaquer à nouveau la Nouvelle-France, cette fois-ci par le Saint-Laurent et par les Grands Lacs. Les grands vicaires ordonnent une suite de prières générales dans les principales églises et dans les communautés. Dans la nuit du 2 au 3 septembre, une tempête projette les vaisseaux de Walker sur les rochers de l'île aux Œufs à 290 milles en aval de Québec. On y voit la protection de la Providence, et l'église Notre-Dame-de-la-Victoire à la basse-ville de Québec est rebaptisée Notre-Dame-des-Victoires. • Sur le Richelieu, on consolide le fort Chambly.

Sur ce plan de la ville de Trois-Rivières, dessiné en 1704, on voit les fortifications projetées, qui n'ont jamais été construites. ANQQ.

CULTURE ET SOCIÉTÉ

Population de la Nouvelle-France :
18 440 habitants. Au dire de Michel
Bégon, le nouvel intendant, toutes les
pêches sont désorganisées à cause
de la disette de sel.

POLITIQUE

Signature du traité d'Utrecht : toutes
les puissances belligérantes, sauf
l'Empire, mettent fin à la guerre de la
Succession d'Espagne. La colonie
connaît un sursaut de « veritable
joye ». Mais c'est un traité désastreux
pour la France. L'Angleterre
s'empare des avant-postes de la
Nouvelle-France, obtient Terre-
Neuve, l'Acadie, la baie d'Hudson et
un protectorat sur les Iroquois. La
Nouvelle-France est désormais
réduite à un long corridor s'étendant
sur les deux rives du Saint-Laurent.
Mais elle entre, jusqu'en 1744, dans la
plus longue période de paix qu'elle
ait connue.

AMÉRIQUE DU NORD

Révolte des esclaves à New York.

MONDE

Dernière exécution de sorcières en
Angleterre.

On fonde une école de danse à
l'Opéra de Paris.

Un groupe d'habitants de la région de Québec vient demander au gouverneur et à l'intendant qu'on oblige les marchands à leur fournir des marchandises à un meilleur prix. Vaudreuil s'empresse tout de même de demander l'envoi d'une force policière pour « tenir l'habitant dans le respect ». Le roi refuse la demande, rappelant à Vaudreuil qu'il a le devoir d'être juste, d'éviter les mesures vexatoires et de se faire le protecteur des libertés des Canadiens. • Une délégation de huit femmes de Québec vient protester contre le prix exorbitant et la mauvaise qualité du pain. Les conseillers examinent quelques échantillons de ce pain dont le peuple doit se contenter et les trouvent « pesants comme de la terre et de la mesme couleur, plats, non levez et aigres ». • En septembre, l'intendant réquisitionne le cinquième de la récolte des habitants de Neuville et des Écureuils. • Montréal compte 25 métiers pour fabriquer de la toile et des étoffes de laine et la production des textiles va croissant. « Cette vue, écrit l'intendant Bégon, est contraire au motif de l'établissement des colonies, qui est de faire valoir les manufactures du Royaume mais le peu de retours que l'on peut faire ici est une raison qui semble prévaloir à cette règle. »

Disette de blé et sécheresse en Nouvelle-France. • Le procureur du roi, Mathieu Ruette d'Auteuil, soutient qu'une des causes de la médiocrité du peuplement de la colonie « est le peu de précaution que Messieurs les gouverneurs et intendants ont eu à prévenir la communication et l'accroissement des maladies contagieuses. On ne peut disconvenir que le commerce de Canada ne languisse depuis plusieurs années et ne soit en état de périr entièrement, mais ce n'est ni la faute du Canada, ni des Canadiens. » Il rappelle la faillite de la Compagnie de la Colonie, le désordre de la monnaie de cartes, le commerce illégal des administrateurs coloniaux, les pertes maritimes et le monopole du marché colonial.

Soulèvement de tribus amérindiennes en Caroline du Sud.

Louis XV devient roi de France. Régence du duc d'Orléans jusqu'en 1723. L'administration des colonies, confiée depuis 1626 au ministre de la Marine, relève maintenant du Conseil de Marine, alors que les ministères disparaissent. En 1723, on rétablira le poste de ministre de la Marine. • Le vaudeville, comédie populaire musicale, fait son apparition à Paris.

CULTURE ET SOCIÉTÉ

POLITIQUE

AMÉRIQUE DU NORD

MONDE

CULTURE ET SOCIÉTÉ

De crainte d'être à nouveau attaqué par les Anglais, on entreprend des travaux de fortifications à Québec et à Montréal. À Montréal, le Conseil de Marine décide de faire entourer la ville d'un mur de pierre, flanqué de bastions ; une batterie est installée sur un coteau, qui tient lieu de citadelle.

Sécheresse. En plein cœur de l'été, on multiplie les processions et les prières publiques, pour obtenir de la pluie. À l'automne, grosses querelles entre Vaudreuil, qui veut empêcher la sortie des vivres de la colonie, et Bégon qui veut le contraire.
• Épidémie de fièvres malignes, également. • Sur leur requête, les marchands de Québec et de Montréal obtiennent le droit de se réunir quotidiennement dans un lieu appelé « bourse » pour discuter de leurs affaires et élire deux syndics pour les représenter auprès des autorités. • On adjoint à l'Hôpital général de Québec un asile d'aliénés pour femmes. • La Compagnie de la Baie d'Hudson établit le fort Churchill.

POLITIQUE

Après avoir longtemps privilégié la traite des fourrures, la métropole ébauche un programme de redressement économique basé sur la diversification de l'économie coloniale par les produits de l'agriculture et de l'industrie. • Le Conseil de Marine décide que la coutume de Paris serait désormais la seule loi de la Nouvelle-France et déclare nuls tous les actes passés contre cette coutume. Bégon publie alors une ordonnance conforme à la coutume de Paris interdisant aux seigneurs d'insérer dorénavant le droit de corvée dans leurs contrats de concession, sous peine de nullité.

AMÉRIQUE DU NORD

L'économiste écossais John Law met sur pied la Compagnie d'Occident et le roi de France lui cède pour 25 ans le privilège exclusif de la traite des fourrures et l'exploitation de la Louisiane.

MONDE

On interdit désormais l'enseignement religieux chrétien en Chine.

Nouvelle épidémie de fièvres malignes dans toute la colonie.
• Jamais le blé et les pois ne se sont vendus aussi cher, près de cinq fois plus qu'en 1712. Le roi permet aux intendants de limiter ou de prohiber par ordonnances la sortie des blés de la colonie. « Dans un temps où la colonie pourrait souffrir, sa Majesté se remet à leur prudence d'en permettre ou d'en défendre la sortie. » • Montréal est devenu la métropole commerciale de la Nouvelle-France. Nicolas Lanouiller de Boisclerc écrit : « Les marchands de cette ville font presque tout le commerce de la colonie, tant au dedans avec les sauvages, qu'au dehors avec l'étranger, et Québec ne doit être regardé que comme l'entrepôt. »

Abolition de la monnaie de cartes. Dévaluation au demi de sa valeur du numéraire de la colonie par la métropole pour le convertir en valeur monnaie de France, ce qui désavantage la colonie. Le commerce intérieur de la Nouvelle-France et toute son industrie s'en trouvent paralysés. • Le 4 juin, un arrêt permet aux agents de la Compagnie des Indes de s'introduire à l'improviste chez les habitants et de procéder à une perquisition afin de s'assurer qu'ils ne violent pas le monopole de la Compagnie sur les fourrures.
• On compte 63 000 arpents de terre en culture. La colonie produit 234 566 boisseaux de blé. On dénombre 76 moulins à farine.
• Le 7 octobre, Mgr de Saint-Vallier écrit au Conseil de la Marine que « les misères de la colonie augmentent tous les jours ».

Début de la construction de la forteresse de Louisbourg.
• Fondation de La Nouvelle-Orléans, en Louisiane. • Herman Moll publie *Map of North America*.

Daniel Defoe publie *Robinson Crusoé*.
• Les Jésuites sont expulsés de Russie.

CULTURE ET SOCIÉTÉ

POLITIQUE

AMÉRIQUE DU NORD

MONDE

CULTURE ET SOCIÉTÉ

Pluies excessives et invasion de chenilles en Nouvelle-France, « qui dévorent les jeunes blés ». • Le père Charlevoix est frappé de l'extrême pauvreté des colons : « Aussi, la plupart vont-ils tout nuds, surtout ceux qui sont dans les Habitations un peu écartées. Ils ne vendent même pas tout le surplus de leurs denrées aux Habitants des Villes, parce que ceux-ci sont obligés pour subsister d'avoir des Terres à la Campagne, et de les faire valoir par eux-mêmes. »

La population de la Nouvelle-France : 24 951 habitants. • Entre le 9 et le 13 mars, le père Charlevoix écrit qu'il boit de l'eau d'érable au village indien de Saint-François (-du-Lac) et qu'il est courant d'entailler à cette date. • Le 19 juin, à Montréal, à l'occasion de la Fête-Dieu, un des arquebusiers fait feu sur le toit de bardeaux de la chapelle de l'Hôtel-Dieu ; grand incendie : 171 maisons détruites. Le roi décharge les habitants, pour trois ans, de l'impôt destiné à la construction des fortifications. • À cause de la cherté des vivres, les plus démunis doivent se priver encore plus. • Introduction de la culture du tabac en Nouvelle-France. • Alors qu'il n'existe encore aucun système postal régulier, Nicolas Lanouiller obtient le privilège d'ouvrir un service entre Québec et Montréal. • Désormais, les capitaines de navires entrant au pays doivent jeter l'ancre à l'île aux Coudres et faire un rapport aux autorités de Québec sur l'état de santé de leurs passagers, avant de pouvoir aller plus avant.

POLITIQUE

• Le 26 octobre, Bégon confirme à son ministre qu'il a reçu la lettre qui lui ordonne « de recevoir des capitaines des navires qui arrivent icy des prisonniers qui avaient été destinés pour la Louisiane ».

AMÉRIQUE DU NORD

Premier établissement important au Vermont.

MONDE

Le Tibet devient un protectorat chinois. • La tapisserie sur les murs est de bon ton en Angleterre.

Mise sur pied d'un service postal régulier entre Londres et la Nouvelle-Angleterre. • Jean-Sébastien Bach compose Les Concertos brandebourgeois.

Début de l'immigration pénale en Nouvelle-France. • On adjoint à l'Hôpital général de Québec un asile d'aliénés pour hommes.

Sécheresse. • Arrivée de prisonniers à titre d'immigrants, qui causent plus de scandales et de méfaits qu'ils ne contribuent aux progrès de la colonie.

Détail d'une « Carte générale de Canada » de 1703. CA.

La guerre éclate entre les Abénakis de l'Acadie et les traiteurs de la Nouvelle-Angleterre. Le 12 août, 200 Anglais s'emparent du village de Narrantsouak, sur le Kennebec, brûlent l'église, terrorisent les habitants et massacrent le jésuite Sébastien Rasle.

Pour la fabrication de l'acier, Ferchault de Réaumur publie *L'Art de convertir le fer forgé en acier.* • Le Parlement anglais interdit aux journalistes de rendre compte des débats.

CULTURE ET SOCIÉTÉ

Vaudreuil écrit à Maurepas : « Je vous avoue que je vois avec peine Monseigneur que les pauvres souffrent, et ne puissent avoir ce qui est nécessaire à la vie qu'à un prix excessif… »

L'intendant et l'évêque font pression pour faire cesser l'immigration de prisonniers. L'évêque supplie le ministre des Colonies de « ne plus envoyer de tels gens qui sont sans foy et sans Religion, capables des plus affreux crimes et vices, la continuation de ces envois pourrait faire perdre la foy à ceux qui la [colonie] composent et les rendre semblables aux Anglais et aux infidèles ». Et les convois s'arrêtent.

POLITIQUE

AMÉRIQUE DU NORD

Les chutes du Niagara.

Construction du fort Niagara.

MONDE

Pierre-François-Xavier de Charlevoix publie à Paris *La Vie de la Mère Marie de l'Incarnation, institutrice et première supérieure des Ursulines de la Nouvelle-France*. • Fondation de la maison Longman's, la plus ancienne maison d'édition anglaise toujours en exploitation. • Ouverture de la Bourse de Paris.

Mort du tsar Pierre le Grand de Russie ; son épouse Catherine lui succède. • Publication des *Lettres* de Mme de Sévigné à titre posthume.

Population de la Nouvelle-France : 29 396 habitants. • Désormais, les jeux de hasard sont interdits dans les cabarets. • Envoi de clergé séculier au Petit Séminaire de Québec par le Séminaire de Paris, ce qui permet de se passer de l'aide des jésuites en introduisant l'enseignement des humanités, de la philosophie et de la théologie.

Les tourtes sont si abondantes à Québec que les habitants les abattent à la porte de leur domicile. • Dupuy signale que sur le fleuve, selon les vents, il faut quelquefois « un mois entier » pour faire l'aller-retour entre Québec et Montréal. • Nouvel incendie du Palais de l'intendant à Québec.

Charles de Beauharnois, baron de la Boische, est nommé gouverneur et Claude-Thomas Dupuy, intendant.

Pour pratiquer leur métier à l'intérieur de la ville, les charretiers doivent désormais s'inscrire à l'intendance et leurs voitures être pourvues de numéros.

Marie de Rabutin-Chantal, marquise de Sévigné.

Le sieur de La Vérendrye conçoit un plan alliant la mise en valeur du commerce de l'intérieur du Canada et la poursuite de la recherche de la mer de l'Ouest. • Fondation de l'American Philosophical Society à Philadelphie. • Aux États-Unis, les quakers demandent l'abolition de l'esclavage.

Jonathan Swift publie *Les Voyages de Gulliver.* • Voltaire, banni de France, fuit en Angleterre. • Canonisation de saint Jean de la Croix.

Mort du roi George Ier en Angleterre ; son fils George II lui succède. • Mort de la tsarine Catherine de Russie. Pierre II, petit-fils de Pierre le Grand, lui succède. • On plante pour la première fois du café au Brésil.

CULTURE ET SOCIÉTÉ

Hiver rigoureux à Québec.

Disette générale dans le pays. Les semailles sont compromises. « On mange des patates pour la première fois, faute de mieux », dit un écrit du temps. • Épidémie de « picote » également. • Et puis rigueur extraordinaire de l'hiver.

POLITIQUE

Claude-Thomas Dupuy songe à l'établissement de verreries et de poteries dans la colonie. • Dans un mémoire daté du 15 mai, le roi insiste sur « l'extrême importance » d'organiser une tuilerie dans la colonie. • Le 31 mai, Dupuy est rappelé en France.

Retour à la monnaie de cartes. • Une ordonnance du 28 novembre oblige les habitants des seigneuries de Québec, Trois-Rivières et Montréal, dont les terres sont sur les grands chemins, à les baliser suivant l'étendue du front de terre. On y précise que les balises doivent être mises en place aux premières neiges, de 24 pieds en 24 pieds, et elles doivent mesurer au moins 6 pieds de hauteur. • Gilles Hocquart succède à Dupuy, mais il n'a que le titre de commissaire général de la Marine. Ce n'est que deux ans plus tard, sur les instances de Beauharnois, qu'il reçoit officiellement le titre d'intendant. Il sera en fonction pendant 19 ans, le plus long mandat dans l'histoire des intendants.

AMÉRIQUE DU NORD

L'explorateur Vitus Behring découvre le détroit qui porte maintenant son nom.

MONDE

Découverte d'importants gisements de diamants au Brésil. • Voltaire revient en France.

Gilles Hocquart, ANQQ.

Population de la Nouvelle-France : 33 682 habitants. • L'intendant Hocquart écrit le 16 mai que l'hiver a été fort long et que les semailles commencent à peine à se faire. F.-X. Garneau rapporte que, pour ne pas mourir de faim au printemps, on mange des bourgeons et des « pommes de terre ». • Un nommé Cotton, établi à Québec, et les sieurs Huppé et Chauffour, de Montréal, commencent à fabriquer des chapeaux de castor à demi foulés. Jusqu'en 1735, ils en produisent environ douze à quinze cents par année. • Le 15 octobre, Hocquart écrit à son ministre que les fils de famille qui arrivent de France font des vols et des larcins pour vivre, car ils sont peu rompus au travail. Il demande d'obliger leurs familles à leur verser une pension de 200 livres.

L'évêque de Québec, Mgr Dosquet, se plaint que le « bas peuple » s'amuse sur la terrasse de l'évêché, les jours de fête et les dimanches, et « qu'on y a la tête rompue du bruit qu'y font ceux qui jouent aux quilles et à la boule ».

Benjamin Franklin.

Le 8 juin, Pierre Gaultier de Varennes, sieur de La Vérendrye, pour découvrir le chemin à la mer de l'Ouest, quitte Montréal avec trois de ses fils, inaugurant une série de voyages auxquels il se consacrera jusqu'à sa mort en 1749.

Marivaux publie sa comédie *Le Jeu de l'amour et du hasard*. • Réaumur fabrique un thermomètre à alcool avec échelle graduée.

On ne permet plus aux travailleurs des manufactures anglaises d'émigrer en Amérique. • Benjamin Franklin ouvre une bibliothèque à Philadelphie.

CULTURE ET SOCIÉTÉ

Les chaleurs excessives ruinent les récoltes du gouvernement de Montréal, au point qu'Hocquart affirme qu'il s'agit de la plus mauvaise récolte depuis 50 ans. • Les mauvaises récoltes compromettent le commerce de la colonie et l'activité portuaire et maritime de Québec. • Pourtant le 27 octobre, l'intendant Hocquart écrit à son ministre que « la culture des terres peut fournir aux habitants des Costes de quoy vivre aisément et l'Industrie procure les mesmes avantages aux artisans des villes ». • La construction navale se développe à Québec.

Disettes, épidémies et chômage épuisent « les modiques ressources des ouvriers et journaliers » et les mettent « hors d'état de subsister ». À l'Hôpital général de Québec, on compte en même temps jusqu'à 2 000 malades. • À l'automne, tremblement de terre dont les secousses se font sentir pendant 40 jours.

POLITIQUE

Nouvelle émission de monnaie de cartes. Le roi double la monnaie fiduciaire officielle.

AMÉRIQUE DU NORD

La monnaie de cartes utilisée en Nouvelle-France.

MONDE

Fondation de l'Academy of Ancient Music, à Londres, et ouverture du Covent Garden Opera House, toujours à Londres.

Le latin est aboli dans les cours anglaises.

Grand incendie touchant 46 maisons à Montréal. Une esclave noire avoue avoir mis le feu dans le grenier de la résidence de sa maîtresse pour se venger. Elle est exécutée. • Épidémie de variole dans toute la colonie. • Les Québécois peuvent profiter maintenant des cours de droit donnés par le procureur général Verrier. • Le 29 septembre, il neige à Québec.

Le roi encourage de ses deniers la mise sur pied d'une ardoisière dans la colonie.

Première course de chevaux en Amérique, à Charleston Neck, en Caroline du Sud.

La marquise de Lambert, dans *Avis d'une mère à sa fille,* recommande l'éducation universitaire pour les filles.

Grave maladie contagieuse apportée par un vaisseau du roi. • Les habitants font dire deux grand-messes, « lune le jour St. Marc pour obtenir la passation de la mortalité dans la piquotte [petite vérole], et lautre le 28ᵉ May pour avoir de la pluye ». • De Québec à Montréal, sur la rive nord du Saint-Laurent, on inaugure le Chemin du roy, un chantier de quatre ans comprenant 13 ponts. Sur les trois cours d'eau trop larges pour porter des ponts — les rivières Batiscan, Saint-Maurice et des Prairies —, on établit des bacs. Désormais, on peut aller d'une ville à l'autre, en quatre jours. Le Grand Voyer dit que, dès l'ouverture du chemin, les terres en bordure du lac Saint-Pierre s'arrachent. L'économie agricole de la région de Trois-Rivières est stimulée et on met en marche les Forges du Saint-Maurice.

L'intendant Gilles Hocquart.

CULTURE ET SOCIÉTÉ

POLITIQUE

AMÉRIQUE DU NORD

MONDE

CULTURE ET SOCIÉTÉ

À Rivière-Ouelle, l'hiver trop long, les semailles trop tardives et les récoltes trop maigres forcent les habitants à s'alimenter avec du blé venu de France. De façon générale, les récoltes de blé sont désastreuses dans la colonie. Selon Hocquart, les pluies de septembre font pourrir le blé sur pied.

POLITIQUE

L'intendant Hocquart écrit que les Canadiens « sont naturellement indociles ».

AMÉRIQUE DU NORD

Récoltes désastreuses à cause des pluies excessives. Nouvelle famine dans le pays. « Les habitants sont réduits à manger des bourgeons d'arbres, des pommes de terre et autres choses qui ne sont point propres à la nature des hommes. » L'intendant Hocquart précise que « les habitants des villes, particulière-ment les journalistes et artisans, sont dans une situation aussi fâcheuse manquant tous de travail ». Et il doit fournir régulièrement des provisions aux plus démunis de crainte qu'ils ne meurent de faim. La crise entraîne « une réduction d'un tiers sur le fonds de commerce » de la colonie. Alors qu'il y avait six bateaux en construction à Québec l'année précédente, il n'y en a plus que deux, car, déplore l'intendant, « la disette a tellement appauvri ce pays qu'aucun particulier ne s'est trouvé en état de faire des travaux ». • Marguerite d'Youville fonde la communauté des Sœurs grises, dénommées d'abord Sœurs de la Charité de l'Hôpital général de Montréal.

MONDE

En Angleterre, un édit de George II abolit les procès pour sorcellerie.

Ouverture d'un premier salon de peinture à Paris. • Canonisation de Vincent de Paul par le pape Clément XII.

Une aile est construite à l'Hôpital général de Québec pour héberger les soldats infirmes ou impotents.
• Début de la production aux Forges du Saint-Maurice.

Population de la Nouvelle-France : 42 701 habitants. • Les peaux de castor forment 70 % de la valeur des exportations. • À Québec, le procureur général Verrier donne deux leçons par semaine à des jeunes qui cherchent à acquérir une formation judiciaire ou à des membres du Conseil souverain voulant perfectionner leurs connaissances de la loi.

Au printemps, l'intendant Hocquart « fait vider d'authorité les greniers de quelques habitants aussy avares qu'aisés », afin de remettre ce blé aux capitaines de milice qui en assurent la répartition et l'ensemencement. Il écrit à son ministre : « Les villes ont esté remplies tout l'hyver de ces coureurs misérables qui venoient chercher quelques secours de pain ou d'argent. Ils continuent d'estre à charge au public, à M. le Général et à moy et encore plus au Roy. J'ai esté et je suis toujours dans la nécessité de faire fournir régulièrement du pain, de la viande et des légumes des magasins à ces indigents et aux pauvres infirmes. »

Le Beau publie à Amsterdam *Aventures du Sr C. Le Beau, avocat en Parlement, ou Voyage curieux et nouveau Parmi les Sauvages de l'Amérique Septentrionale. Dans lequel on trouvera une Description du Canada avec une Relation très particulière des anciennes Coutumes, Mœurs et Façons de vivre des Barbares qui l'habitent.*

Les premiers camélias arrivent en Europe en provenance de l'Extrême-Orient.

CULTURE ET SOCIÉTÉ

POLITIQUE

AMÉRIQUE DU NORD

MONDE

CULTURE ET SOCIÉTÉ

Les Forges du Saint-Maurice.

POLITIQUE

AMÉRIQUE DU NORD

Fondation de l'Université de Pennsylvanie.

L'explorateur Vitus Behring meurt de faim et de froid, à 60 ans, après avoir découvert ce qu'on appelle aujourd'hui l'Alaska et les îles Aléoutiennes.

MONDE

Frédéric le Grand introduit la liberté de presse et de culte en Prusse.
• L'amiral anglais George Anson entreprend une expédition autour du monde qui durera quatre ans.

L'Anglais William Browning invente l'eau minérale gazeuse en insufflant de l'acide carbonique dans de l'eau de source ordinaire qu'il embouteille. • Le botaniste Linné fonde un jardin botanique à Uppsala, en Suède.

Invasion de chenilles. L'intendant signale des « raids d'insectes » et les récoltes de blé sont encore plus désastreuses qu'en 1737 à cause des pluies excessives. • L'évêque de Québec propose d'organiser le soin des pauvres dans les campagnes pour éviter leur exode et s'assurer que « nous n'aurions dans les villes que les pauvres de la ville ».

À Québec, des brigades de prévention du crime prennent sur elles de faire justice au moment où la disette donne lieu à une recrudescence de vols et de brigandage. Pour les contrecarrer, le gouvernement forme une patrouille de 245 miliciens qui parcourent les rues durant la nuit. • Le 28 septembre, Hocquart insiste auprès de son ministre pour qu'on envoie seulement des « laboureurs, gens de journée, peu de gens de métiers et seulement de ceux de charpentier, forgeron, tonnelier, charbonnier. Les marchands, tisserands et autres ouvriers des manufactures sont des hommes absolument inutiles. » • Nouvelle émission de monnaie de cartes en Nouvelle-France.

On ouvre des manufactures de coton à Birmingham et à Southampton. On joue pour la première fois *Le Messie* de Haendel, à Dublin. L'astronome Anders Celsius invente le thermomètre à échelle centésimale.

Il y a tant de chenilles qu'on fait des prières publiques et des processions. • L'intendant réclame en toute hâte trois à quatre mille quarts de farine avant la fermeture de la navigation sur le fleuve. « Il ne reste plus dans les prairies que le squelette des foins et des herbes roussis comme si le feu y avoit passé. » « On me demande des secours de partout, écrit Hocquart, et bientost je n'auray plus rien à donner. » • Épidémie de typhus dans toute la colonie.

Découverte des Rocheuses par les fils La Vérendrye, Louis-Joseph et François.

L'Anglais Edmund Hoyle, dans un traité qu'il consacre au whist, décrit pour la première fois ce jeu de cartes d'origine anglaise qui est l'ancêtre du bridge.

CULTURE ET SOCIÉTÉ

POLITIQUE

AMÉRIQUE DU NORD

MONDE

	1744	**1745**
CULTURE ET SOCIÉTÉ	Épidémie de typhus dans toute la colonie. • Devant le grand nombre de fêtes chômées, Mgr de Pontbriand décide d'en renvoyer 17 au dimanche, ce qui réduit de 37 à 20 le nombre de jours chômés.	L'hiver est particulièrement doux et le 25 avril, dans la région de Québec, on commence les semailles de blé que l'on récolte à compter du 22 août, soit trois semaines plus tôt que les années précédentes. Le 22 juin, c'est la première récolte de fraises dans la région de Québec. • Épidémie de typhus dans toute la colonie.
POLITIQUE	Le 3 juillet, une ordonnance permet au sieur Estèbe de Québec, fournisseur de blé aux troupes, de recourir à la milice pour intimider les habitants récalcitrants qui refusent de céder une partie de leur récolte.	Pour prévenir le morcellement excessif des terres, le roi fait publier une ordonnance défendant aux habitants de bâtir maison sur des terres qui mesurent moins d'un arpent et demi de front sur 30 ou 40 de profondeur.
AMÉRIQUE DU NORD	Les troupes françaises occupent pour un temps Port-Royal, en Acadie, mais doivent bientôt s'en retirer.	Prise de la forteresse de Louisbourg par les Anglais, rendue en 1748. À Québec, de crainte d'une nouvelle invasion, on entreprend la construction d'une enceinte permanente suivant les plans de Chaussegros de Léry.
MONDE	Parution à Paris de l'œuvre du père Charlevoix *Histoire et Description générale de la Nouvelle-France avec le Journal historique d'un voyage fait par ordre du Roi dans l'Amérique septentrionale*.	Pour la première fois en Angleterre, on établit des corporations distinctes entre les chirurgiens et les barbiers qui, jusqu'à ce jour, pouvaient pratiquer eux aussi des saignées et de petites opérations.

Jean-François Gaultier établit une station météorologique à Québec et tient un journal quotidien d'observation jusqu'en 1756. • Des corsaires anglais dévastent des installations de pêche sédentaire dans le golfe du Saint-Laurent.

Mois de janvier fort neigeux à Montréal.

Ordre donné par le gouverneur de lever à Montréal 1 500 à 1 600 hommes afin qu'ils se tiennent prêts à marcher au secours du fort Saint-Frédéric (Crown Point, État de New York).

Rolland Michel Barrin, marquis de La Galissonière, est nommé gouverneur. • Le 21 mai, ordre donné par le gouverneur de lever à Montréal 500 à 600 hommes et d'y joindre les « Sauvages des pays d'en haut » qui sont à Montréal en préparation de la guerre. • Sous la poussée des dépenses de guerre, la surproduction de monnaie de cartes plonge à nouveau la colonie dans une forte inflation avec la misère qui l'accompagne.

Les semailles à la volée. Dessin d'Edmond Massicotte.

CULTURE ET SOCIÉTÉ

POLITIQUE

AMÉRIQUE DU NORD

MONDE

	1748	**1749**
CULTURE ET SOCIÉTÉ	Invasion de la tordeuse des bourgeons de l'épinette. • À Saint-Augustin, le nombre de sépultures, comparé à celui des autres années, est fort élevé : 37 contre 8 ou 9 habituellement. Il faut supposer la présence de quelque maladie contagieuse.	Grande épidémie de fièvres et décès nombreux. • L'intendant François Bigot note que plusieurs habitants des environs de Québec abandonnent leurs terres pour gagner la ville « soit pour se mettre charretier, soit pour travailler à la journée ou même pour y tenir cabaret ». • Bigot réclame de façon urgente 150 charpentiers pour la construction navale.
POLITIQUE	François Bigot est nommé intendant. • La garnison de Québec ne compte que 169 soldats.	L'officier de marine Jacques-Pierre de La Jonquière est nommé gouverneur.
AMÉRIQUE DU NORD	La paix d'Aix-la-Chapelle rend Louisbourg et l'île du Cap-Breton à la France.	Deux régiments et 25 000 colons recrutés en Angleterre débarquent dans la baie de Chibouctou, fondent Halifax et y construisent une forteresse.
MONDE	Découverte des ruines de Pompéi. • Le platine arrive en Europe en provenance de l'Amérique du Sud. • En Angleterre, la Cour du Banc du Roi statue que le cricket est un sport tout à fait légal.	Le Portugais Giacobbo Rodriguez Pereire invente un langage par signes pour sourds-muets. • Marie-Thérèse Geoffrin ouvre un salon comme lieu de rencontre pour les hommes de lettres parisiens.

1750

1751

CULTURE ET SOCIÉTÉ

POLITIQUE

AMÉRIQUE DU NORD

MONDE

Épidémie de typhus dans toute la colonie. • L'intendant François Bigot interdit à qui que ce soit de pratiquer la chirurgie et la médecine au Canada sans avoir subi au préalable un examen devant le médecin ou le chirurgien du roi à Québec. « Souvent les remèdes prescrits rendent les gens encore plus souffrants. »

Disette. Hiver difficile. Les mendiants prolifèrent. Les « émeutes dans le peuple » obligent l'intendant Bigot à procéder à des distributions de farine dans les villes. Une ordonnance encourage les militaires à louer leurs services aux bourgeois de Québec, de Trois-Rivières de et Montréal.

Des discussions ont lieu entre la France et l'Angleterre au sujet de la frontière entre le Canada et la Nouvelle-Écosse. • Pour empêcher que les colons de la Pennsylvanie et de la Virginie fassent main basse sur les terres situées plus à l'ouest, le gouvernement de la Nouvelle-France dresse des forts sur les rives de l'Ohio et de ses affluents.

John Bushell fait paraître le premier journal au Canada, la *Halifax Gazette*.

Le néoclassicisme se répand en Europe en réaction au baroque et au rococo. • La population de l'Europe est approximativement de 140 millions d'habitants.

Début en France de la publication de l'*Encyclopédie* de Diderot. Le dernier volume paraîtra en 1772. • Le menuet est une danse à la mode en Europe. • Le Parlement britannique décrète que l'année nouvelle en Angleterre commencera le 1er janvier. • Ouverture des premiers asiles pour malades mentaux à Londres. • La Chine envahit le Tibet.

CULTURE ET SOCIÉTÉ

Deux incendies en deux jours rasent Trois-Rivières. Le soldat Pierre Beaudoin, dit Cumberland, avouera avoir mis le feu le 20 mai afin de se venger des Trifluviens pour l'avoir emprisonné sous de fausses accusations de vol. • Le 14 octobre, le soldat Pierre-Victor Reverd, faux-monnayeur, est pendu sur la place publique de la basse-ville de Québec.

POLITIQUE

Mort du gouverneur de La Jonquière. Ange Duquesne est nommé pour le remplacer.

On lève une taxe pour la construction et l'entretien d'édifices militaires.

AMÉRIQUE DU NORD

Jusqu'à ce que le feu la détruise en 1752, Trois-Rivières était entourée d'une palissade.

MONDE

Le 14 septembre, l'Angleterre adopte le calendrier grégorien.

Une loi anglaise permet désormais la naturalisation des Juifs.

La ville de Québec compte
8 000 habitants et la Nouvelle-
France, 55 000. • Importants
incendies à Montréal et à Québec.

Maison construite en 1753, à Trois-Rivières.

« L'année de la grande picote » :
nouvelle épidémie de petite vérole
qui aurait peut-être été rapportée
par les troupes revenus de Carillon.
• Incendie de l'Hôtel-Dieu de
Québec, qui accentue le problème
des pauvres. • Dans la nuit du 22
au 23 novembre, tremblement de
terre.

Pierre de Rigaud de Cavagnal,
marquis de Vaudreuil, jusqu'alors
gouverneur de la Louisiane, est
nommé gouverneur de la Nouvelle-
France. • Les Anglais prennent le fort
Beauséjour (près de Sackville, au
Nouveau-Brunswick).

Ouverture d'un premier bureau de
poste à Halifax. • Fondation à New
York du King's College, qui deviendra
en 1784 l'Université Columbia. • Les
colonies anglaises en Amérique
comptent environ 1 500 000 habitants.

En juillet, le Conseil exécutif de la
Nouvelle-Écosse prend la décision
unanime de déporter les Acadiens.
Avant la fin de l'année, sous les ordres
du gouverneur, 7 000 Acadiens partent
pour l'exil. Quelques milliers d'autres
seront bannis jusqu'en 1762. • Les
Français défont l'armée anglaise à Fort
Duquesne, aujourd'hui Pittsburg.

Six millions d'habitants en
Angleterre, 12 millions en France.
• Pour la première fois, un diplôme
de médecine est accordé à une
femme à l'Université de Halle, en
Allemagne. • Fondation en Angleterre
de la Society for Encouragement of
Arts and Manufactures.

Fondation de l'Université de
Moscou. • À Lisbonne, un grand
tremblement de terre tue
30 000 personnes.

CULTURE ET SOCIÉTÉ

POLITIQUE

AMÉRIQUE DU NORD

MONDE

CULTURE ET SOCIÉTÉ

Épidémie de typhus dans toute la colonie.

Été et automne de misère : mauvaises récoltes, navires saisis par les Anglais, famine, épidémies de typhus et de petite vérole. En hiver, faute de vivres, on mange du cheval pour la première fois dans la colonie. En décembre, les autorités doivent subventionner le prix du bœuf pour 3 000 « pauvres gens de Québec ».

POLITIQUE

À la suite de la ruine de plusieurs officiers, négociants ou simples habitants, le roi de France interdit la pratique de tous les jeux de hasard dans la colonie.

AMÉRIQUE DU NORD

Le marquis Louis-Joseph de Montcalm s'empare du fort anglais d'Oswego.
• La France expulse l'Angleterre de la région des Grands Lacs.

MONDE

L'Angleterre déclare la guerre à la France : c'est le début de la guerre de Sept Ans. Les combats se déroulent surtout dans les colonies, soit en Inde et au Canada. • À Bolton, en Angleterre, on fabrique pour la première fois du velours. • Ouverture d'une première fabrique de chocolat, en Allemagne. • Fondation de la manufacture de porcelaine de Sèvres.

Soldat de la marine française. Aquarelle de Francis Back.

Le 1er avril, passage de la comète de Halley dans le ciel de Montréal. • En mai et en juin, pluies continuelles et grands froids à Québec. « Les artisans étoient si faibles qu'ils ne pouvoient pas travailler, plusieurs sont morts d'inanition… ils se privoient de manger pour nourrir leurs enfants. » Vaudreuil et Bigot reçoivent l'ordre de faire connaître la pomme de terre.

À Québec, le clergé fulmine contre l'excès du jeu, l'ivresse et la prostitution et surtout les mascarades indécentes pendant le carnaval. • Ordre du général Murray de mettre en place dans cette ville quelques lampes aux carrefours les plus fréquentés, mais elles doivent être éteintes à 22 heures. • Épidémie de typhus dans toute la colonie.

Victoire de Montcalm contre Abercromby au fort Carillon.

Siège de Québec, bataille des Plaines d'Abraham et reddition de la ville.

Le 26 juillet, capitulation de la forteresse de Louisbourg face aux Anglais dirigés par Jeffery Amherst, de même que du fort Frontenac et du fort Duquesne. C'est George Washington et John Forbes qui reprennent Fort Duquesne aux Français.

Pierre de Rigaud, marquis de Vaudreuil, dernier gouverneur de la Nouvelle-France.

Les Jésuites sont expulsés du Brésil. • Voltaire publie son roman philosophique *Candide*. • Haydn publie sa *Première symphonie en ré majeur*.

UN NOUVEAU RÉGIME
1760-1867

Les dernières batailles

En juin 1759, le général James Wolfe entreprend le long siège de Québec avec une flotte mobilisant 39 000 hommes. Le 13 septembre, c'est la bataille des Plaines d'Abraham et la défaite des armées du marquis Louis-Joseph de Montcalm ; lui-même et Wolfe sont tués. Le 17 septembre, à midi, Nicolas Roch de Ramezay, lieutenant du roi à Québec, remet la ville au général George Townshend, successeur du général Wolfe. Les Français perdent aussi les forts Niagara, Carillon et Saint-Frédéric.

Au printemps de 1760, le chevalier de Lévis tente une ultime offensive contre l'armée de l'administrateur James Murray qui occupe la ville de Québec. Le 28 avril, l'armée de Murray attaque les troupes françaises, qui avaient repoussé l'avant-garde anglaise. Il s'ensuit une bataille de trois heures, à l'issue de laquelle l'armée anglaise doit battre en retraite, abandonnant sur le champ ses morts et ses blessés. Fort du succès qu'il vient de remporter, Lévis décide d'entreprendre le siège de Québec. Mais l'opération fait long feu, car une flotte anglaise de 18 000 hommes s'amène en mai devant Québec. Abandonnant tout espoir de secours de la part de la France, Lévis lève le siège.

La flotte anglaise, dirigée par Murray, quitte alors Québec en direction de Montréal. Haviland arrive en même temps par le Richelieu et Amherst par le lac Ontario. Le 8 septembre, le gouverneur Vaudreuil signe la capitulation de Montréal. C'est la capitulation générale. C'en est fini de la colonie française.

Dans la semaine du 1er février, le pont de glace se forme devant Québec et ne se rompra que vers le milieu d'avril. • « La manne de tourtes parue au printemps sauve la colonie de la famine. On les tue à coups de bâton. » (Philippe Aubert de Gaspé)
• Trois-Rivières compte 586 habitants.
• Invasion de la tordeuse des bourgeons de l'épinette.

Ce portrait de James Wolfe a été peint quelques années avant la bataille de Québec.

George III devient roi d'Angleterre.
• Oberkampf met au point sa machine à imprimer les tissus. • Première exposition d'art contemporain à la Royal Society of Arts de Londres.

Au printemps, la vie économique — toujours fondée sur le commerce des fourrures — reprend son cours, mais avec la différence que les fourrures devront être désormais expédiées en Angleterre plutôt qu'en France et que la traite est libre à tous.

Le nouveau régime

Par le traité de Paris, signé le 10 février 1763, la France cède à l'Angleterre le Canada, l'Acadie et la rive gauche du Mississippi. Les Canadiens ont 18 mois pour quitter le pays s'ils le désirent. Ceux qui demeurent ont le droit de pratiquer leur religion, « en tant que le permettent les lois de la Grande-Bretagne ». Le 7 octobre 1763, une proclamation du roi George III démembre la Nouvelle-France et installe de nouvelles structures administratives. Désormais le territoire laurentien est désigné sous le nom de « Province of Quebec ». Le roi installe aussi des institutions politiques conformes à la tradition britannique. Comme sous le régime français, le gouverneur de Québec représente le roi, mais il remplace de plus l'intendant. Désormais, dans les cours de justice que le gouvernement jugera bon de mettre sur pied, on appliquera la *common law* britannique. Aucun catholique ne pourra aspirer à de hautes fonctions administratives, car les serviteurs de la Couronne doivent prêter le serment du Test, qui nie la transsubstantiation de l'Eucharistie et l'autorité papale.

Les dix premiers juges de paix nommés pour régir la vie urbaine à Québec sont tous des Britanniques. Mais il faudra bientôt des rajustements, car la Grande-Bretagne, qui exclut d'office des fonctions administratives tous les catholiques, contraint le gouverneur Murray, à son grand mécontentement, à faire appel à des hommes qu'il considère comme incompétents.

La Corriveau, déclarée coupable du meurtre de son époux, est pendue.

Établissement d'un service de douanes à Québec.

Désormais les propriétaires de terrains sur le domaine royal doivent verser le cens à la Couronne. • Le 7 octobre, proclamation royale : le territoire laurentien est maintenant désigné sous le nom de « Province of Quebec ». Le nouveau gouverneur James Murray décide de l'établissement de la *common law* au Canada. • Pontiac, chef de la tribu algonquine des Ottawas, organise une révolte amérindienne et attaque Détroit.

James Murray, originaire d'Écosse, a été le premier gouverneur de la province de Québec.

Prise de La Havane par les Anglais. • Jean-Jacques Rousseau publie *Du contrat social, ou Principes du droit politique,* de même que *Émile.* • Ouverture de la Bibliothèque de la Sorbonne, à Paris. • Tournée européenne de Mozart, que l'on considère comme un prodige. Il a six ans.

CULTURE ET SOCIÉTÉ

Un pont de glace se forme devant Québec et ne disparaît que le 9 mai. • Établissement d'une imprimerie à Québec par deux Écossais, ce qui facilitera la production de livres pour l'enseignement élémentaire. • Le 21 juin, publication du premier journal à Québec, *The Quebec Gazette/La Gazette de Québec,* fondé par William Brown et Thomas Gilmore.

Une épidémie fait monter le taux de mortalité dans la colonie. • Le Séminaire de Québec devient collège classique. • Le premier ouvrage imprimé à Québec est un manuel scolaire : *Alphabets ou A.B.C. français complets.* • Population de la colonie : 70 000 habitants ; 8 900 à Québec, 5 800 à Montréal.

POLITIQUE

AMÉRIQUE DU NORD

Le 10 août 1764, à Québec, dans le cadre d'un grand déploiement, on remplace le régime militaire provisoire par un gouvernement civil. • En octobre, les Britanniques à Québec demandent l'établissement d'une assemblée législative choisie parmi les seuls sujets protestants de la colonie. Le 29 octobre, 94 commerçants canadiens se réunissent et adressent au gouvernement britannique une pétition dénonçant que l'on veuille leur imposer un système de gouvernement inacceptable.

Mgr Jean-Olivier Briand, premier évêque de Québec après la Conquête.

MONDE

Violemment controversés, les Jésuites sont expulsés de France à la suite de luttes avec les parlementaires et les philosophes. • On introduit la numérotation des édifices à Londres.

Le biologiste italien Spallanzani suggère que l'on conserve les aliments dans des contenants hermétiquement fermés. • La consommation de pommes de terre se répand en Europe. • Jean-Jacques Rousseau commence la publication de ses *Confessions.*

La Nouvelle-France est privée d'évêque depuis 1763. Pour la première fois, les Anglais autorisent le retour de l'évêque Jean-Olivier Briand, consacré en France. • En août, les juges de paix de la ville de Québec s'élèvent contre la nuisance causée par les bouchers de la haute-ville, « vu qu'ils jettent dans les rues les entrailles et tripailles des animaux qu'ils tuent ».

Le 21 avril, débâcle entre Québec et Lévis. Un citoyen vient près de se noyer en tentant de traverser le pont de glace avec son cheval et sa voiture. • Les ursulines de Québec reprennent leur enseignement. • Les sulpiciens ouvrent à Montréal le Collège Saint-Raphaël qui deviendra, en 1806, le Collège de Montréal.

Au printemps, à la suite de plaintes continuelles de la part des Britanniques de la colonie, le gouvernement de Londres rappelle James Murray et Guy Carleton devient gouverneur.

Deux arpenteurs anglais, Charles Mason et Jeremiah Dixon, tracent la ligne Mason-Dixon entre la Pennsylvanie et le Maryland, ligne qui séparera plus tard la région sudiste (esclavagiste) de la région nordiste.

Louis de Bougainville entreprend son voyage dans le Pacifique, où il découvrira Tahiti, les îles Salomon et la Nouvelle-Guinée. • Ouverture à Bristol du Théâtre royal, le plus ancien théâtre britannique encore en exploitation.

Les Jésuites sont expulsés d'Espagne, de Sicile, de l'Amérique centrale et de l'Amérique du Sud. • Mort du compositeur allemand Georg Philipp Telemann ; Karl Philipp Emanuel Bach lui succède comme directeur de la musique d'église à Hambourg. • Mise au point du métier à filer automatique. • Mise au point de la première machine à vapeur de James Watt.

CULTURE ET SOCIÉTÉ

POLITIQUE

AMÉRIQUE DU NORD

MONDE

CULTURE ET SOCIÉTÉ

Le 23 février, à Québec, le gouverneur ordonne aux habitants de faire ramoner leurs cheminées une fois par mois, d'octobre à mai, et chaque propriété doit être munie de deux seaux en cuir, d'une hache et d'une échelle placée près de chaque cheminée.
• 250 000 gallons de rhum entrent à Québec, et 24 000 minots de blé sont exportés en Angleterre et aux Antilles.

Une distillerie de rhum est ouverte à Québec, mais rapidement le produit qu'elle met sur le marché ne suffit pas à la demande. • Pauvre récolte de blé dans la région du Bas-Richelieu : « la plus grande disette depuis 28 ans ».

POLITIQUE

AMÉRIQUE DU NORD

Pour permettre la colonisation vers l'Ouest, le territoire au sud de l'Ohio est enlevé aux Indiens.

L'Île-du-Prince-Édouard a désormais un gouvernement représentatif.

MONDE

Fondation de la Royal Academy de Londres, pour la peinture. • À la fin de mai, James Cook entreprend son premier tour du monde ; il sera de retour en Angleterre en juin 1771.
• La France achète la Corse à Gênes.

Le futur empereur Napoléon naît en Corse. • Installation des premiers paratonnerres sur les édifices en hauteur. • *The History of Emily Montague* de Frances Brooke, qui contient une description pittoresque de la vie sociale de Québec, est publiée à Londres.

Tremblement de terre dans Charlevoix. • Mort de Marguerite d'Youville, née Dufrost de La Jemmerais.

James Cook, navigateur anglais.

On offre sur le marché londonien du Quebec Yellow Pine, mais en petite quantité. • On joue pour la première fois *Le Messie* de Haendel à New York. • En France, l'ingénieur Nicolas Joseph Cugnot lance le premier véhicule à vapeur. • Un premier « restaurant » est ouvert à Paris.

Parution de la première édition de l'*Encyclopædia Britannica*.

CULTURE ET SOCIÉTÉ

Les toitures en bardeaux sont désormais interdites dans les villes.

Le gouverneur Carleton passe ses troupes en revue, sur la place d'Armes, à Québec.

POLITIQUE

AMÉRIQUE DU NORD

Le 16 décembre, dans le cadre de ce qu'on appellera le Boston Tea Party, 50 citoyens de Boston jettent à la mer la cargaison des navires britanniques amarrés dans le port. La réaction violente de Londres, qui met la hache dans les libertés civiles du Massachusetts, précipite la naissance d'une solidarité américaine.

MONDE

L'Inquisition est abolie en France. • Choderlos de Laclos fait paraître son roman *Les Liaisons dangereuses*.

Le pape Clément XIV dissout l'ordre des Jésuites, qui avait déjà été supprimé en France. • La valse devient à la mode à Vienne.

Le 27 avril, au moment des grandes marées, débâcle entre Québec et Lévis. • Il entre 700 000 gallons de rhum à Québec. On exporte 460 000 minots de blé et 1 300 barils de farine en Angleterre et aux Antilles.

Le juriste François-Joseph Cugnet déplore qu'« un quart de la ville de Québec est bâti en bois ; ces maisons non seulement défigurent la ville mais encore en cas d'incendie sont extrêmement dangereuses ».

Pour consolider son emprise sur le Canada et résister à la poussée indépendantiste de ses colonies du Sud, l'Angleterre octroie l'Acte de Québec, une constitution qui annule la proclamation royale de 1763, remet en vigueur les lois civiles françaises, reconnaît officiellement la langue française et la religion catholique, et permet la participation des Canadiens d'origine française au gouvernement civil de la colonie.

On nomme le premier surintendant des Affaires indiennes, qui relève des forces armées. • Début de la guerre de l'Indépendance américaine. L'Angleterre engage 29 000 mercenaires allemands pour combattre en Amérique du Nord. Le 31 décembre, des troupes américaines tentent sans succès de s'emparer de Québec.

Louis XVI succède à Louis XV à la mort de celui-ci. • Goethe publie son roman *Les Souffrances du jeune Werther*. • Lavoisier découvre l'oxygène.

Beaumarchais publie sa comédie *Le Barbier de Séville*. • Pierre-Simon Girard invente la turbine à eau. • James Watt perfectionne son invention du moteur à vapeur. • John Outram invente en Angleterre le premier tramway. • Parmentier mène en France une campagne en faveur de la pomme de terre.

CULTURE ET SOCIÉTÉ

Le 10 février, grande tempête de neige à Québec : fort vent de nordet accompagné de neige épaisse. Avant l'aube, la tempête prend l'ampleur d'un ouragan. Impossible de rester dehors plus d'une minute. • Un voyageur de passage achète d'un habitant des pommes de terre que ce dernier appelle « putats ».

À Québec, les juges de paix réglementent le commerce de l'alimentation et interdisent la vente dans les rues sous peine de fortes amendes.

POLITIQUE

Frederick Haldimand, né en Suisse, est nommé gouverneur de la province de Québec à la démission de Guy Carleton.

Frederick Haldimand.

AMÉRIQUE DU NORD

Déclaration d'indépendance des treize colonies américaines.

MONDE

Jean-Jacques Rousseau commence la publication de ses *Rêveries d'un promeneur solitaire*. • L'économiste écossais Adam Smith publie *Recherches sur la nature et les causes de la richesse des nations*.

Lavoisier fait la preuve que l'air se compose surtout d'oxygène et d'azote.

Première parution de la *Gazette littéraire de Montréal*.

Année de mauvaises récoltes qui maintiennent l'interdiction des exportations de blé en Angleterre et aux Antilles. • Le gouverneur Haldimand met sur pied la Bibliothèque de Québec, qui ouvrira ses portes en 1783 et offrira au grand public un choix de 1 800 livres, dont un millier en français. • Invasion de chenilles à l'île aux Coudres. • À Québec, on émet un règlement obligeant les propriétaires ou les locataires à nettoyer la moitié de la rue devant leur propriété et défendant de jeter des ordures dans la rue.

Le gouverneur Haldimand prohibe jusqu'en 1783 l'exportation des céréales et des bêtes à cornes, afin de réduire le coût excessif des vivres ainsi que les risques de disette.

Peter Pond repousse la frontière des postes de traite dans l'ouest du Canada jusqu'à la rivière Athabasca. Il apprend des Amérindiens que la rivière se déverse dans des lacs plus étendus, puis dans la rivière des Esclaves, aujourd'hui le fleuve Mackenzie. • Une loi du Congrès américain interdit l'importation d'esclaves.

Ouverture de la Scala de Milan.

CULTURE ET SOCIÉTÉ

POLITIQUE

AMÉRIQUE DU NORD

MONDE

CULTURE ET SOCIÉTÉ

La baronne de Riedesel dit qu'à Montréal surtout on peut trouver d'excellentes pommes, telles les reinettes et les Bourassa, une variété de grosses pommes rouges d'une saveur délicieuse.

Vue de Québec à partir de la rive sud.

POLITIQUE

AMÉRIQUE DU NORD

Tristement célèbre Vendredi saint dans l'ouest du continent nord-américain : de grands incendies de forêt assombrissent le ciel en plein midi, à tel point que les poules rentrent au poulailler. Les populations craignent d'être les victimes de la colère divine.

MONDE

James Watt met au point sa machine à vapeur à double effet.

Jean-Jacques Rousseau publie ses *Confessions*. • Le philosophe allemand Emmanuel Kant publie *La Critique de la raison pure,* ouvrage fondamental de la philosophie moderne. • Herschel découvre la planète Uranus.

En février, à Québec, ouverture du Théâtre Thespian, rue Buade, qui présente des pièces anglaises, des opéras-comiques et des ballets.
• Pendant l'hiver, il meurt « 1 100 personnes de tout âge et de tout sexe de la picote et des fièvres rouges ». • La *Gazette de Québec* du 6 novembre : « À vendre. Jeune fille noire d'environ 18 ans, arrivée récemment de New York avec des Loyalistes. Elle a eu la petite vérole. Cette jeune fille possède un bon caractère et n'est à vendre que parce que son propriétaire n'en a aucun usage actuellement. » • Les Écossais puis bientôt les Anglais commencent à chauler les terres, ce qui permet, semble-t-il, d'énormes progrès agricoles.

Au printemps, le gouverneur doit remettre des fonds aux autorités ecclésiastiques pour soulager le grand nombre d'affamés. • On connaît la plus importante épidémie de variole depuis 1760. C'est la pire, la plus cruelle de toute l'histoire de la région du Richelieu. Le nombre de décès double par rapport aux années précédentes. • Simon McTavish et un groupe d'associés marchands de Montréal fondent la Compagnie du Nord-Ouest.

Le traité de Versailles entre l'Angleterre et les États-Unis reconnaît l'indépendance des États-Unis et interdit désormais tout commerce entre le Canada et les États-Unis. L'Angleterre cède aux États-Unis le territoire situé au sud des Grands Lacs. Les Loyalistes à la Couronne britannique fuient les États-Unis pour gagner le Canada.

Le Cap-Breton et le Nouveau-Brunswick deviennent des colonies anglaises distinctes de la Nouvelle-Écosse. Le Cap-Breton le demeurera jusqu'en 1820. • La population du Canada est de 113 012 habitants.

Lavoisier fait l'analyse et la synthèse de l'eau. • Jouffroy d'Abbans met au point son bateau à vapeur à roue à aubes. • Mozart publie sa *Messe en do mineur*. • Première ascension de l'homme en ballon.

L'inventeur suisse Aimé Argand met au point le brûleur à huile.
• Beaumarchais publie *Le Mariage de Figaro*.

CULTURE ET SOCIÉTÉ

POLITIQUE

AMÉRIQUE DU NORD

MONDE

CULTURE ET SOCIÉTÉ

« L'année de la grande noirceur » : plusieurs jours de grande obscurité en octobre. Le 16, une pluie noire tombe sur la majeure partie de l'est du Canada. La pénombre intense et les nuages jaunes semblent résulter des incendies de forêt faisant rage dans l'ouest et le centre du Canada.

John Molson, né en Angleterre, fonde à Montréal la brasserie qui porte son nom.

POLITIQUE

Guy Carleton, maintenant lord Dorchester, redevient gouverneur.

AMÉRIQUE DU NORD

L'inventeur américain Ezechiel Redd met au point une machine à fabriquer des clous.

Illustration représentant Paul et Virginie, personnages créés par Bernardin de Saint-Pierre.

MONDE

À Paris, le premier ballon qu'on lance, et qu'on perd par la suite, est « écharpé par les habitants du village où il alla tomber et qui le prirent pour un monstre diabolique après l'avoir pris pour le cadavre de la lune ».
• Traversée de la Manche en ballon par Blanchard et Jeffries. • Salsano invente le séismographe pour mesurer la force des tremblements de terre.

Georges Buffon publie son *Histoire naturelle des oiseaux.* • Mozart donne *Les Noces de Figaro.*

Exportation de 220 000 minots de blé et 12 700 barils de farine. Le gouvernement anglais cède aux pressions des exportateurs installés à Québec et recommence l'importation d'essences de bois propres à la construction des navires. D'où un redémarrage modeste de la construction navale à Québec.

Les juges de paix de Québec présentent une liste de griefs au Conseil législatif, demandant plus de pouvoirs pour régler plus efficacement les transgressions aux ordonnances.

Les États-Unis se donnent leur constitution et mettent sur pied le gouvernement fédéral américain.

À Québec, Mgr Hubert ouvre une école primaire anglaise pour catholiques, mais il ne peut la soutenir plus de quelques mois, faute de ressources. • Quatre moulins de la région de Québec, dont ceux de Henry Caldwell à Lévis et de George Alsopp à la rivière Jacques-Cartier, assurent 45 % de la production de farine de toute la colonie. • Le gouverneur lord Dorchester émet une ordonnance interdisant de pratiquer la médecine sans un certificat de compétence délivré par le Bureau de médecins.

Lord Dorchester.

Jacques-Henri Bernardin de Saint-Pierre publie *Paul et Virginie*. • Mozart fait jouer *Don Juan* et *La Petite Musique de nuit.*

Le Parlement anglais adopte une loi pour l'abolition du commerce des esclaves. • Fondation à Londres du quotidien *The Times*. • Importation en Europe des premiers hortensias et fuchsias en provenance du Pérou.

CULTURE ET SOCIÉTÉ

POLITIQUE

AMÉRIQUE DU NORD

MONDE

CULTURE ET SOCIÉTÉ

Mauvaises récoltes de blé partout, en particulier dans la vallée du Richelieu ; jamais le prix des vivres n'a été aussi élevé. Dans les villes, on met sur pied des comités de bienfaisance pour nourrir plusieurs milliers de personnes au cours de l'hiver. • Lord Dorchester fonde la Société d'agriculture du Bas-Canada, la première société agricole. Fondation du Quebec Turf Club, le premier club de courses de chevaux au Canada. • Construction d'un premier pont de bois, le pont Dorchester sur la Saint-Charles à Québec, à la hauteur de la Pointe-aux-Lièvres, pont qui permet aux habitants de Charlesbourg et de la côte de Beaupré d'accéder plus facilement à la ville. • Au Bas-Canada, le clergé et les fonctionnaires ne se montrent pas favorables à la Révolution française.

La Société d'agriculture du Bas-Canada fait pression auprès de l'évêque de Québec pour l'abolition de certaines fêtes chômées qui peuvent « porter préjudice aux travaux des habitants. » • James Frost, capitaine du port de Québec, réunit tous les règlements concernant la navigation sur le fleuve et en fait imprimer 150 exemplaires, tant en anglais qu'en français.
• Pendant l'hiver, à Québec, des amateurs, sous la direction de Jonathan Sewell, organisent 24 concerts donnés par un petit orchestre de sept musiciens à la Salle des francs-maçons.

POLITIQUE

AMÉRIQUE DU NORD

George Washington devient le premier président des États-Unis.

L'officier naval anglais George Vancouver explore la côte nord-ouest de l'Amérique. • La population des États-Unis est de 3 929 214 habitants.

MONDE

Début de la Révolution française avec la réunion des états généraux.
• Lavoisier publie son *Traité élémentaire de chimie*. • Goya devient le peintre de la cour de Madrid.
• Ouverture à Manchester, en Angleterre, d'une première manufacture de coton.

Mozart publie *Così fan tutte*.

Le 6 décembre survient l'un des plus violents tremblements de terre de la région de Charlevoix. • En janvier, les Jeunes Messieurs canadiens de la Société dramatique offrent au public de Québec, rue Buade, leurs premières représentations, deux pièces de Molière, devant une brillante assemblée de dames et de messieurs tant anglais que canadiens.

Campement indien à Pointe-Lévy.

La naissance du parlementarisme

Le gouvernement anglais adopte en 1791 l'Acte constitutionnel qui divise le territoire canadien en deux colonies : le Bas-Canada, à forte majorité de langue française, et le Haut-Canada, à forte majorité de langue anglaise. Au gouverneur et au Conseil législatif déjà existants, la nouvelle loi ajoute une Chambre d'assemblée qui possède, conjointement avec le Conseil législatif, le pouvoir d'adopter des lois pour la paix, le bon ordre et la saine administration du pays. Le texte constitutionnel demeure cependant muet sur le statut des langues. En 1792, une ordonnance spéciale complète cette loi en établissant un Conseil exécutif, nommé par le roi. Ce pouvoir exécutif cependant n'est pas responsable devant les députés ; il n'a de comptes à rendre qu'au gouverneur et ce dernier n'est responsable que devant le gouvernement impérial. Cette nouvelle constitution n'offre donc aucune possibilité de régler les conflits qui pourraient survenir entre la Chambre d'assemblée et l'exécutif. En fait, la loi de 1791 introduit le parlementarisme au Bas-Canada, non la démocratie. Elle amorce également un profond bouleversement social en faisant du censitaire l'égal du seigneur : pour siéger à la Chambre d'assemblée, ce dernier doit désormais obtenir le suffrage de ses censitaires.

Fondation de l'École de chirurgie vétérinaire de Londres. • Invention de la machine à coudre industrielle en Angleterre.

CULTURE ET SOCIÉTÉ

1792

Il n'y a au Bas-Canada que 49 médecins qui détiennent un certificat de compétence pour une population de plus de 100 000 habitants. • Joseph-Octave Plessis est nommé curé de la paroisse de Québec. • Le 20 décembre, ouverture du premier bureau de poste à Montréal. • Frederick Glackemeyer anime une fanfare à Québec et donne des concerts sur l'Esplanade.

1793

À Rimouski, la population a son curé résident, à la condition qu'on lui paie sa dîme de pommes de terre. • Dernière publicité dans les journaux annonçant la mise en vente d'un esclave. • Alexander Sparks, pasteur des Écossais presbytériens à Québec, est nommé rédacteur de la *Gazette de Québec*.

POLITIQUE

1792

Le 7 mai, proclamation portant sur la division du Bas-Canada en circonscriptions électorales. Premières élections législatives au Bas-Canada. • Le 17 décembre, ouverture de la Chambre d'assemblée du Bas-Canada au palais épiscopal de Québec. Le lendemain, Jean-Antoine Panet est élu président de la Chambre.

1793

En janvier, débat à la Chambre d'assemblée sur la question des langues. • En automne, les marchands de Québec adressent une pétition au gouverneur, demandant une charte d'incorporation pour la ville et les faubourgs.

AMÉRIQUE DU NORD

1792

Un projet de loi abolissant l'esclavage au Canada meurt en première lecture. • L'architecte américain d'origine irlandaise James Hoban commence la construction de la Maison-Blanche, à Washington.

1793

Début de la construction du Capitole à Washington.

MONDE

1792

Chute de la royauté en France et début de la Convention. • Rouget de Lisle compose *La Marseillaise*. • Beethoven devient l'élève de Haydn, à Vienne.

1793

Exécution de Louis XVI, roi de France. • Début d'une nouvelle guerre entre la France et l'Angleterre. • Mise au point du premier bateau mû à la vapeur en Angleterre. Son concepteur est l'objet de moqueries. • Le marquis de Sade publie *La Philosophie dans le boudoir*.

À l'Assemblée du Bas-Canada, on passe des lois de judicature, de milice et de voirie. • En mai, face au danger de guerre avec les États-Unis, qui prônent les valeurs démocratiques, le gouverneur appelle la milice aux armes. Mais les paroisses des environs de Québec résistent. Des groupes armés de mousquets, de bâtons et de fourches parcourent la campagne, s'en prennent aux curés trop ouvertement loyaux, aux seigneurs et aux Britanniques. • Fondation de l'Association pour le maintien des lois, de la constitution et du gouvernement de la province du Bas-Canada, qui compte déjà 1 320 membres en juillet et dont l'objet est de dépister les foyers révolutionnaires. Le gouvernement pourchasse sans merci toute personne soupçonnée de sédition.

À Québec, les Britanniques représentent 63 % des membres des professions libérales et 44 % des hommes d'affaires, mais seulement 18 % des artisans et 10 % des simples ouvriers. • C'est la famine ; le secrétaire de la Société d'agriculture recommande d'apprendre à la population la fabrication du pain de pomme de terre.

Devant l'ampleur des besoins touchant les travaux de voirie et le fait que tous tirent avantage des améliorations, les juges de paix de Québec demandent que soit établi « un droit modéré sur les revenus des maisons et autres édifices dans la ville et les faubourgs ». C'est la première fois qu'il est question d'un impôt sur la propriété au Québec.

Le Bas-Canada et le Haut-Canada, selon l'Acte de 1791.

Décret de la Convention nationale française supprimant l'esclavage dans les colonies françaises. • Ouverture à Paris de l'École polytechnique, le premier collège technique dans le monde, ainsi que de l'École normale.

Adoption du système métrique en France. • Mise en place en Angleterre d'un premier chemin de fer où les voitures sont tirées par des chevaux. • Joseph Bramah invente la presse hydraulique. • Fondation du Conservatoire de musique de Paris. • Fin de la Convention en France ; début du Directoire.

CULTURE ET SOCIÉTÉ

1796 — Ouverture de la Bibliothèque publique de Montréal. • À Québec, la nouvelle compagnie de théâtre qui avait été mise sur pied fin 1795 est dissoute. • En août, dans les faubourgs de Québec, à la suite d'une mauvaise récolte et de l'imposition de corvées supplémentaires pour l'entretien des chemins, nouvelle flambée de violence.

1797 — Une épidémie relève le taux de mortalité. • Vingt-six prêtres français chassés par la Révolution s'installent au Canada. • À Québec, du crépuscule à l'aube, des équipes de cinq hommes arpentent les rues avec pour fonction principale la protection de la propriété privée.

POLITIQUE

1796 — Robert Prescott est nommé gouverneur du Bas-Canada.

1797 — David McLane, un Américain un peu naïf venu avec l'intention de fomenter un complot contre le gouvernement, est arrêté à Québec. Son exécution pour sédition frappe les gens de stupeur par sa cruauté. Il est pendu puis le bourreau Ward lui ouvre le ventre et brûle sur un réchaud son cœur et ses entrailles. Il lui coupe par la suite la tête.

AMÉRIQUE DU NORD

1796 — À la suite du traité de Jay entre la Grande-Bretagne et les États-Unis, le commerce est rétabli entre le Canada et les États-Unis.

1797 — Invention du moulin à carder aux États-Unis.

MONDE

1796 — Le médecin anglais Edward Jenner met au point la vaccination contre la variole. • L'horloger suisse Favre invente à Genève la première boîte à musique. • L'Allemand Hahnemann crée l'homéopathie. • La population de la Chine est de 275 millions d'habitants.

1797 — Talleyrand devient ministre des Affaires étrangères de France. • L'Angleterre commence à exporter du fer. • John McArthur introduit le mouton mérinos en Australie. • L'astronome allemand Olbers publie sa méthode pour calculer l'orbite des comètes.

Pendant l'été, à Québec, le cirque Ricketts, de Philadelphie, présente des exercices équestres et d'équilibre dans un théâtre temporaire élevé sur les Plaines. On engage même pour l'occasion des Hurons de Lorette.

Le lieutenant-gouverneur Milnes nomme un comité responsable de la réglementation des pilotes, sous la présidence de John Young, conseiller exécutif et député de la basse-ville de Québec. • Construction de la cathédrale anglicane à Québec. • Année des grandes exportations de céréales au port de Québec.

À Québec, faute d'une force policière efficace, les juges de paix assermentent 25 constables spéciaux, qui continuent de pratiquer leur métier habituel, travaillent selon un horaire flexible et reçoivent, comme rémunération, la moitié des amendes. Le corps de métier le plus représenté parmi ces constables est celui de cabaretier !

Début de l'émigration irlandaise au Canada.

Mort de George Washington.

George Washington, premier président des États-Unis. Museum of Fine Arts, Boston.

Napoléon devient maître de l'Égypte.

Beethoven compose sa *Première Symphonie en do majeur.* • Napoléon Bonaparte prend le pouvoir en France. • Le baron von Humboldt remarque les 11 et 12 août le passage des Perséides, ces étoiles filantes signalées par la suite par l'Allemand Olbers en 1833, puis en 1866.

	1800	**1801**

CULTURE ET SOCIÉTÉ

1800

Année de grandes exportations de céréales au port de Québec.

1801

Jamais on n'a vu de plus beau printemps dans la région de Québec. Les semailles sont terminées le 19 avril et les récoltes sont abondantes partout dans la colonie. • La Compagnie des Propriétaires de l'aqueduc de Montréal fait une première tentative : l'eau provenant de sources sur la montagne est amenée à la ville de Montréal dans des tuyaux de bois.

POLITIQUE

Adoption de l'Institution royale pour la mise sur pied d'un réseau scolaire au Bas-Canada.

AMÉRIQUE DU NORD

La Compagnie du Nord-Ouest emploie 1 200 « voyageurs » et interprètes canadiens (de langue française). • Aux États-Unis, Bill Richmond, un ancien esclave, devient l'un des boxeurs les plus populaires. • La ville de New York compte 60 000 habitants.

L'ingénieur civil américain Robert Fulton invente le premier sous-marin, le *Nautilus*.

MONDE

Napoléon convoque un groupe de juristes pour rédiger le Code civil, le « Code napoléonien ». • Paris compte environ 550 000 habitants. • L'Irlande est rattachée à l'Angleterre. • En Italie, Allessandro Volta invente la pile électrique, faite de zinc et de cuivre. • William Herschel découvre l'existence des rayons solaires infrarouges.

Fondation de la Banque de France. • Le traité de paix de Lunéville entre la France et l'Autriche marque la fin du Saint Empire romain germanique. • L'Union Jack devient l'emblème du Royaume-Uni de Grande-Bretagne et d'Irlande. • En Écosse, la parution de l'*Edinburg Farmer's Magazine* a une forte influence sur l'amélioration de l'agriculture.

Invasion de chenilles et de la tordeuse des bourgeons de l'épinette. • À Québec, pour contrer les crimes commis la nuit, on oblige les cabaretiers à maintenir une lampe allumée à la porte de leur établissement. • Devant la pénurie de spectacles à Québec, des amateurs se réunissent chez Pierre-Louis Panet et forment un « Théâtre de Société ». On jouera à partir du 15 octobre 1804 au Théâtre Patagon, une petite salle voisine de la porte Hope. Mais comme le théâtre ne fait pas ses frais, il disparaît en 1805.

On installe la première usine de pâtes et papier dans la région de Montréal. • Ouverture du Séminaire de Nicolet, le troisième collège classique du Bas-Canada. • Dans la région de Montréal, on laboure entre Noël et le jour de l'An.

Figure de proue allégorique conçue par François Baillairgé.

Par un traité secret, l'Espagne rétrocède à la France, en échange de la Toscane, l'immense territoire de la Louisiane acquis en 1763, qui va des bouches du Mississippi jusqu'à la frontière du Manitoba, de la Saskatchewan et de l'Alberta d'aujourd'hui.

Pour la somme de 60 millions de francs, le président Thomas Jefferson achète du Premier Consul de France toute la Louisiane. L'acquisition de cet immense territoire fait plus que doubler la superficie des États-Unis et garantit aux Américains la libre navigation du Mississippi, c'est-à-dire l'avenir économique de l'Ouest.

La France réprime la révolte des Noirs de Saint-Domingue dirigés par François Dominique, dit Toussaint-Louverture.

Reprise des hostilités entre la France et l'Angleterre.

Le *Daily Mercury* et *Le Canadien*

En janvier, 1805, la grande bourgeoisie d'affaires britannique de Québec, opposée aux concessions accordées aux Canadiens, fonde le *Quebec Daily Mercury*, une feuille politique qui va claironner ses aspirations politiques, commerciales et nationales. Désireux d'asseoir sur le commerce l'économie québécoise et d'assurer la suprématie politique des anglophones d'origine britannique, le journal ridiculise les Canadiens des idées politiques de leurs chefs parlementaires, et se fait un point d'honneur de démolir les structures traditionnelles du Bas-Canada. Un an plus tard, toujours à Québec, dans le but de combattre la propagande du *Daily Mercury* et de défendre les intérêts politiques des classes professionnelles canadiennes, les Canadiens réagissent et fondent le journal *Le Canadien,* qui reproche au Parti anglais, ou «anti-canadien» de fomenter la «guerre civile» dans la colonie.

Le Canadien est de toutes les luttes. Il dénonce la présence de l'oligarchie anglaise à Québec, cette «clique haineuse» qui tend à modifier les rapports sociaux selon ses propres objectifs; il s'en prend aux pratiques d'un régime politique tout à fait injuste, dominé par une minorité qui s'érige en bénéficiaire exclusive des faveurs royales. Le 4 décembre 1809, l'évêque de Québec, Mgr Plessis, s'en prend violemment au journal *Le Canadien*; il s'indigne «des ravages que fait ce misérable papier dans le public et le clergé», qui «tend à anéantir tous les principes de subordination et à mettre le feu dans la province».

À Québec, ouverture de la cathédrale anglicane sur la site de l'ancien Couvent des Récollets.

Un habitant et ses vêtements habituels. Dessin de Henri Julien.

Napoléon Ier devient empereur. Il est couronné à Paris en présence du pape Pie VII. • Les premiers dahlias sont importés en Angleterre, 15 ans après leur importation à Madrid en provenance de Mexico.

Souscription publique par l'éditeur de la *Gazette de Québec,* John Neilson, pour la construction d'un théâtre convenable. • Joseph-Octave Plessis devient évêque de Québec ; immédiatement, il s'attaque à toute forme de loisir pouvant conduire au désordre, comme les courses de chevaux, la danse et les spectacles. • Devant l'augmentation du trafic sur le fleuve, le comité responsable de la réglementation des pilotes est incorporé sous le nom de Maison de la Trinité, et s'occupera du pilotage et de l'inspection des navires jusqu'en 1875. • Ouverture en grande pompe de l'Hôtel Union, sur la place d'Armes à Québec, là où commence à se réunir une fois par mois l'Assemblée législative.

En juillet, 14 travailleurs de l'île Saint-Paul reviennent d'une joyeuse journée passée à Montréal. L'embarcation qui les porte est prise dans le « Loup-Marin », un remous situé non loin de la pointe Saint-Charles. Tous se noient.

Le port de Québec.

L'aquarelliste anglais John Lambert entreprend un voyage de plusieurs mois au Bas-Canada et aux États-Unis. Quatre ans plus tard, il fait paraître à Londres ses *Travels through Lower Canada, and the United States of North America,* qui seront par la suite beaucoup lus par les historiens, les raconteurs et les romanciers.

En Allemagne, Sartüner extrait pour la première fois la morphine de l'opium. • Napoléon abandonne le calendrier révolutionnaire. • Chateaubriand publie *René.*

Blocus continental imposé par Napoléon à la Grande-Bretagne, qui doit alors se tourner vers le Canada. • L'Angleterre occupe le cap de Bonne-Espérance. • Claude Clodion commence la construction de l'Arc de triomphe à Paris. • La population de l'Allemagne s'élève à 27 millions d'habitants.

CULTURE ET SOCIÉTÉ

POLITIQUE

AMÉRIQUE DU NORD

MONDE

CULTURE ET SOCIÉTÉ

Plusieurs médecins de Québec commencent à vacciner gratuitement les enfants contre la variole, selon la méthode mise au point par le médecin anglais Edward Jenner en 1796. • Au moins 340 trains de bois arrivent à Québec en provenance de l'Outaouais et à destination de l'Angleterre. • Le premier club de curling au Canada est inauguré à Montréal.

Au cours de la campagne électorale, *Le Canadien* consacre 85 % de son espace aux élections, ce qui soulève l'ire des Britanniques et du clergé. • John Lambly publie à Québec *Sailing Directions for the River St. Lawrence — From Cape Chatt to the Island of Bic,* ouvrage qui rend plus sûre la navigation sur le fleuve. • François Romain, bibliothécaire de la Quebec Library, fonde la Société littéraire de Québec. • Les marchés de Montréal sont bien garnis à l'année, contrairement à ceux de Québec. Cela tient au fait que les premiers sont approvisionnés par les habitants des Cantons-de-l'Est et des États-Unis. En plein hiver, à Montréal, des Américains viennent même vendre de la morue congelée en provenance de Boston.

POLITIQUE

James Craig devient gouverneur du Bas-Canada.

AMÉRIQUE DU NORD

Le 18 août, Fulton invente le navire à vapeur ; son *Clermont* vogue sur le fleuve Hudson.

Simon Fraser descend, sur la côte nord-ouest du Canada, le fleuve qui portera son nom. • Les États-Unis interdisent l'importation des esclaves en provenance de l'Afrique.

MONDE

À Londres, on éclaire pour la première fois les rues au gaz. • Introduction de la *wrough iron plough* en Écosse, qui remplace désormais la charrue de bois.

Napoléon abolit l'Inquisition en Espagne et en Italie. • Goethe publie la première partie de *Faust*. • Henry Crabb Robinson, envoyé par le *Times of London* en Espagne pour couvrir la guerre de la péninsule, devient le premier correspondant de guerre. • Naissance du futur Napoléon III, Charles Louis Napoléon Bonaparte.

Le 4 novembre, arrivée à Québec du premier navire à vapeur à naviguer sur le Saint-Laurent, l'*Accommodation,* bâti pour John Molson à Montréal. Il met 66 heures à faire le voyage. C'est déjà beaucoup mieux que la goélette à voiles qui met de trois à quatre jours pour descendre de Montréal à Québec et 15 jours pour remonter, si le vent est contraire. • Pendant l'hiver, la maladie qu'on appelle « *a melancholyc epidemy* » est signalée à plusieurs endroits. On soigne cette maladie de nature inflammatoire par la saignée.

En mars, exaspéré, le gouverneur Craig ordonne la saisie des presses du journal *Le Canadien* et l'arrestation des principaux rédacteurs. Quelques jours plus tard, il émet une proclamation, exigeant qu'elle soit lue et commentée dans chaque paroisse. « Vu qu'il a été imprimé, publié et dispersé divers écrits méchants, séditieux et traîtres […] il m'a été impossible de passer plus longtemps sous silence ou de souffrir des pratiques qui tendent si directement à renverser le gouvernement. » • Au moins 500 des 661 navires quittant le port de Québec sont remplis de pin blanc. • Les militaires britanniques introduisent le cricket à Québec.

Aux États-Unis, Washington Irving publie *Rip van Winkle.*

La population des États-Unis est de 7 239 881 habitants.

L'explorateur Simon Fraser et son équipe.

CULTURE ET SOCIÉTÉ

Bonnes récoltes, sauf pour le fourrage, après quelques années de récoltes médiocres. • Fondation du Séminaire de Saint-Hyacinthe, quatrième collège classique après ceux de Nicolet, de Montréal et de Québec. • Ouverture du chemin Craig pour relier Québec aux Cantons-de-l'Est et aux États américains frontaliers.

Pendant l'hiver, après d'abondantes pluies froides au nord, l'île aux Coudres devient le refuge de la perdrix blanche. • Les Molson lancent un second navire à vapeur, le *Swiftsure,* qui arrive à Québec le 22 novembre et entreprend un service régulier entre Montréal et Québec en mai 1813. • Ici et là, mauvaises récoltes imputées aux ravages des chenilles, des sauterelles et de la mouche hessoise.
• À Abbotsford, premier essai réussi de greffe d'arbres fruitiers.

POLITIQUE

Georges Prévost est nommé gouverneur du Bas-Canada et le restera jusqu'en 1815.

AMÉRIQUE DU NORD

Sur la côte nord-ouest du Canada, David Thompson explore le fleuve Columbia depuis sa source jusqu'à l'océan. • On estime à 20 000 le nombre de personnes, dans les États de New York et du Vermont, qui seraient mortes après avoir consommé du seigle ergoté, soit sous forme d'aliment, soit sous forme de boisson distillée.

Début de la guerre anglo-américaine, qui durera jusqu'en 1814 et perturbera l'économie du pays.

MONDE

Fondation de l'Agence de presse française, qui deviendra plus tard l'Agence Havas. • En Allemagne, on met au point la presse cylindrique à imprimer.

Napoléon entreprend la campagne de Russie en juin. Il doit retraiter à compter du 19 octobre et revient à Paris le 18 décembre. De son armée de 550 000 hommes, seulement 20 000 survivent. • Les frères Grimm publient *Contes enchantés.*

L'ordre des Récollets du Canada disparaît. • On prétend que des vaisseaux venus d'Europe apportent ici la marguerite, une plante jamais vue auparavant. On l'aperçoit dans les champs autour de Québec. • Le cheval en usage est celui de race normande, « petit mais robuste, résistant, rapide et fiable ».
• Construction d'un pont de bois entre Repentigny et Montréal, « avec pour modèle celui bâti sur le Rhin à Schaffhausen ». • À Montréal, les jardins et les vergers s'étalent sur les plateaux des flancs de la montagne.

Les 2 et 3 juillet, dans la région de Québec, jusqu'à Cap-Chat, il règne une grande obscurité, accompagnée de fortes pluies, d'éclairs et de tonnerre. Sur le fleuve, les navires doivent même jeter l'ancre. • Le 11 septembre, le traversier en face de Trois-Rivières coule à pic : 40 morts.

De 1814 à 1838, Louis-Joseph Papineau est le chef du Parti canadien, qui deviendra le Parti patriote.

Le 26 octobre, victoire des Canadiens dirigés par Charles de Salaberry, à l'occasion de la bataille de Châteauguay. Le combat dure quatre heures. Les Américains sont défaits. Douze Canadiens sont tués, vingt sont blessés. • Le Mexique se déclare indépendant.

Fin de la guerre anglo-américaine.

Simón Bolívar devient le dictateur du Venezuela. • La valse est très populaire dans l'ensemble de l'Europe.

En Europe, Napoléon abdique.
• Le pape Pie VII met en vigueur l'Inquisition. • Nicolas Appert se rend en Angleterre expliquer son procédé de mise en conserve avec des bouteilles de verre ; les Anglais imagineront des contenants de fer-blanc. • En Angleterre, George Stephenson met au point la première locomotive à vapeur.

	1815	**1816**
CULTURE ET SOCIÉTÉ	En août, gelées fatales aux récoltes de Montréal jusqu'au Bas-du-Fleuve. • En hiver, à Québec, on met sur pied une « soupe des pauvres ». • Les juges de paix de Montréal passent un règlement obligeant les charretiers et les cochers à attacher, en hiver, des cloches ou des grelots à leurs chevaux.	C'est l'« année sans été », alors qu'il neige en juin et qu'une neige épaisse recouvre les champs de tout l'est du Canada dès le 21 août. • Au Musée de cire de Québec, on présente le panorama de la « Grande Bataille de Waterloo », long de 129 m, devant un public enthousiaste. • Le *Car of Commerce* assure le transport à vapeur entre Québec et Montréal.
POLITIQUE	Louis-Joseph Papineau, du Parti canadien, devient président de l'Assemblée législative et le demeure à peu près sans interruption jusqu'en 1837.	Lord Sherbrooke est nommé gouverneur du Bas-Canada.
AMÉRIQUE DU NORD	Les États-Unis lancent le premier navire de guerre à vapeur, le *U. S. S. Fulton*, jaugeant 38 tonnes.	La crise économique en Angleterre amène une importante émigration au Canada et aux États-Unis.
MONDE	Joseph Bouchette fait paraître à Londres *Description topographique de la province du Bas-Canada*. • Création du Colonial Office en Angleterre, qui, plutôt que le ministère de l'Intérieur, supervisera désormais les affaires coloniales. • Napoléon est défait à Waterloo et banni à l'île Sainte-Hélène.	La congrégation des Oblats de Marie-Immaculée est fondée. • Rossini publie *Le Barbier de Séville*. • Le médecin français René Laënnec invente le stéthoscope.

À Montréal, les juges de paix adoptent un règlement obligeant les charretiers à se pourvoir d'une licence. On pose pour la première fois des écriteaux portant le nom des rues. • Fondation de la Banque de Montréal.

Le 21 octobre, une assemblée publique, tenue à l'Hôtel Union à Québec, sous la présidence de François Blanchet, député à l'Assemblée, prépare un projet d'incorporation pour la ville, projet immédiatement rejeté par le Conseil législatif.

Le *Lauzon,* un navire à vapeur, assure un service de traversier entre Québec et Lévis. • Mise en place, dans les rues de Québec et de Montréal, de lampadaires à huile de baleine, de loup-marin ou de morue. • Dans un essai sur l'établissement de nouveaux hôpitaux pour les « pauvres malades », le gouvernement reconnaît pour la première fois qu'il a des devoirs envers les pauvres. • Ouverture de la Quebec Bank, rue Saint-Pierre, à Québec ; cette première banque québécoise est fondée par John William Woolsey, négociant de la place Royale et propriétaire du quai de la Reine. • Fondation également du Quebec Exchange, rue Sault-au-Matelot, à Québec. • À Québec et à Montréal, à la fin de l'été, on présente les premières expositions agricoles.

Entre les ponts d'un vaisseau d'immigrants.

L'immigration irlandaise

Au XIXᵉ siècle, l'Amérique est une terre de changement, une terre d'accueil. De grandes vagues d'immigrants européens se succèdent. Au début du siècle, la majorité vient de l'Angleterre et de l'Écosse, mais la situation tragique de l'Irlande, à la suite de nombreuses disettes, augmente bientôt de façon spectaculaire l'immigration irlandaise. Au Canada, Québec est le grand port d'entrée des immigrants. Une fraction d'entre eux demeure à Québec ; les autres se dirigent vers Montréal, le Haut-Canada ou les États-Unis. Il faut s'occuper d'eux au moment de leur arrivée et pendant leur séjour dans la ville. Aussi, à compter de 1818, devant la condition déplorable des immigrants, la Quebec Immigrant Society leur offre, au moyen de souscriptions, plusieurs services : conseil, information, logement et alimentation. Deux ans plus tard, toujours à Québec, on fonde, pour le bien-être des immigrantes et des pauvres, la Female Compassionate Society for the Relief of Distressed Lying in Married Women et la Society for Promoting Education, Industry, and Moral Improvement of the Prisoners in the Quebec Jail.

Et les immigrants débarquent en grand nombre. En 1830, par exemple, on estime que la population irlandaise catholique forme déjà le cinquième de la population de la ville de Québec et peut-être davantage. La plus grande vague est sans doute celle de 1847, alors que 96 000 immigrants, dont 54 000 Irlandais, arrivent au pays. Malheureusement, une épidémie de typhus, appelée « fièvre des navires », a frappé ceux qui arrivent. Vingt mille Irlandais y laissent leur vie.

Des Irlandais célèbrent pour la première fois à Québec une messe en l'honneur de saint Patrice. Ils sont maintenant près d'un millier dans la ville. • Selon la Société d'agriculture de Québec, « le mauvais état des chemins en général, qui augmente le prix des transports, opère constamment au désavantage des cultivateurs ». • Le 8 novembre, à Montréal, des nuages noirs comme de l'encre descendent plus bas que les flancs du mont Royal. Ils sont causés par de grands incendies de forêt dans l'Ouest canadien. À trois heures de l'après-midi, l'obscurité est à son apogée et les citoyens sont pris de panique.

La compagnie Allan est fondée pour effectuer la liaison entre le Canada et l'Écosse. • Les États-Unis achètent la Floride à l'Espagne.

En Angleterre, on décrète la journée de travail maximale de 12 heures pour les non-adultes. • Beethoven est atteint de surdité.

Début de la construction de la Citadelle de Québec. • Selon lord Dalhousie, l'ivrognerie est responsable de quatre cinquièmes des délits des soldats commis à Québec. • Le docteur Antoine von Iffland ouvre à Québec un dispensaire pour les pauvres à la basse-ville, où il organise des conférences anatomiques.

L'épidémie de variole des trois dernières années a décimé une grande partie de la population indienne. • À Québec, on met sur pied des sociétés d'éducation pour favoriser l'accessibilité des pauvres à l'école. • Le 17 juillet, on commence à creuser le canal de Lachine.
• Création du Quebec Curling Club.

CULTURE ET SOCIÉTÉ

George Ramsay, lord Dalhousie, succède au duc de Richmond comme gouverneur du Bas-Canada.

POLITIQUE

La Compagnie du Nord-Ouest et la Compagnie de la Baie d'Hudson fusionnent. • La population des États-Unis est de 9 600 000 habitants.

AMÉRIQUE DU NORD

Napoléon meurt à Sainte-Hélène où il est prisonnier depuis 1815.

MONDE

	1822	1823
CULTURE ET SOCIÉTÉ	À Montréal, « nous avons plus de tourtes cette année que nous n'en avions vues depuis sept ans. Elles se vendent au marché depuis 20 sous jusqu'à un chelin la douzaine. »	Un groupe de médecins britanniques fonde la première école de médecine au Canada sous le nom de Montreal Medical Institution, qui deviendra en 1829 la Faculté de médecine de l'Université McGill. • À Abbotsford, on pratique pour la première fois la « greffe en tête » en pomologie.
POLITIQUE	Les Britanniques de Montréal projettent d'unifier les deux Canadas. Le texte proposé proscrit l'usage législatif du français et les Canadiens s'opposent violemment à cette initiative.	
AMÉRIQUE DU NORD	Les rues de Boston sont éclairées au gaz.	
MONDE	Le Français Nicéphore Niepce invente la photographie. • Le Brésil devient indépendant du Portugal. • Fondation de l'Académie royale de musique de Londres.	Lamartine publie ses *Nouvelles méditations poétiques*. • La peine de mort est abolie pour plus de 100 crimes en Grande-Bretagne.

À la suite de l'échec de l'Institution royale de 1801, adoption d'une loi de l'Assemblée législative du Bas-Canada pour encourager l'ouverture d'écoles de paroisse, qui relèveront du conseil de la fabrique. • On construit l'église Notre-Dame de Montréal. • Fondation des collèges de Sainte-Thérèse et de Chambly.

On construit le Théâtre Royal, le premier théâtre de Montréal. • La ville de Québec est en pleine expansion démographique. Depuis 1808, la population est passée de 8 500 à 20 000 habitants. • Inauguration du canal de Lachine.

CULTURE ET SOCIÉTÉ

Le Columbus, *un des plus gros navires en bois au monde, lancé à Québec en 1824.*

POLITIQUE

La population du Bas-Canada est de 479 288 habitants ; celle du Haut-Canada est de 157 923 habitants. • Ouverture du canal Érié. • La Compagnie de la Baie d'Hudson n'exploite plus que 45 postes de traite.

AMÉRIQUE DU NORD

J.-L. Prévost et J.-B. Dumas font la preuve que le sperme est essentiel à la conception. • Le Parlement anglais autorise les travailleurs britanniques à se syndiquer. • Beethoven publie sa *Neuvième symphonie.*

Les premiers omnibus tirés par des chevaux circulent dans les rues de Londres. • Une loi française fait du sacrilège une offense capitale.

MONDE

	1826	1827

CULTURE ET SOCIÉTÉ

Après des études à New York, François-Xavier Tessier, jeune médecin de 26 ans, lance le *Journal de Médecine de Québec*. • Fondation de la Société médicale de Québec, l'ancêtre du Collège des physiciens et chirurgiens du Bas-Canada. • La Société d'agriculture de Québec propose la mise sur pied d'un périodique agricole et la création d'une ferme-école.

Du 1er au 4 janvier, il tombe 4 pieds de neige à Montréal ; les bancs de neige s'élèvent à une hauteur de 10 à 12 pieds. • En avril, à Québec, on fonde la Société pour l'encouragement des arts et des sciences en Canada, qui fusionnera en 1831 avec la Quebec Literary and Historical Society. Les Montréalais, eux, fondent la Natural History Society of Montreal.

POLITIQUE

Le Parti canadien devient le Parti patriote.

Crise entre le Parti patriote et le Parti ministériel sur l'administration municipale de Québec ; tous les députés du Parti patriote perdent leur poste de juges de paix.

AMÉRIQUE DU NORD

Fondation de Bytown, devenu Ottawa. • Premier club de yachting au Canada, à Kingston. • L'Américain James Fenimore Cooper publie *Le Dernier des Mohicans*.

L'État de New York abolit l'esclavage. • Audubon publie *Birds of North America*.

MONDE

Début en Inde d'une grande épidémie de choléra, qui gagnera quelques années plus tard l'Europe puis l'Amérique. • Le Français Malbec met au point la conservation du lait concentré avec du sucre. • Leopoldo Nobili invente le galvanomètre. • Mendelssohn publie son ouverture au *Songe d'une nuit d'été*.

La porte Saint-Jean, à Québec.

Récoltes de blé ratées un peu partout à cause de la mouche hessoise ou mouche du blé. • La bouilloire du *Lady of the Lake* fait explosion dans le port de Québec, tuant plusieurs immigrés. • L'abbé Jérôme Demers publie *Traité d'architecture*.

Un chemin à barrière.

On crée un système de chemins à barrière pour que les usagers payent leur part de l'entretien des chemins et on vote une somme importante pour le pavage des routes autour de Québec. • Fondation de l'Université McGill. L'école Montreal Medical Institution devient sa Faculté de médecine.

Lorsqu'un comité d'enquête nommé par l'Assemblée se penche sur l'administration de la ville de Québec, les magistrats britanniques sont de nouveau la cible d'attaques de la part des députés canadiens-français qui les accusent d'avoir agi contre les intérêts de la population.

Premier club de cricket au Canada : à Saint-Jean de Terre-Neuve. • Silas Lamson, un Américain du Vermont, invente une faux à manche métallique doté de la courbure caractéristique qui devait faciliter la tâche des faucheurs.

Mort de tuberculose de Shawnaw-dithit, la dernière représentante des Béothuks qui vivaient à Terre-Neuve. Une race entière est maintenant disparue au Canada. • Un livre de recettes d'une dame de Boston mentionne pour la première fois les fèves au lard, un des mets distinctifs de la Nouvelle-Angleterre.

Alexandre Dumas père publie *Les Trois Mousquetaires*. • Le Hollandais Coenraad Johannes van Houten fabrique pour la première fois de la poudre de cacao ; pour préparer une boisson au chocolat, il fallait jusque-là faire fondre un morceau de chocolat.

En Angleterre, abolition du serment du Test et émancipation des catholiques. • Le Français Louis Braille crée un nouveau système d'écriture en points saillants pour les aveugles. • Mise sur pied d'un véritable service de police à Londres. • Chopin fait ses débuts à Vienne.

CULTURE ET SOCIÉTÉ

POLITIQUE

AMÉRIQUE DU NORD

MONDE

CULTURE ET SOCIÉTÉ

1830

On estime qu'à Québec les Irlandais catholiques forment environ 20 % de la population. • Premier arrêt de travail des typographes de Québec à la suite d'une rupture de contrat. Le propriétaire du *Quebec Mercury* révèle les noms des chefs du mouvement pour qu'on ne les embauche pas, de crainte qu'ils « contaminent » d'autres travailleurs.

1831

Voyage d'Alexis de Tocqueville au Bas-Canada. • L'été, les campagnes du Bas-du-Fleuve sont envahies par les citadins. • Les 30 médecins de la ville de Québec élisent le premier bureau d'examinateurs. • À Québec, des hommes d'affaires, dont John Neilson et Elzéar Bédard, lancent un mouvement de tempérance contre le fléau de l'alcoolisme. • Une prime de deux livres et un chelin est versée pour chaque loup abattu à moins de six milles de tout endroit habité au Québec.

POLITIQUE

1830

Mathew Whitworth, lord Aylmer, devient gouverneur du Bas-Canada. • L'Assemblée est de nouveau saisie de plaintes des députés canadiens-français contre l'administration municipale de Québec.

AMÉRIQUE DU NORD

1830

Le système des réserves pour les Amérindiens est instauré. • Le fermier et pomiculteur ontarien John McIntosh développe la pomme qui porte son nom. • La population des États-Unis est de 12 866 020 habitants. • L'avocate Belva Lockwood devient la première Américaine à plaider devant la Cour suprême de son pays.

1831

Le 25 juillet, à Steele's Tavern, en Virginie, mise à l'essai de la première moissonneuse à cheval inventée par l'Américain Cyrus H. McCormick.

MONDE

1830

Révolution de juillet en France. • Invention de la tondeuse à gazon en Angleterre. • Stendhal publie *Le Rouge et le Noir*. • Les jupes raccourcissent, les manches deviennent énormes, les chapeaux, extrêmement larges et ornés de fleurs et de rubans.

1831

Le *Royal William,* bâti à Québec, est le premier vapeur à traverser l'Atlantique sans l'aide de la voile. • Fondation en France des Clercs de Saint-Viateur pour l'enseignement de la doctrine chrétienne et le service des autels. • Invention de la génératrice électrique en Angleterre. • Victor Hugo publie *Notre-Dame de Paris*.

L'épidémie de choléra qui fait rage en Europe frappe Québec : au 30 septembre, 4 420 personnes sont atteintes et 1 904 meurent. • Une baleine de 42 pieds de long s'amène dans le port de Montréal. Huit jours plus tard, on la harponne et la tire sur le rivage. • On donne des parties d'huîtres à Québec. • Fondation du Collège de L'Assomption.

Le conseil municipal de Montréal tient sa première séance : Jacques Viger est élu maire. Le service des incendies de Montréal est assuré par neuf compagnies de pompiers volontaires qui ne reçoivent aucun salaire. • C'est Elzéar Bédard, avocat, qui devient le premier maire de Québec. • Les 12 et 13 novembre, une des pluies d'étoiles filantes les plus remarquables.

Sanction royale de la Loi d'incorporation de la Cité de Québec. • Violence à Montréal à l'occasion d'une élection partielle. Les troupes chargent la foule et tuent trois « Canadiens ». • La législature accorde des subsides pour la construction de nouvelles écoles élémentaires au Bas-Canada.

Joseph-François Perrault préconise l'instruction élémentaire obligatoire pour tous les jeunes de 6 à 15 ans ; mais on s'élève contre ce projet qui rend le gouvernement responsable de l'instruction des enfants. • Ouverture de la Maison de la douane, rue Champlain, à Québec.

Ouverture du canal Rideau. • Terre-Neuve a désormais un gouvernement représentatif. • Fondation à Halifax de la Banque de Nouvelle-Écosse.

Le Français Benoît Fourneyron fait breveter la première turbine hydraulique, la turbine à réaction centrifuge. • On commence à utiliser le mot « socialisme » en France et en Angleterre.

Abolition de l'esclavage en Grande-Bretagne.

CULTURE ET SOCIÉTÉ

Une importante loi de l'Assemblée du Bas-Canada encourage la formation de sociétés agricoles de comté dans tout le pays, à l'exemple de l'Europe. • En juin, un cyclone s'abat sur Montréal. • Ludger Duvernay fonde à Montréal la Société Saint-Jean-Baptiste.

La Quebec Journeymen Shoemakers' Society voit le jour et a pour objectif de créer un meilleur climat de travail et de soutenir les compagnons cordonniers qui tombent malades. Les patrons se plaignent de ceux qui, par des menaces de grève, veulent se prononcer sur leurs conditions de travail.

POLITIQUE

Le Parti patriote présente à l'Assemblée ses « 92 Résolutions » qui énoncent les griefs de la population contre le gouvernement britannique. • Aux élections de l'automne, le Parti patriote remporte une éclatante victoire. • Accumulation des lods et ventes impayés touchant les transactions immobilières concernant le domaine royal.

Lord Gosford est nommé gouverneur du Bas-Canada.

AMÉRIQUE DU NORD

Adoption d'une loi abolissant l'esclavage au Canada. • L'Américain Cyrus H. McCormick, inventeur de la première moissonneuse à cheval, fait breveter son invention.

Mgr Jean-Jacques Lartigue.

MONDE

L'Inquisition espagnole, qui avait débuté au XIIIe siècle, est finalement abolie. • Balzac publie *Le Père Goriot*.

Réapparition de la comète de Halley. • Hans Christian Andersen publie les 4 premiers de ses 168 contes pour enfants. • Le naturaliste anglais Owen découvre le ver de la trichinose dans le porc.

Mgr Jean-Jacques Lartigue devient le premier évêque de Montréal.
• Inauguration du premier chemin de fer canadien, qui va de Laprairie à Saint-Jean, construit malgré l'opposition violente d'une importante fraction de la députation du Bas-Canada : « Les chemins de fer allaient ruiner les charretiers et empêcher les vaches d'être de bonnes laitières. »

Joseph Casavant construit son premier orgue, « une réussite parfaite ». • Divers condamnés sont embarqués pour l'Australie. • Arrivée à Montréal des Frères des écoles chrétiennes qui ouvrent leurs premières classes en décembre.
• Philippe Aubert de Gaspé fils publie le premier roman québécois, *L'Influence d'un livre*.

Comme on ne renouvelle pas la loi d'incorporation de la Cité de Québec pour éviter toute forme d'opposition politique en prévision des affrontements avec le mouvement patriote, le gouverneur revient au système des juges de paix pour l'administration de la ville. On vit maintenant sous le régime militaire tant à Québec qu'à Montréal.
• Sanction de la Loi des écoles normales.

Troubles dans le Haut-Canada ; échec des réformistes à Toronto. • John Deere, un Américain originaire du Vermont, invente la charrue moderne en acier.

Alfred de Musset publie son roman autobiographique *La Confession d'un enfant du siècle*.

Début du long règne (1837-1901) de la reine Victoria en Angleterre, qui restaure le prestige de la Couronne britannique et coïncide avec l'apogée de la puissance mondiale de la Grande-Bretagne. • L'éducateur allemand Friedrich Fröbel ouvre à Blankenbourg le premier jardin d'enfants.

CULTURE ET SOCIÉTÉ

POLITIQUE

AMÉRIQUE DU NORD

MONDE

La révolte de 1837-1838

Au printemps de 1837, le mécontentement est grand au Bas-Canada. Malgré les demandes répétées du Parti patriote, Londres refuse toujours de transformer le Conseil législatif en corps électif et de rendre le Conseil exécutif responsable devant la Chambre d'assemblée. Des assemblées populaires de protestation, bientôt interdites par le gouverneur lord Gosford, se tiennent çà et là. À l'automne, la rébellion est déclenchée. Des « patriotes », souvent mal organisés, engagent le combat avec l'armée anglaise à Saint-Denis, à Saint-Charles et à Saint-Eustache. La répression ne se fait pas attendre : des villages brûlés, la population molestée, des femmes et des enfants jetés hors de leurs demeures aux portes de l'hiver.

Plusieurs patriotes réfugiés aux États-Unis songent à reprendre la lutte. En février 1838, dirigés par Robert Nelson, ils proclament la République du Bas-Canada et invitent les volontaires américains à se joindre à eux. Le président américain, cependant, menace de la prison « tous ceux qui compromettront la neutralité du Gouvernement ». En novembre on attaque les troupes anglaises à Lacolle et Odeltown, mais l'opération est sans succès. La seconde répression est encore plus forte. D'autres villages sont mis à sac et à feu. Près d'un millier de personnes sont mises sous arrêt, soit deux fois plus qu'en 1837. Cent huit d'entre elles sont traduites devant les tribunaux, une soixantaine seront déportées et douze seront pendues à la prison du Pied-du-Courant, à Montréal.

Le Bas-Canada ne compte que 239 médecins. • Le gouvernement recrute 158 agents municipaux pour remplacer à Québec l'ancien corps de 24 hommes de guet de même que les constables spéciaux chargés d'appliquer les règlements municipaux. C'est le premier véritable service de police à Québec. • On commence à installer dans les rues de Montréal des réverbères à gaz.

Un vieillard de 1837. Dessin de Henri Julien.

Des variétés de pomme cultivées à Montréal : la Bourassa, la Pomme grise, la Fameuse, l'Early Harvest, la Ribston Pipin, la Keswick Codlin, la Hawthornden, la Grant's Major et la John Richardson.

Poulett Thomson, lord Sydenham, est nommé gouverneur des colonies d'Amérique du Nord. • Mise au point du caoutchouc vulcanisé aux États-Unis par Charles Goodyear. • L'officier américain Abner Doubleday met en place à Cooperstown (État de New York), le premier terrain de baseball.

Publication à Londres du rapport de lord Durham. • Invention de la bicyclette en Écosse par Kirkpatrick Macmillan. • Le physicien suisse Carl August Steinheil construit la première horloge électrique. • Stendhal publie *La Chartreuse de Parme* et Edgar Allan Poe, *La Chute de la maison Usher*.

Lord Durham et l'Union

À la suite du soulèvement de 1837, l'administrateur John Colborne dissout la Chambre d'assemblée et nomme un Conseil spécial chargé d'administrer le Bas-Canada jusqu'en 1841. L'Angleterre, qui s'inquiète, car des émeutes éclatent aussi dans le Haut-Canada et le mécontentement s'accentue dans ses colonies du golfe, nomme John George Lambton, lord Durham, un whig radical, capitaine général et gouverneur en chef de toutes les provinces britanniques de l'Amérique du Nord. Ce dernier arrive au pays avec pour mission d'enquêter. Après un séjour de six mois en Amérique, il présente, en 1839, au gouvernement anglais un rapport conseillant des mesures essentielles pour rétablir la paix : assurer une majorité anglaise et loyale, angliciser les Canadiens français, qui n'ont aucune chance de survie dans une Amérique anglo-saxonne, et établir la responsabilité ministérielle. Le gouvernement impérial repousse dans l'immédiat l'octroi de la responsabilité ministérielle, qui postule un élargissement de la liberté coloniale. Mais, pour mettre des Canadiens en état de subordination politique, Londres sanctionne en 1840 l'Acte d'union qui réunit les deux Canadas — désormais le Canada-Uni — sous un seul parlement et fait de l'anglais la seule langue officielle.

CULTURE ET SOCIÉTÉ

À Québec, pour le bien-être des immigrants et des pauvres de langue anglaise, on fonde la Quebec Public Baking Society. • La Société amicale et bienveillante des charpentiers de vaisseaux de Québec voit le jour.
• Fondation de la communauté des Sœurs grises de Saint-Hyacinthe.
• Inauguration du premier service transatlantique régulier.

Après plusieurs tentatives infructueuses de créer un système d'écoles primaires, adoption de la Loi de l'instruction publique, qui marque le début du système d'écoles primaires actuelles. Nomination éventuelle d'un surintendant, création de commissions scolaires et construction d'écoles grâce à des subventions gouvernementales.

POLITIQUE

Québec et Montréal voient à nouveau leur administration confiée à une corporation municipale.

AMÉRIQUE DU NORD

Rivière-Rouge compte 2 500 Métis. En pratiquant la chasse au bison, ceux-ci contribuent grandement à l'approvisionnement de la Compagnie de la Baie d'Hudson.
• Ailleurs, la chasse abusive des animaux comestibles et à fourrure a provoqué l'épuisement des ressources. • Sanction de l'Acte d'union par le Parlement britannique ; l'article 41 fait de l'anglais la seule langue officielle au Canada-Uni. • La population des États-Unis est de 17 069 000 habitants. Ce pays vient maintenant au cinquième rang des puissances manufacturières dans le monde.

Entrée en vigueur de l'Acte d'union. Installation du parlement du Canada-Uni. L'Assemblée du Canada-Uni abolit la peine du pilori, sorte de poteau muni d'une chaîne et d'un collier de fer où les criminels sont exposés à la réprobation publique. • Le département des Affaires indiennes passe sous l'autorité du gouverneur général.

MONDE

L'Anglais Thomas Cook est l'initiateur du premier voyage de groupe organisé dans l'histoire du tourisme : 500 membres d'une association de tempérance quittent Leicester pour aller assister à un grand meeting à Laughborough.

Visite de Charles Dickens à Québec.
• Ouverture à Québec de la première imprimerie française. • Fondation de la Société Saint-Jean-Baptiste
de Québec. • Fondation du *Journal
de Québec* par Joseph Cauchon.
• Charles-Odilon Beauchemin fonde
à Montréal une librairie et une
maison d'édition. • Retour des
Jésuites au Canada.

Jean-Baptiste Meilleur devient
surintendant de l'Instruction
publique pour le Bas-Canada ; il sera
en poste jusqu'en 1855.

Par crainte des incendies, le conseil
municipal de Québec interdit les
constructions de bois dans la basse-
ville et à l'intérieur des murs de la
haute-ville. • L'avocat Auguste Soulard
fonde à Québec la Société canadienne d'études littéraires et scientifiques. • Montréal compte trois
machines à vapeur pour pomper l'eau
de l'aqueduc et 14 milles de tuyaux
d'aqueduc. • Agrandissement du canal
de Lachine. • Un groupe de médecins
montréalais opposés à ceux de
McGill crée l'École de médecine et
de chirurgie de Montréal. • Eulalie
Durocher, en religion mère Marie-
Rose, fonde à Longueuil la congrégation des Sœurs des Saints-Noms-
de-Jésus-et-de-Marie. • Premier club
de gymnastique au Canada : à
Montréal.

Charles Bagot est nommé
gouverneur du Canada-Uni. Il met en
place le ministère LaFontaine-
Baldwin : pour la première fois, un
parti représente une alliance des
francophones et des anglophones.
Louis-Hippolyte LaFontaine réaffirme
les droits du français comme langue
parlementaire.

Charles Metcalfe est nommé gouverneur du Canada-Uni. • Premières
manifestations de la « maladie de la
pomme de terre » au Canada et aux
États-Unis.

L'Angleterre réduit ses tarifs
préférentiels sur le bois en
provenance de ses colonies
d'Amérique. • Balzac commence la
publication de *La Comédie humaine*.

On estime à 436 000 personnes la
population esclave de Cuba. • Le ski
débute comme forme de sport à
Tromsø, en Norvège. • Charles
Dickens publie *Un conte de Noël*.

CULTURE ET SOCIÉTÉ

POLITIQUE

AMÉRIQUE DU NORD

MONDE

CULTURE ET SOCIÉTÉ

1844

Pour la seule fois, de mémoire d'homme, un pont de glace se forme entre Cap-Saint-Ignace et l'île aux Grues dans l'estuaire du Saint-Laurent. • Mise sur pied d'un service municipal des incendies à Québec. • Ouverture à Québec par les frères Crémazie de la première librairie française, À l'enseigne du livre d'or, rue de la Fabrique, qui devient un foyer culturel important. • Le cirque de New York monte sa tente à l'extérieur de la porte Saint-Louis à Québec pendant une semaine. • Fondation à Montréal de la Société des amis, dont le but est de s'instruire et d'encourager les lettres et les sciences. • Lancement de la Revue canadienne. • Fondation de l'Institut canadien de Montréal. • On compte au Québec 469 moulins à battre (treshing mills).

1845

Le docteur Joseph Morrin, futur maire de la ville, fonde l'École de médecine de Québec. • Deux grands incendies frappent Québec. Les autorités municipales envisagent un réseau de distribution d'eau. • Ouverture d'un premier bureau de télégraphe à Québec. • François-Xavier Garneau commence la publication de son Histoire du Canada.

POLITIQUE

Adoption du régime municipal avec la sanction d'une loi qui établit un système démocratique. Depuis 1840, en dehors de Québec et de Montréal, des conseils de district régissaient les communautés, mais les règlements adoptés pouvaient être annulés ou même abolis par le gouverneur.

AMÉRIQUE DU NORD

À l'été, le géologue William Edmond Logan procède au premier relevé topographique et géologique de la péninsule gaspésienne. • Le parlement du Canada-Uni déménage de Kingston à Montréal. • Fondation à Toronto du journal de combat The Globe. • Samuel Morse relie par une ligne télégraphique Washington et Baltimore.

Le lieutenant de la marine britannique John Franklin part à la recherche du passage du Nord-Ouest. Il meurt, ainsi que tout son équipage, deux ans plus tard sur l'Erebus, bloqué par les glaces. • Les États-Unis annexent le Texas. • Lancement aux États-Unis de la revue Scientific American.

MONDE

Karl Marx rencontre Friedrich Engels à Paris. • Friedrich Gottlob Keller invente la pâte à papier à partir du bois. • L'Anglais George Williams fonde le Young Men's Christian Association (YMCA). • Alexandre Dumas père publie Le Comte de Monte Cristo.

La « maladie de la pomme de terre » gagne l'Europe : disettes et famines, en Irlande en particulier. • De septembre 1845 à avril 1846, éruption quasi continue du volcan Hecla en Islande. • Friedrich Engels publie La Situation de la classe laborieuse en Angleterre.

Le 12 juin, grand incendie du théâtre Saint-Louis à Québec : 46 morts.
• Fondation du Collège de Joliette.
• Patrice Lacombe publie *La Terre paternelle*. • À Québec apparaît la première conférence de la Société de Saint-Vincent-de-Paul pour prendre en main l'aide aux familles catholiques pauvres.

Arrivée de plusieurs congrégations religieuses. • Épidémie de typhus chez les immigrants et épidémie de typhoïde à Montréal. • Fondation à Montréal de la première société d'horticulture. • *L'Avenir,* journal de l'Institut canadien de Montréal, commence à paraître. • Jean-Baptiste Renaud ouvre à Québec le premier magasin de provisions tenu par un Canadien. Auparavant, le monopole du commerce de l'alimentation appartenait aux Britanniques.
• À Québec, fondation du *Morning Chronicle*. • Fondation de l'Institut canadien de Québec, sous l'impulsion de François-Xavier Garneau, d'Octave Crémazie et de Pierre-Joseph-Olivier Chauveau.

Le poète Joseph-Octave Crémazie.

Invention de la presse rotative d'imprimerie et de la machine à coudre aux États-Unis.

Lord Elgin est nommé gouverneur du Canada-Uni. • Les mormons fondent Salt Lake City. • Découverte d'or en Californie.

George Sand publie *La Mare au diable*. • Hector Berlioz publie *La Damnation de Faust*. • Invention du saxophone en Belgique.

En Angleterre, la Loi des manufactures restreint à 10 heures la journée de travail des femmes et des enfants.
• Jean-Baptiste Martin de Lignac, un Français, met au point le lait évaporé.

	1848	**1849**
CULTURE ET SOCIÉTÉ	La Société Saint-Vincent-de-Paul organise une caisse d'économie, première tentative de coopération financière. • Mise sur pied d'un véritable service de police à Québec. • L'École de médecine de Québec ouvre ses portes. • James Huston publie *Le Répertoire national ou Recueil de littérature canadienne*.	Une terrible épidémie de choléra frappe Québec ; le conseil municipal crée un bureau de santé chargé d'assurer l'hygiène publique. • Les Sœurs grises s'installent à Québec et prennent soin des orphelins. Elles fondent la communauté des Sœurs grises de la Charité de Québec. • Le barreau de Québec remplace la Communauté des avocats.
POLITIQUE	Suivant les principes du gouvernement responsable, le gouvernement LaFontaine-Baldwin forme son propre conseil exécutif, accorde les emplois publics et régit le « patronage », pratique alors admise. • Le Parlement britannique redonne à la langue française droit de cité en Chambre et dans les documents officiels.	Émeute à Montréal à cause de l'adoption de la loi qui indemnise les victimes de la rébellion de 1837-1838.
AMÉRIQUE DU NORD	Ruée vers l'or en Californie. • Le *Boston Cultivator* se livre à une apologie du fil de fer pour les clôtures ; un Américain fera breveter le fil de fer barbelé en 1873.	
MONDE	Révolutions dans de nombreux pays européens. • Pratique de la première appendicectomie. • Chateaubriand publie ses *Mémoires d'outre-tombe* et Alexandre Dumas fils publie *La Dame aux camélias*.	Le physicien Armand Fizeau mesure la vitesse de la lumière.

Les jésuites fondent le Collège Sainte-Marie. • La ville de Québec entreprend la canalisation et le pavage des rues. • Le Québec compte 36 sociétés agricoles. • Ouverture à Québec de la maison du Bon-Pasteur, rue de La Chevrotière, dirigée par une association de pieuses laïques pour la réhabilitation des jeunes filles. La maison se transformera en communauté religieuse en 1856. • Mère Marie-Anne, née Esther Blondin, fonde la communauté des Sœurs de Sainte-Anne pour l'enseignement dans les campagnes. • Premiers clubs de tir, de patinage et de natation au Canada, tous trois à Montréal.

Tenue du premier Concile de Québec. • Construction de l'Académie industrielle de Montréal, futur Collège Saint-Laurent. • Fondation de l'École de droit de Montréal.

CULTURE ET SOCIÉTÉ

POLITIQUE

La population des États-Unis s'élève à 23 191 000 habitants, dont 3 200 000 esclaves. • L'Américain Oscar Levi-Strauss conçoit le « jean » à l'intention des pionniers de l'Ouest.

Adoption par le parlement du Canada-Uni d'une monnaie décimale (dollars et cents) en remplacement de la monnaie anglaise (livres, shillings et pence). • Émission des premiers timbres-poste canadiens. • La population du Bas-Canada s'élève à 890 261 habitants ; celle du Haut-Canada, à 952 004.

AMÉRIQUE DU NORD

Arrivée des mandarines en Europe, en provenance de Chine. Des pays méditerranéens se mettent à les cultiver. • Richard Wagner fait jouer *Lohengrin*.

MONDE

CULTURE ET SOCIÉTÉ

Fondation de l'Université Laval, première université canadienne-française et catholique. • Fondation par des cultivateurs anglophones de la Beauharnois Mutual Fire Insurance, première société de secours mutuel. • Durant l'été, à Québec, des éboulis de pierres provenant du cap Diamant tuent sept personnes et détruisent quatre maisons. • Le 8 juillet, grand incendie à Montréal, qui commence près du marché Saint-Laurent et détruit la majeure partie des faubourgs Saint-Jacques, Saint-Louis et Sainte-Marie. Dix mille personnes sont jetées sur le pavé. • À Québec, ouverture de l'Hospice de la Miséricorde, rue Couillard, maison fondée par l'abbé Joseph Auclair, curé de la cathédrale, pour les mères célibataires.

POLITIQUE

• Création d'un ministère de l'Agriculture. • La ville de Lévis est désormais reliée à Montréal par une voie ferrée (« le Grand Tronc », de la Grand Trunk Railway Co.) et commence à drainer, au détriment de Québec, une partie de plus en plus importante du trafic.

AMÉRIQUE DU NORD

Le 9 mai, le *Genova* arrive à Québec en provenance de Liverpool après une traversée de 20 jours. Il est le premier navire à vapeur en bois à roues à aubes à traverser l'Atlantique d'est en ouest. Il jauge 350 tonneaux et tire 14 pieds d'eau. Fondation de l'Academy of Music de Québec. • Inauguration du Grand Tronc entre Montréal et Portland. • Fondation du Collège de Lévis. • Du 27 au 30 septembre, la première exposition agricole provinciale se tient à Montréal. • Pierre-Joseph-Olivier Chauveau publie *Charles Guérin. Roman de mœurs canadiennes.* • Les conférences du moine défroqué Alexandre Gavazzi provoquent de violentes manifestations chez les catholiques.

Henry Steinway et ses trois fils ouvrent une manufacture de pianos à New York.

MONDE

Napoléon III devient empereur de France. • Le Français Henri Giffard fait décoller son dirigeable mû par un moteur à vapeur. C'est le premier dirigeable à prendre son envol. • Lorenzo L. Langstreth, « le père de l'apiculture moderne », invente le cadre de ruche amovible.

La reine Victoria donne naissance à son fils Leopold sous anesthésie, à l'aide du chloroforme. • Découverte de l'aspirine. • Verdi donne *La Traviata* et *Il Trovatore*. • Georges Haussmann commence le réaménagement de Paris.

CULTURE ET SOCIÉTÉ

Durant l'été, dernière épidémie de choléra à Québec. En 22 ans, on aura dénombré plus de 8 300 victimes seulement à Québec. • Inauguration du service d'aqueduc et d'égouts à Québec. • L'École de médecine de Québec devient la Faculté de médecine de l'Université Laval.

À Québec, par mesure d'hygiène, on interdit désormais l'implantation de cimetières à l'intérieur de la ville. • Première grève des débardeurs à Québec. Mais, après cinq jours, ils doivent retourner à l'ouvrage sans avoir eu gain de cause. • Au détriment de la vache Canadienne, la vache Ayrshire est la plus populaire chez les spécialistes agricoles.

POLITIQUE

Sécularisation de certains biens réservés au clergé. • Signature du traité de réciprocité entre l'Angleterre et les États-Unis, qui instaure une forme de « libre-échange » entre ces derniers et le Canada.

Abolition de la tenue seigneuriale comme mode de concession des terres.

AMÉRIQUE DU NORD

Sir Edmund Walker Head est nommé gouverneur du Canada-Uni. • Premiers clubs de baseball au Canada à Burlington, Hamilton, Barton et Toronto. • Invention aux États-Unis du congélateur pour conserver la crème glacée. • Le poète américain Henry David Thoreau publie *Walden, ou La Vie dans les bois*.

L'Américain Siliman, exploitant les études faites par les chimistes européens sur la composition du pétrole, arrive au moyen de la distillation à obtenir du goudron, de l'huile lubrifiante, du naphte, des solvants de peinture et de l'essence, ce dernier produit étant considéré alors comme détachant.

MONDE

Le pape Pie IX proclame le dogme de l'Immaculée Conception. • Le compositeur Robert Schumann tente de se suicider. • Début de la parution du journal *Le Figaro* à Paris. • L'horloger allemand Heinrich Goebel invente la première forme d'ampoule électrique.

Tenue de l'Exposition internationale de Paris.

CULTURE ET SOCIÉTÉ

Première traversée océanique de la ligne Allan et inauguration par le fait même du service postal transatlantique ; grâce au chenal Saint-Laurent, les navires remontent désormais le fleuve jusqu'à Montréal, sans s'arrêter à Québec. • À l'automne, le nouvel aqueduc de Montréal est en exploitation.

Ouverture de deux écoles normales à Montréal et d'une autre à Québec. • À Québec, les Irlandais fondent la Quebec Ship Labourer's Benevolent Society, avec pour but principal la constitution d'un fonds de secours pour les journaliers accidentés. • Début de la médecine vétérinaire au Québec, avec Félix Vogeli, médecin vétérinaire français.

POLITIQUE

Le 19 juin, sanction royale de l'Acte pour rendre le maire éligible au suffrage universel ; dans les villes, le maire est désormais élu au vote secret par l'ensemble des citoyens au lieu d'être choisi par et parmi les conseillers municipaux. • Création du Conseil et du Département de l'Instruction publique.

AMÉRIQUE DU NORD

Sir John Palliser entreprend une exploration vers le Pacifique et découvre une nouvelle passe dans les Rocheuses, celle du Cheval-qui-Rue. • Crise économique en Amérique du Nord et en Europe. • Début de la guerre civile au Mexique. • L'Américain Joseph Cayetty invente le papier hygiénique.

MONDE

Gustave Flaubert publie *Madame Bovary*. • Installation du Big Ben au parlement de Londres. • Mise au point du lait en poudre.

Charles Baudelaire publie *Les Fleurs du mal*. • Louis Pasteur prouve que des organismes vivants causent la fermentation.

Mise en circulation des premières pièces de monnaie canadienne, frappées en Angleterre. • L'Assemblée du Canada-Uni promulgue une loi créant la Commission du havre de Québec, qui devient propriétaire des droits de la Couronne sur les grèves et le lit du fleuve. • Léon Provancher fait paraître *Traité élémentaire de botanique,* le premier manuel du genre au Canada. • Fondation du premier club féminin d'archers au Canada : le Montreal Ladies Club.

Mois de janvier très froid à Québec : durant plusieurs jours, le mercure se maintient à – 42 °C. • Inauguration de la première école d'agriculture, à Sainte-Anne-de-la-Pocatière. • Construction du nouvel Hôtel-Dieu de Montréal.

*Dessin du cerf du Canada paru dans l'*Illustrated London News.

Ruée vers l'or sur les rives du fleuve Fraser en Colombie-Britannique. • Invention par un Américain du pot Mason, contenant de verre qui permet de conserver les aliments à l'abri de l'air. • Le premier câble télégraphique assurant la liaison entre l'Amérique et l'Europe est déposé au fond de la mer ; il relie l'Irlande et Terre-Neuve.

L'équilibriste français Charles Blondin traverse sur une corde les chutes du Niagara. • Premier puits de pétrole aux États-Unis, à Titusville, en Pennsylvanie.

Le 11 février, la Vierge apparaît à Bernadette Soubirous, à Lourdes. Elle lui apparaîtra 18 fois. • Invention du premier tracteur mû à la vapeur. • Formation de la Compagnie du canal de Suez. • Offenbach donne *Orphée aux enfers.*

Début de la construction du canal de Suez. • Charles Darwin publie *L'Origine des espèces.* • Victor Hugo commence la publication de *La Légende des siècles.* Gounod donne *Faust.*

CULTURE ET SOCIÉTÉ

POLITIQUE

AMÉRIQUE DU NORD

MONDE

	1860	1861
CULTURE ET SOCIÉTÉ	Au cours de mai et juin, « la sécheresse a desséché presque tous les cours d'eau ». L'été amène beaucoup d'incendies dans le Bas-du-Fleuve. Le foin manque partout. Invasion de chenilles à tente. • Sur la ferme du collège, à Sainte-Anne-de-la-Pocatière, on met en place un aboiteau de neuf arpents de long pour récupérer des terres sur le fleuve.	Le premier système de transports en commun à Montréal : des tramways tirés par des chevaux. • Antoine Gérin-Lajoie et l'abbé Henri-Raymond Casgrain fondent « Les Soirées canadiennes ». On met sur pied à Montréal le premier club canadien de raquette : le Ladies Prince of Wales Club.
POLITIQUE	Les Irlandais forment le tiers de la population de la ville de Québec. • Le 25 août, le prince de Galles débarque à Montréal et inaugure le Palais de cristal et le pont Victoria.	Charles Stanley, lord Monk, devient gouverneur du Canada-Uni. La population du Bas-Canada est de 1 111 566 habitants ; celle du Haut-Canada de 1 396 091. • Inauguration de la Banque provinciale du Canada.
AMÉRIQUE DU NORD	James Macpherson LeMoine publie le premier ouvrage sur les oiseaux du Canada, *Ornithologie du Canada*. • Fondation de la Botanical Society of Canada. • Les États-Unis, forts de 31 443 000 habitants, sont maintenant la quatrième puissance économique du monde.	Abraham Lincoln, antiesclavagiste, devient président des États-Unis. La guerre de Sécession éclate aussitôt. • L'Américain John P. Charlton invente la carte postale, pour laquelle il obtient un copyright. • Le baseball devient populaire à New York et à Boston.
MONDE		

Avant l'électrification, les compagnies de transport public utilisaient des véhicules à traction animale.

Formation des premiers cercles agricoles. • À l'École d'agriculture de Sainte-Anne-de-la-Pocatière, on récolte encore les céréales à la faucille et au javelier. • L'instrument en usage « un peu partout » pour battre le beurre est maintenant le « moulin à beurre » plutôt que la baratte. • Le jardinier de plusieurs grands domaines à Montréal depuis 1832, John Archbold, constate que les multiples vergers de la ville sont quasi disparus. Il recommande l'adoption du drainage dans tous les vergers du Québec, pratique mise en vigueur en Angleterre. Les arbres seraient alors moins sujets à la pourriture. • Léon Provancher publie *Flore canadienne, ou description de toutes les plantes en forêts, champs, jardins et eaux du Canada, donnant le nom botanique de chacune, ses noms vulgaires français et anglais, etc.* • Dans les villes, on vend une pompe à feu nouveau genre, « si légère que l'homme le plus faible peut la transporter partout et la faire agir seul ».

Au printemps, crue des eaux extraordinaire en Beauce. • Invasion de la tordeuse des bourgeons de l'épinette. • À Trois-Pistoles, des instruments perfectionnés remplacent l'antique charrue canadienne. En aval de Québec, on emploie beaucoup le vent comme force motrice de moulins à battre et presque chaque grange a son appareil à vent, composé d'une grande roue sur laquelle sont attachées des planches en guise de voiles.
• L'Exposition agricole et industrielle de Montréal a lieu en septembre. On y voit entre autres des machines à travailler le lin venues d'Europe.
• Philippe Aubert de Gaspé publie *Les Anciens Canadiens*.

Une maison à Québec.

Victor Hugo publie *Les Misérables* et Gustave Flaubert, *Salammbô*. • Sarah Bernhardt fait ses débuts à la Comédie-Française dans la pièce de Racine *Iphigénie*. • Exposition internationale de Londres.

Manet peint *Le Déjeuner sur l'herbe*.
• Ernest Renan publie sa *Vie de Jésus*.
• On inaugure à Londres la première section du Metropolitan Railway. Il s'agit de la première rame de métro du monde. • Première automobile à pétrole.

CULTURE ET SOCIÉTÉ

Belle année de sucre d'érable en Beauce. • Invasions d'insectes et sécheresses. • Abondantes captures de marsouins à Rivière-Ouelle et dans les environs. • Les produits que le cultivateur achète le plus souvent chez le marchand général sont « le tabac, le thé, le sucre et le cotonnage ». • Dures années pour les chantiers maritimes. • Hugh Allan fonde à Montréal la Merchant's Bank, qui devient vite l'une des banques les plus dynamiques du Canada. • Antoine Gérin-Lajoie publie *Jean Rivard, économiste*.

Arrivée à Montréal des Frères de la Charité. • Au printemps, violentes tempêtes, inondations mortelles et glissement de terrain. • La charrue de fer remplace la charrue de bois, alors que la moissonneuse et la faucheuse remplacent le travail à la main. • Ernest Gagnon publie *Chansons populaires du Canada*.

POLITIQUE

AMÉRIQUE DU NORD

Conférences de Charlottetown et de Québec pour préparer la Confédération canadienne. • La devise *In God we Trust* figure pour la première fois sur la monnaie américaine.

Après avoir été déménagé huit fois entre Kingston, Montréal, Toronto et Ottawa, le parlement du Canada-Uni est établi définitivement à Ottawa. • Fin de la guerre de Sécession et abolition de l'esclavage aux États-Unis. • Fondation du Massachusetts Institute of Technology. • Assassinat du président des États-Unis, Abraham Lincoln.

MONDE

L'humaniste suisse Jean-Henri Dunant fonde la Croix-Rouge. • Le pape Pie IX émet le *Syllabus* dans lequel il condamne le libéralisme. • Joseph Bertrand publie *Traité sur le calcul différentiel et intégral*. • Tolstoï commence la publication de *Guerre et Paix*.

Lewis Carroll publie *Alice au pays des merveilles*. • Paul Verlaine publie *Poèmes saturniens*.

1866

Pluies continuelles et « orages de grêle ». • À Québec, dans Saint-Roch et Saint-Sauveur, grand incendie qui rase 2 219 maisons et jette à la rue plusieurs centaines de familles. La ville de Québec organise la première brigade du feu. • L'Écossais Duncan McEachran, diplômé de l'Université d'Édimbourg, fonde le premier collège vétérinaire du Québec, affilié à l'Université McGill. • Une moissonneuse-batteuse est en action pour la première fois à l'Exposition agricole de Kamouraska.

Le conseil municipal de Montréal.

En novembre, l'Angleterre procède à l'union de ses deux colonies de la côte du Pacifique, l'île de Vancouver et la Colombie-Britannique.

Parutions : *Lettres de mon moulin* d'Alphonse Daudet, *Crime et Châtiment* de Dostoïevski et une première partie du *Grand dictionnaire universel du XIXe siècle* de Pierre Larousse. • Alfred Nobel invente la dynamite.

CULTURE ET SOCIÉTÉ

POLITIQUE

AMÉRIQUE DU NORD

MONDE

LE QUÉBEC
QUI SE CONSTRUIT
1867-1929

À l'Exposition universelle de Paris, l'École d'agriculture de Sainte-Anne-de-la-Pocatière reçoit trois prix. • Ouverture de la première fromagerie à Dunham, dans le comté de Missisquoi. • À Québec, on remplace le tocsin par une alarme électrique. • Un championnat mondial de patinage a lieu à Montréal.

Pierre-Joseph-Olivier Chauveau, conservateur, devient premier premier ministre du Québec.

Le 1er juillet, entrée en vigueur de la Constitution canadienne, dite Acte de l'Amérique du Nord britannique, qui réunit le Nouveau-Brunswick, la Nouvelle-Écosse, l'Ontario et le Québec. L'article 133 donne au français le statut de langue officielle aux parlements d'Ottawa et de Québec et devant les tribunaux fédéraux et québécois. • John A. Macdonald, conservateur, devient premier premier ministre du Canada. • Les États-Unis achètent l'Alaska à la Russie pour la somme de 7,2 millions. • On réalise aux États-Unis les premiers essais de fabrication et de commercialisation de café instantané, mais sans grand succès.

Extrêmes chaleurs, grandes sécheresses, foudre, épidémie mystérieuse qui emporte le bétail, mais les récoltes sont relativement bonnes. • Premier club de rugby au Canada : à Montréal. • Les premiers zouaves canadiens partent pour Rome. • On organise les premières parties de sucre « où on aime faire une visite aux sucriers ». • On lance 25 couples de moineaux domestiques importés d'Irlande, prétextant que ce sont des insectivores fort utiles à l'agriculture. • Inauguration d'un ministère de l'Instruction publique, qui sera supprimé en 1875. • Assassinat du journaliste et homme d'affaires d'origine irlandaise Thomas d'Arcy McGee (né en 1825).

L'Assemblée législative de la Nouvelle-Écosse veut se séparer de la Confédération canadienne. • Aux États-Unis, on met au point le dactylographe et le wagon réfrigéré.

L'Australienne Granny Smith obtient une pomme à peau verte et à chair juteuse et acidulée qui portera son nom. • Invention de la pile sèche en France. • On installe le premier feu de circulation à Londres. • Dostoïevski publie *L'Idiot*. • Louis Lartet trouve en France le squelette de l'homme de Cro-Magnon.

CULTURE ET SOCIÉTÉ

POLITIQUE

AMÉRIQUE DU NORD

MONDE

173

CULTURE ET SOCIÉTÉ

On met sur pied le Conseil de l'agriculture, ainsi que le Conseil des arts et manufactures pour faire connaître aux entrepreneurs les innovations techniques. • Léon Provancher fonde la première revue scientifique canadienne de langue française, *Le Naturaliste canadien,* alors que Georges-Édouard Desbarat fonde l'hebdomadaire *Canadian Illustrated News.* On lance également le *Montreal Star.* • À Montréal, on construit l'Hôpital général des Sœurs grises. • L'évêque de Montréal, Ignace Bourget, excommunie les membres de l'Institut canadien. • Départ pour les Indes de la première missionnaire canadienne, Léa Malouin, religieuse de Jésus-Marie.

Très violent tremblement de terre dans les régions de Charlevoix et de la Côte-du-Sud ; les dégâts matériels sont considérables. • La pyrale de la pomme, ver rongeur originaire d'Europe, commence à faire des ravages au Québec. • LeMoine écrit que la tourte, jadis si nombreuse, est quasi disparue.

POLITIQUE

Adoption du Code municipal.

AMÉRIQUE DU NORD

Soulèvement des Métis de la Rivière-Rouge ; ils mettent sur pied un gouvernement provisoire. • Le Canada fait l'acquisition des Territoires du Nord-Ouest. • La loi fédérale des brevets abroge toutes les lois provinciales en ce domaine et devient la base de toute législation subséquente.

Le Manitoba devient la cinquième province canadienne. Son statut linguistique est semblable à celui du Québec. • Les États-Unis inaugurent leur premier chemin de fer trans-continental. • Invasion aux États-Unis de la spongieuse, insecte destructeur des feuilles des arbres.

MONDE

Ouverture du canal de Suez. • Pre-mier Concile du Vatican. • Men-deleyev formule sa loi périodique pour la classification des éléments. • Napoléon III lance un concours pour trouver un substitut au beurre ; le Français Hippolyte Mège-Mouriès invente la margarine. • Invention également de la cellulose par John Wesley Hyatt.

Guerre franco-prussienne et chute de Napoléon III en France. • Le premier Concile du Vatican promulgue le dogme de l'infaillibilité du pape. • Jules Verne publie *Vingt mille lieues sous les mers.*

1871

La population du Québec s'élève à
1 191 516 habitants.

Départ de la garnison britannique à
Québec : fin de l'ère de la ville
fortifiée. Le gouverneur général, lord
Dufferin, met de l'avant un vaste
projet d'aménagement pour intégrer
les fortifications au tissu urbain.

La Colombie-Britannique entre
à son tour dans la Confédération.
• Barnum lance son cirque américain,
« le plus grand spectacle sur Terre ». •
Invention aux États-Unis du marteau-
piqueur à air comprimé.

La Commune de Paris dure deux
mois. • Deux ouvriers français,
Pottier et Degeyter, composent
L'Internationale. • Hansen découvre le
bacille de la lèpre. • Fondation des
Témoins de Jéhovah.

Des grands incendies de forêt

En 1870, à la suite d'un printemps hâtif
et d'un mois de mai exceptionnellement
chaud et sec, un grand incendie de forêt
— peut-être le plus important de la période historique — ravage le Saguenay, le Lac-Saint-Jean, les forêts de la
Péribonka et de la Mistassini. Des villages entiers, comme Saint-Félicien,
Saint-Prime, Chambord, Saint-Jérôme,
Saint-Fulgence, Laterrière, Saint-Alexis
et Saint-Alphonse, sont rasés. Certains
disent que la fumée obscurcit le ciel jusqu'à Gaspé. On ignore jusqu'où l'incendie a dévasté l'arrière-pays de la Côte-
Nord et l'intérieur de l'Ungava, mais il
serait peut-être responsable de la pauvreté actuelle de la faune du Nouveau-
Québec et du Labrador. D'autres incendies éclatent en Gaspésie, à la baie des
Chaleurs, dans ce qui sera plus tard la
réserve faunique des Laurentides, dans
la région de Trois-Rivières et dans la vallée de l'Outaouais.

Ces incendies de 1870, qui n'ont pas
consumé l'humus forestier, ont permis
par la suite la naissance, selon l'ingénieur
forestier Marcel Lortie, de peuplements
à forte concentration de bouleaux à papier. Quand, durant les années 1950, le
gouvernement lui demande d'étudier le
dépérissement des forêts de bouleaux à
papier, Lortie constate l'état uniforme
des peuplements, leur âge avancé et
donc leur commune vulnérabilité aux divers agents d'origine virale ou aux insectes. Bref, le temps et les conditions
naturelles du milieu, davantage que
l'homme, avaient fait leur œuvre.

CULTURE ET SOCIÉTÉ

POLITIQUE

AMÉRIQUE DU NORD

MONDE

CULTURE ET SOCIÉTÉ

Le curé Labelle organise une corvée pour fournir du bois de chauffage à des familles pauvres de Montréal. Une caravane de 80 traîneaux chargés à ras bord quitte Saint-Jérôme avec le curé Labelle lui-même aux commandes du premier traîneau. • Le sulpicien Jean Moyen publie *Cours élémentaire de botanique et flore au Canada,* longtemps en usage dans les maisons d'enseignement du Québec.

Dans la *Gazette des campagnes* : « L'Amérique du Nord traverse une période de froid dont on n'a pas exemple dans ce pays. » • Grande tempête dans le golfe : naufrages, noyades et inondations. • Fondation de l'École polytechnique de Montréal. • Première pompe à incendie à vapeur en usage à Québec. • Première beurrerie. • Premier club de golf.

POLITIQUE

Gédéon Ouimet, conservateur, devient premier ministre du Québec.

Le curé Antoine Labelle.

AMÉRIQUE DU NORD

Alexander Mackenzie devient premier ministre du Canada. • L'Île-du-Prince-Édouard entre dans la Confédération. • Création de la Police montée du Nord-Ouest. • E. Remington & Sons commence à produire des machines à dactylographier.

MONDE

Emma Lajeunesse, dite Albani, chante au Covent Garden de Londres. • Jules Verne publie *Le Tour du monde en 80 jours.* • Bizet compose la musique de *L'Arlésienne.*

Union des villes de Buda et de Pest pour former la capitale de la Hongrie. • Exposition internationale de Vienne. • Arthur Rimbaud publie *Une saison en enfer* et Tolstoï, *Anna Karenine.*

Création de la Bourse de Montréal et fondation de la Banque d'Hochelaga. • À Montréal, on construit le premier « asile », Saint-Jean-de-Dieu. • Le 24 juin à Montréal, grande célébration de la Saint-Jean-Baptiste. • La distribution postale gratuite débute à Montréal ; il faut dès lors donner des noms aux rues et des numéros aux édifices.

Abolition du ministère de l'Instruction publique. • Parti du Colorado 17 ans plus tôt, le doryphore est signalé à Lanoraie et à Saint-Hyacinthe. • En 112 ans de relevés météorologiques, record de basse température pour le mois de novembre à Montréal : − 27,8 °C. • Durant l'hiver à Montréal, de mémoire d'homme, jamais la misère ne fut si grande.

Charles Boucher de Boucherville, conservateur, devient premier ministre du Québec.

On invente aux États-Unis ce qui serait le premier insecticide chimique, le vert de Paris, un arséniate de cuivre, pour lutter contre le doryphore. Cela suscite l'opposition de plusieurs. • Prudent Beaudry, frère du maire de Montréal, est élu maire de Los Angeles.

Création de la Cour suprême du Canada, le plus haut tribunal en matières civiles et criminelles. • Les bisons de l'Ouest sont presque exterminés. • À Portland (Maine), on met en conserve pour la première fois des fèves au lard. • Mark Twain publie Les Aventures de Tom Sawyer.

Mise au point du DDT en Allemagne. • Première exposition de peintres impressionnistes à Paris.

Un Français du nom de Goffart met au point le principe de l'ensilage. • Création de Carmen de Georges Bizet.

CULTURE ET SOCIÉTÉ

Grandes inondations au Lac-Saint-Jean, et le feu détruit les deux tiers de la ville de Saint-Hyacinthe. • Ouverture d'une succursale de l'Université Laval à Montréal, qui deviendra en 1920 l'Université de Montréal. • Création de la Société des artisans, devenue par la suite Artisans Coop-Vie. • Découverte d'amiante dans la région de Thetford Mines.

Grave invasion de la tordeuse des bourgeons de l'épinette. • On fait des processions pour être délivré du doryphore. • Premier club de hockey sur glace au Canada, à Montréal. • Fondation des *Annales de la propagation de la foi*.

POLITIQUE

Adoption de la Loi des cités et villes.

AMÉRIQUE DU NORD

Le gouvernement fédéral adopte la Loi des Indiens et institue les « réserves ». • Le chemin de fer Intercolonial entre Québec et Halifax est terminé. • Premier club de tennis sur gazon, à Toronto. • Aux États-Unis, Alexander Graham Bell invente le téléphone. • L'Américain Henry Heinz met au point le ketchup.

La rue Champlain, à Québec, où habitent les familles ouvrières.

MONDE

L'Angleterre se dote de l'English Rivers Pollution Act, alors qu'aux États-Unis il n'y aura pas de politique écologique avant des dizaines d'années.

Le poète français Charles Cros invente un procédé d'enregistrement et de reproduction des sons sur son phonographe à cylindre. • Émile Zola publie *L'Assommoir*.

Première utilisation commerciale du téléphone à Québec. • À Montréal, première utilisation de l'éclairage électrique au Canada. • On sème encore à la volée plutôt qu'en lignes. • Ouverture des mines d'amiante dans la région de Thetford Mines. • Arrivée des Rédemptoristes.	Honoré Beaugrand fonde *La Patrie*, avant de devenir maire de Montréal. • Les frères Casavant fondent à Saint-Hyacinthe la célèbre entreprise de facture d'orgues. • Naissance à Montréal du poète Émile Nelligan. • Les Rédemptoristes s'installent à Sainte-Anne-de-Beaupré.

CULTURE ET SOCIÉTÉ

Henri-Gustave Joly de Lotbinière, libéral, devient premier ministre du Québec.	Adolphe Chapleau, conservateur, devient premier ministre du Québec.

POLITIQUE

John A. Macdonald, conservateur, redevient premier ministre du Canada. • Début de l'élevage des animaux à fourrure au Canada.	Institution par le gouvernement fédéral du tarif protectionniste. • Inauguration du chemin de fer Québec Montréal Ottawa Occidental. • Des Américains découvrent la saccharine.

AMÉRIQUE DU NORD

Exposition universelle de Paris. • Fondation à Londres de l'Armée du salut. • Le Suédois Nordenskjöld franchit le passage du Nord-Est.	Proclamation de saint Thomas d'Aquin comme docteur de l'Église. • À l'Exposition commerciale de Berlin, on voit le premier tramway électrique. • Ibsen publie *La Maison de poupée*.

MONDE

CULTURE ET SOCIÉTÉ

Apparition des premiers silos à grains au Québec et en Ontario. • Parution à Québec du journal *L'Électeur*. • À Montréal, Sarah Bernhardt est accueillie triomphalement. • Apparition dans les magasins de fruits et de viandes en conserve.

L'abbé Joseph Laflamme publie *Éléments de minéralogie et de géologie*, petit manuel destiné aux élèves de collèges et de l'Université Laval, en usage dans certains collèges classiques jusqu'en 1930. • La population du Québec est de 1 359 027 habitants.

POLITIQUE

AMÉRIQUE DU NORD

Adolphe-Basile Routhier compose l'*Ô Canada*, qui sera mis en musique par Calixa Lavallée. • Création de la Galerie nationale du Canada. • Formation de la Canadian Pacific Railway Co. (le Canadien Pacifique). • La souveraineté du Canada sur l'Arctique est confirmée par un arrêté en conseil du gouvernement britannique.

La population du Canada est de 4 324 810 habitants. • Après quatre années de protestations de la part des Montréalais, le Parlement fédéral transfère tout de même de Montréal à Ottawa les bureaux, les laboratoires et le musée de la Commission géologique du Canada.

MONDE

Le poète Louis Fréchette, de l'École littéraire et patriotique de Québec, est honoré par l'Académie française. • L'Exposition universelle a lieu à Melbourne. • Parutions : *Les Frères Karamazov* de Dostoïevski, les *Contes* de Guy de Maupassant, *Ben Hur* de Lew Wallace.

Rodolphe Salis fonde à Paris le premier de tous les cabarets, Le Chat Noir. • Publication à titre posthume de l'œuvre d'Offenbach *Les Contes d'Hoffmann*.

Fondation à Montréal de la première assemblée locale des Chevaliers du travail. • Les Ursulines ouvrent la première école supérieure d'enseignement ménager, à Roberval. • Mère Marie-Léonie fonde la congrégation des Sœurs de la Sainte-Famille pour assurer le service matériel des autres communautés religieuses.

Début de la colonisation du Témiscamingue. • Eugène-Étienne Taché, architecte, ajoute une devise aux armoiries du Québec : *Je me souviens*. • Fondation de l'Armée du salut. • L'ornithologue Charles-Eusèbe Dionne publie *Les Oiseaux du Canada*.

Joseph-Alfred Mousseau, conservateur, devient premier ministre du Québec. • Les Canadiens français deviennent majoritaires au conseil municipal de Montréal.

Ottawa produit le premier annuaire téléphonique du Canada : il compte 200 abonnés. • La fête du Travail, organisée par les Chevaliers du travail, est célébrée pour la première fois le 5 septembre à New York. • Les États-Unis interdisent l'immigration chinoise pour dix ans.

Fondation du Congrès des métiers et du travail du Canada et de la Société royale du Canada. • Un jugement du Conseil privé de Londres favorise les droits des provinces canadiennes. • Un premier gratte-ciel de 10 étages est construit à Chicago.

Le transformateur est mis au point et on réalise les premiers transports d'énergie électrique au moyen de lignes à haute tension. • Exposition universelle de Moscou. • Fondation de la Chambre de commerce de Londres. • Claude Debussy donne sa suite orchestrale *Le Printemps*.

Exposition universelle d'Amsterdam. • Éruption volcanique du Krakatoa, la plus puissante des temps modernes. • Nietzsche publie *Ainsi parlait Zarathoustra*.

CULTURE ET SOCIÉTÉ

POLITIQUE

AMÉRIQUE DU NORD

MONDE

CULTURE ET SOCIÉTÉ

Fondation à Montréal du journal *La Presse*, bientôt le quotidien français le plus largement diffusé sur le continent nord-américain. • Fondation par les jésuites des Ligues du Sacré-Cœur, qui visent à « propager et à maintenir l'esprit chrétien dans la paroisse ». • Laure Conan publie *Angéline de Montbrun*.

L'archevêque de Québec, Mgr Elzéar-Alexandre Taschereau, interdit les Chevaliers du travail (Noble Order of the Knights of Labor), sous prétexte que ce mouvement ouvrier à caractère plus politique que syndical prône l'agitation, l'éducation des travailleurs et leur organisation. • L'Assemblée législative adopte la Loi des manufactures sur la limite des heures de travail : 60 heures par semaine pour les femmes et les enfants, 72 1/2 pour les hommes. Plusieurs dérogations permettent aux employeurs de dépasser ce maximum. • Arrivée des Frères de l'instruction chrétienne et des Frères maristes.

POLITIQUE

John Jones Ross, conservateur, devient premier ministre du Québec.

AMÉRIQUE DU NORD

Louis Riel dans le box des accusés, lors de son procès à Regina.

Laure Conan, auteur d'Angéline de Montbrun.

MONDE

Une première religieuse canadienne de la communauté des Sœurs blanches d'Afrique arrive en Algérie. • En Italie, première tentative d'utilisation d'agents de conservation pour les fourrages. • Vincent Van Gogh peint *Les Mangeurs de pommes de terre*.

Épidémie de « picote ». • L'Assemblée législative vote une loi créant un Conseil provincial d'hygiène et obligeant les municipalités à établir un bureau local de santé. • Fondation de la Chambre de commerce de Montréal. • Mgr Taschereau, archevêque de Québec, devient le premier cardinal canadien. • Georges-Émile Amyot fonde à Québec une fabrique de corsets qui se développera au point de pénétrer les marchés étrangers de façon spectaculaire et unique à l'époque.

Création de la Commission royale d'enquête sur les relations entre le capital et le travail. • Inauguration du chemin de fer transcontinental canadien. • Fondation de l'Amateur Hockey Association. • Aux États-Unis, reddition de Geronimo. • Le pharmacien américain John Pemberton invente le Coca-Cola.

Arrivée en Afrique du premier père blanc d'origine canadienne, John Forbes. • Fondation de l'Institut Pasteur à Paris. • *Les Illuminations* d'Arthur Rimbaud paraissent à Paris. • Stevenson publie *Dr. Jekyll and Mr. Hyde*.

Louis Riel et les Métis

En 1869, à la suite de l'achat de l'Ouest canadien par le gouvernement fédéral, les 10 000 Métis de la Rivière-Rouge se sont donné un gouvernement provisoire dirigé par l'un des leurs, le jeune Louis Riel, âgé de 21 ans. L'évêque de l'Ouest, Mgr Alexandre Taché, se livre à un travail d'apaisement. Les Métis se voient concéder des terres. Mais ces terres acquérant bientôt de la valeur, ils les vendent pour aller plus à l'ouest et reprennent leur vie de chasseurs sur les bords de la rivière Saskatchewan. Là encore, ils sont rejoints par les Blancs et leurs arpenteurs, qui se réservent pour eux-mêmes les meilleures terres.

Devant l'apathie du gouvernement, les Métis décident d'agir : Louis Riel, rappelé du Montana par les siens, crée une petite république dont il se fait proclamer président. Le gouvernement fédéral envoie des troupes qui se livrent à des engagements armés avec les Métis. Riel se constitue prisonnier le 15 mai 1885. Conduit à Regina, il subit un procès comportant de nombreuses irrégularités ; trouvé coupable de haute trahison, il est condamné à mort. Le 16 novembre 1885, Louis Riel est pendu, ce qui soulève une très grande colère au Québec. On tiendra alors, à Montréal, la plus grande assemblée populaire jamais vue : 50 000 participants. Le chef du Parti libéral, Honoré Mercier, prône alors l'idée d'un parti national qui unirait toutes les forces de la nation québécoise et il fonde lui-même ce parti.

Les relations Québec-Ottawa

Le 29 janvier 1887, Honoré Mercier, libéral, devient premier ministre du Québec et forme un cabinet « national ». Selon Mercier, le Québec doit s'affirmer comme nation française et catholique et il faut sauvegarder les éléments de cette nationalité. Aussi adopte-t-il à l'égard du gouvernement fédéral une attitude fortement autonomiste. Sans compter que, depuis plusieurs années maintenant, les augmentations de population ne se traduisent pas par une augmentation correspondante des subventions fédérales. Pour discuter de l'autonomie provinciale et obtenir une révision décennale de la subvention fédérale aux provinces établie d'après la population, Mercier convoque en octobre 1887 une conférence interprovinciale — la première dans l'histoire de la Confédération. La conférence, qui regroupe les délégués de cinq provinces — l'Île-du-Prince-Édouard et la Colombie-Britannique préférant s'abstenir —, rédige un plan de réforme constitutionnelle et fiscale. La demande d'augmentation des subventions fédérales s'appuie sur le fait que les provinces sont dans le besoin, alors que les revenus du gouvernement central, eux, ne cessent d'augmenter. Mais la rencontre demeure sans résultats, car le gouvernement fédéral en ignore par la suite les recommandations et n'apporte aucun élément de solution.

Tenue à Trois-Rivières du premier grand congrès des cercles agricoles québécois. • Inauguration du chemin de fer Québec – Lac-Saint-Jean. • Louis Fréchette publie *La Légende d'un peuple,* ouvrage couronné par l'Académie française.

Le 25 janvier, Louis-Olivier Taillon, conservateur, devient premier ministre du Québec. Mais quatre jours plus tard, grâce à la vague de fond nationaliste provoquée par l'affaire Riel, Honoré Mercier, libéral, lui succède et forme un cabinet « national ».

Une première locomotive va de Montréal jusqu'à Vancouver. • Fondation à Toronto de l'entreprise d'édition Maclean Hunter Limited. • L'Américain d'origine allemande Emile Berliner fait évoluer le phonographe et invente ainsi le disque et l'appareil qui permet de le lire, le gramophone.

Tenue de la première conférence coloniale à Londres. • Arthur Conan Doyle publie le premier *Sherlock Holmes.* • Van Gogh peint *Les Tournesols.* • Mise au point en Allemagne de l'automobile à essence.

Tremblements de terre, tornades et orages dévastateurs. • Le gouvernement met sur pied la première station expérimentale agricole québécoise et le premier laboratoire de chimie agricole au Séminaire de Saint-Hyacinthe.

Fondation de l'Ordre du mérite agricole (qui existe toujours) par le gouvernement d'Honoré Mercier.
• Formation des premiers syndicats de fabrique de beurre et de fromage.
• Plante remarquée aux environs de New York vers 1875, l'épervière orangée est signalée pour la première fois au Québec, au lac Magog.

Création du ministère de l'Agriculture et de la Colonisation. Le premier ministre Mercier nomme le curé Labelle sous-ministre.

Des Montagnais à la Pointe-Bleue.

L'ingénieur écossais Dunlop fabrique le premier pneu. • Jack l'Éventreur assassine six femmes à Londres. • Un premier concours de beauté se tient à Spa, en Belgique. • Abolition de l'esclavage au Brésil.

Pour l'Exposition universelle de Paris, Gustave Eiffel construit la tour qui porte son nom. • On célèbre le « 1er mai », à Paris, pour la première fois.

	1890	**1891**
CULTURE ET SOCIÉTÉ	Arrivée des Franciscains et des Eudistes. • Le gouvernement encourage la culture du maïs à ensilage et la construction des silos. • Dans certaines régions, on battrait encore le blé à la main ou à la batteuse à vent. • Premier arrosage d'arbres fruitiers à l'aide d'une pompe ; on utilise alors la bouillie bordelaise et le vert de Paris.	La population du Québec est de 1 488 535 habitants. • Naissance informelle des premières beurreries et fromageries d'inspiration coopérative au Québec.
POLITIQUE	Une loi de l'Assemblée législative québécoise oblige désormais les membres des professions libérales à posséder d'abord le diplôme de bachelier ès arts, et donc à terminer le cycle des études classiques.	Le lieutenant-gouverneur Angers destitue le premier ministre Honoré Mercier à la suite du scandale du chemin de fer de la baie des Chaleurs, où une partie des subventions avait été détournée par le trésorier du Parti libéral. • Charles Boucher de Boucherville, conservateur, redevient premier ministre du Québec.
AMÉRIQUE DU NORD	Dalton McCarthy dépose aux Communes une proposition de loi demandant l'abrogation du français dans les Territoires du Nord-Ouest. Le gouvernement Greenway du Manitoba fait adopter des lois antifrançaises. Début de la question des écoles du Manitoba, qui se poursuivra jusqu'en 1897. • Dirigés par le chef Big Foot, quelque 350 Sioux, des guerriers et leurs familles, sont refoulés dans la réserve de Pine Ridge, dans le Dakota du Sud, par la cavalerie américaine. Rassemblés le long de la rivière Wounded Knee, ils sont sommés de rendre leurs armes. Ils refusent et sont massacrés.	La population du Canada est de 4 833 239 habitants. • John Joseph Abbott, conservateur, devient premier ministre du Canada. • Fusion des sociétés Massey et Harris, qui fait de la nouvelle entreprise le plus important manufacturier canadien de machines agricoles. • La compagnie American Express invente le chèque de voyage.
MONDE		Le peintre Paul Gauguin s'installe à Tahiti.

On construit le Château Frontenac à Québec. • Les tramways électriques font leur apparition à Montréal. • Fondation à Montmagny du Syndicat des cultivateurs. • Ouverture de l'École de laiterie de Saint-Hyacinthe par la Société d'industrie laitière. • Louis Fréchette publie *Originaux et détraqués*.

Fusion des quatre collèges vétérinaires qui deviennent l'École de médecine comparée et de science vétérinaire, affiliée à l'Université Laval à Montréal. • Les Trappistes d'Oka ouvrent une école d'agriculture. • Fondation des cercles agricoles par acte de l'Assemblée législative pour diffuser les méthodes modernes d'agriculture par l'amélioration du sol, des plantes et des animaux.

Louis-Olivier Taillon, conservateur, devient premier ministre du Québec.

John S. Thompson, conservateur, devient premier ministre du Canada. • Fondation du quotidien *The Toronto Star*.

Aux États-Unis : Henry Ford construit sa première voiture, les premiers films font leur apparition et Chicago est l'hôte de l'Exposition universelle.

Les rails de tramway à l'angle du boulevard Saint-Laurent et de la rue Sainte-Catherine, à Montréal.

CULTURE ET SOCIÉTÉ

POLITIQUE

AMÉRIQUE DU NORD

MONDE

CULTURE ET SOCIÉTÉ

On met sur pied le Conseil d'hygiène de la province de Québec. • Création par le ministère de l'Agriculture du Québec du premier organisme de propagande du porc à bacon et des salaisons. • Durant l'hiver, pour la première fois depuis 75 ans, il se forme un pont de glace sur le lac Champlain.

Fondation de l'École littéraire de Montréal par Jean Charbonneau et quelques autres jeunes poètes, dont Louvigny de Montigny et Germain Beaulieu.

POLITIQUE

Mort de l'ex-premier ministre Honoré Mercier.

Inspiré par le courant conservationniste américain, le gouvernement québécois crée deux grands parcs nationaux, ceux des Laurentides et du Mont-Tremblant. L'objectif est triple : protéger les forêts, les eaux et la faune.

AMÉRIQUE DU NORD

Mackenzie Bowell, conservateur, devient premier ministre du Canada. • Fondation à Montréal des premiers clubs féminins de curling au Canada et de la Royal Canadian Golf Association. • Le volume de la production industrielle aux États-Unis est maintenant le double de la production anglaise.

Wilfrid Laurier, premier ministre du Canada de 1896 à 1911.

MONDE

Début de l'affaire Dreyfus en France. • Kipling publie *Le Livre de la jungle*. • Louis Lumière invente le cinématographe. • Le baron Pierre de Coubertin fonde un comité pour mettre sur pied les Jeux olympiques modernes.

Mise au point du télégraphe sans fil en Italie. À Paris, à l'hôtel Scribe, première présentation du cinématographe de Lumière. • La firme allemande Benz construit et met en service le premier autobus à moteur à essence. • Le physicien allemand Wilhelm Conrad Röntgen découvre les rayons X.

1896

L'essayiste Edmond de Nevers (Edmond Boisvert) publie *L'Avenir du peuple canadien-français,* qui offre un premier programme complet d'action publique privilégiant les forces morales et intellectuelles pour la culture de l'esprit. • Des cirques ambulants présentent à Montréal des « photographies animées ».

Edmund J. Flynn, conservateur, devient premier ministre du Québec.

1897

Le 18 janvier, en l'espace de quelques heures, on passe de fortes averses de pluie à une température de − 30 °F. On ne se rappelle pas plus dur hiver pour les arbres. • Une première automobile apparaît dans les rues de Québec : elle va à « dix-huit milles à l'heure, en troisième vitesse, sur le chemin Sainte-Foy ». Mise en place de la première ligne de transmission d'énergie hydroélectrique sur une longue distance : Saint-Narcisse–Trois-Rivières. • William Drummond publie son recueil de poésie *The Habitant and Other French Canadian Poems.*

Charles Tupper, conservateur, devient premier ministre du Canada. • Élection de Wilfrid Laurier comme premier ministre du Canada, figure par la suite omniprésente dans la vie québécoise et idole de beaucoup de Québécois pendant une génération. • Ruée vers l'or du Klondyke.

Négociation de l'accord du Nid-de-Corbeau entre le gouvernement d'Ottawa et le Canadien Pacifique, accord qui permet d'ouvrir la ligne Lethbridge-Vancouver, nécessaire pour l'exploitation des ressources minières du sud de la Colombie-Britannique. • Compromis Laurier-Greenway sur les écoles du Manitoba.

Des savants hollandais commencent à identifier les vitamines. • Tenue à Athènes des premiers Jeux olympiques modernes.

Tenue d'une nouvelle conférence coloniale à Londres. • Thomson découvre l'électron. • Exposition universelle de Bruxelles. • Au Salon de Paris, les deux journalistes d'origine russe Eugène et Michel Werner exposent, pour la première fois, une motocyclette. • Edmond Rostand publie *Cyrano de Bergerac.*

CULTURE ET SOCIÉTÉ

POLITIQUE

AMÉRIQUE DU NORD

MONDE

Le gouvernement Marchand

Le 24 mai 1897, Félix-Gabriel Marchand, le chef du Parti libéral, devient premier ministre du Québec. Le rôle de l'État québécois sera désormais plus détermi-nant. Profitant de la conjoncture éco-nomique mondiale, le gouvernement adopte une solide politique de dévelop-pement et d'exploitation des ressources naturelles. Ce développement lui ap-porte des revenus accrus (droits de coupe, vente de terres) qui permettent l'assainissement des finances du Qué-bec.

Par ailleurs, le Québec a alors le triste honneur de posséder un taux d'analpha-bétisme fort supérieur à celui de l'Onta-rio ou du Canada en général. Le recen-sement de 1891 n'a-t-il pas montré que, sur 1 073 815 Québécois âgés de plus de 9 ans, plus de 275 000 ne savent ni lire ni écrire ? Le gouvernement Mar-chand projette donc une nouvelle poli-tique en matière d'éducation et pré-sente en décembre 1897 un projet de loi visant à créer un véritable ministère de l'Éducation. L'évêque de Montréal, Mgr Paul Bruchési, s'en alarme et presse Rome d'intervenir sans succès. La loi est adoptée par 44 voix contre 19, mais re-jetée ensuite par le Conseil législatif, formé d'une majorité du Parti conserva-teur soumise aux pressions épiscopales. Thomas Chapais, qui le dirige et se fait le porte-parole des évêques, déclare : « Ne faisons pas cette injure au Conseil de l'instruction publique qui ne l'a pas méri-tée… Ne transformons pas les évêques, membres *ex officio* de ce Conseil, en su-balternes d'un politicien. »

À Saint-Justin, dans certaines familles, on fabrique encore des chandelles de suif pour s'éclairer. • Un an après un quotidien américain, une première photographie apparaît dans un quotidien québécois, *Le Soleil.*

La manufacture de chaussures Jobin et Rochette, à Québec.

On retranche une partie des Territoires du Nord-Ouest pour créer le Yukon. • Les États-Unis entrent en guerre avec l'Espagne et envahissent Cuba, dont ils font un protectorat américain. Par le traité de Paris, ils obtiennent les Philippines et Porto Rico. • L'Américain Will Keith Kellogg invente les *corn flakes* ou flocons de maïs.

Marie et Pierre Curie découvrent le radium. En France, on commence dès lors à recourir à la radiothérapie contre le cancer. • Herbert George Wells publie *La Guerre des mondes.*

Émile Nelligan, dans une soirée de l'École littéraire de Montréal, lit sa *Romance du vin*. C'est sa dernière apparition publique ; il est interné peu après. • Ouverture du canal de Soulanges. • Fondation de la Société canadienne pour l'avancement du sport par des membres éminents de la communauté francophone de Montréal, dans le but de mettre au point des méthodes scientifiques d'entraînement et de « coaching ». En dépit de nombreux appuis, dont celui du gouverneur général, la société ne vit qu'un an.

Émile Nelligan.

Un premier contingent de volontaires canadiens est envoyé en Afrique du Sud pour participer à la guerre entre l'Angleterre et les Boers.

Le syndicalisme catholique

Les cordonniers de la ville de Québec déclarent la grève en 1899. Ils appartiennent à des loges des Chevaliers du travail, ce qui déplaît aux 22 employeurs groupés en association. Niant à leurs ouvriers le droit de s'associer professionnellement, les employeurs ferment boutique et exigent pour le retour au travail que chaque individu promette de ne faire partie d'aucune association. Les travailleurs refusent cette condition et le conflit dure plus de deux mois. L'archevêque de Québec, Mgr Bégin, sert alors d'arbitre.

Les Chevaliers du travail ne sont-ils pas des ennemis dont on combat les principes et les idéologies depuis aussi loin que la Réforme protestante ? Ne séparent-ils pas le social du religieux ? Ne font-ils pas la promotion d'une société qui confine le prêtre à la sacristie ? Ne limitent-ils pas leurs horizons aux seules conditions matérielles ? Et que dire de leur neutralité confessionnelle pernicieuse ?

Basant ses décisions sur l'encyclique *Rerum Novarum* de 1891, l'archevêque reconnaît aux ouvriers le droit de s'associer selon le métier ou la profession et exige d'eux qu'ils révisent leur constitution et acceptent les recommandations d'un conseiller moral. Le conflit se règle ainsi, alors que naît le syndicalisme catholique au Québec.

CULTURE ET SOCIÉTÉ

POLITIQUE

AMÉRIQUE DU NORD

MONDE

Les caisses populaires

Dans l'espoir d'éduquer les citoyens des milieux populaires à l'épargne, de mettre à leur service un réseau d'institutions décentralisé, face aussi aux abus des usuriers et, enfin, dans le but de promouvoir un idéal collectif conforme aux aspirations des « Canadiens français », puisque le réseau bancaire concentré dans les grandes villes ne respecte pas la « vocation » rurale du Québec, Alphonse Desjardins, ancien journaliste devenu sténographe à la Chambre des communes d'Ottawa, fonde en 1900 à Lévis la première coopérative d'épargne et de crédit. Desjardins fait face immédiatement à l'opposition du gouvernement fédéral qui refuse d'adopter une loi régissant ce type de coopérative. De plus, l'Association des marchands-détaillants et la Banque nationale, pourtant administrée par des francophones, voient dans l'avènement des caisses populaires une concurrence dangereuse. Mais l'expansion du mouvement sera finalement facilitée à compter de 1906, alors que le gouvernement du Québec adopte la Loi des syndicats coopératifs et que Desjardins, disposant de l'appui du clergé, peut travailler à implanter des caisses populaires dans les paroisses.

Les années passant, le Mouvement Desjardins, avec ses coopératives attentives aux besoins du milieu, deviendra, plus qu'un simple rassemblement de caisses populaires locales, une véritable puissance financière dont l'actif total atteindra plusieurs milliards de dollars.

Grève générale de 5 000 ouvriers de la chaussure à Québec.

Simon-Napoléon Parent, libéral, devient premier ministre du Québec. • De 1900 à 1920, la prohibition de l'alcool s'étend à tout le Québec, à l'initiative du clergé d'abord, puis de l'État, avec des dérogations diverses.

Création du ministère fédéral du Travail. • Fondation de l'Association canadienne de canotage et de l'Association cycliste canadienne. • La population des États-Unis est de 75 994 575 habitants. • Le Massachusetts crée un étang de décantation pour l'assainissement de ses eaux. • Fondation de la Ligue américaine de baseball.

C'est l'Exposition universelle de Paris. • Max Planck formule la théorie des quanta. • Berlin met en place le premier incinérateur urbain. • La Grande-Bretagne possède 56 % des navires du monde (les États-Unis : 3,4 %). • Publications : *Oncle Vania* d'Anton Tchekhov, *Claudine à l'école* de Colette, *L'Interprétation des rêves* de Freud.

La population du Québec s'élève à 1 648 898 habitants. • Inauguration à Shawinigan de l'usine de la Northern Aluminium Co., la première usine d'aluminium au Canada et la seconde en Amérique.

L'Orchestre symphonique de Québec fait entendre ses premières notes. • Fondation du Trust général du Canada, première société de fiducie canadienne-française. • Les Oblats se voient confier la garde du sanctuaire de Notre-Dame-du-Cap à Cap-de-la-Madeleine. Désormais, l'endroit devient un haut lieu de pèlerinage.

Sanction de la Loi d'hygiène publique du Québec, permettant au Conseil d'hygiène de la province d'exercer un contrôle sur les politiques munici-pales en matière de santé. • Sanction de la Loi des différends ouvriers, qui prévoit le règlement des conflits par un recours à la conciliation et à l'arbitrage, à la condition que les deux parties y consentent.

Alphonse Desjardins.

Mort de la reine Victoria ; son fils Édouard VII lui succède.

Une conférence coloniale a lieu à Londres. • Le scooter fait son apparition en France sous le nom d'« autofauteuil ». • Enrico Caruso fait ses premiers enregistrements phonographiques.

CULTURE ET SOCIÉTÉ

1903

Début du grand mouvement des coopératives agricoles, grâce surtout à l'abbé Allaire, curé d'Adamsville. • Construction de l'École polytechnique de Montréal. • Nomination d'un « médecin municipal » à Québec, ce qui amène des mesures d'assainissement et l'abaissement du taux de mortalité.

1904

Le frère André installe une statue de saint Joseph dans un petit oratoire érigé à cette fin sur le mont Royal. • Mise sur pied du Conservatoire de musique de l'Université McGill. • Création des syndicats d'élevage dans le but de développer et d'améliorer les races employées en agriculture.

POLITIQUE

1903

Olivar Asselin fonde la Ligue nationaliste qui canalise la révolte de la jeunesse contre les « vieux partis ». • Les abbés Lionel Groulx et Émile Chartier fondent l'Association catholique de la jeunesse canadienne-française (ACJC), qui adopte des attitudes nationalistes basées autant sur la religion que sur la politique.

1904

Armand Lavergne est élu député fédéral de Montmagny. • Olivar Asselin lance le journal Le Nationaliste, organe de la Ligue nationaliste. Jules Fournier collabore au journal avant de remplacer Asselin à la direction.

AMÉRIQUE DU NORD

1903

Création de la Commission d'énergie hydro-électrique de l'Ontario, Hydro-Ontario. • Création de la Commission canadienne des chemins de fer. • Henry Ford fonde la Ford Motor Company. • L'Américain Beidler invente la photocopie.

1904

Étienne Desmarteau gagne une médaille d'or au lancer du poids aux Jeux olympiques d'été de Saint-Louis, dans le Missouri.

MONDE

1903

Création, pour les besoins du canal, de la république de Panamá. • Apparition des premiers taxis à Londres. • Pogroms contre les Juifs en Russie. • Premier Tour de France. • Le boulanger français Charles Heudebert met au point la biscotte, ce produit dit de « panification sèche ».

1904

Fondation de la compagnie Rolls-Royce. • Anton Tchekhov publie La Cerisaie et Puccini donne son opéra Madame Butterfly. • Jean Jaurès lance le journal socialiste L'Humanité.

Grève des plâtriers et des charretiers de Montréal. • Construction du Macdonald College, la faculté d'agriculture de l'Université McGill, à Sainte-Anne-de-Bellevue, grâce à la générosité du roi du tabac, William C. Macdonald.

J.-L. Gouin, libéral, devient premier ministre. Il laisse le développement économique aux mains de l'entreprise privée mais cherche à l'appuyer par des réformes dans l'éducation et la construction des routes. • Adoption de la Loi des dépôts volontaires ou « loi Lacombe » pour protéger les pauvres des créanciers.

Créées à même les Territoires du Nord-Ouest, l'Alberta et la Saskatchewan entrent dans la Confédération. • L'Arizona et le Nouveau-Mexique sont les 47e et 48e États à entrer dans l'Union. • Les premières enseignes au néon font leur apparition. • L'Américain Orville Wright effectue le premier vol mécanique.

Albert Einstein formule la théorie de la relativité restreinte. • Claude Debussy compose *La Mer*.

L'ornithologue Charles-Eusèbe Dionne publie *Les Oiseaux de la province de Québec*. • Fondation de l'École d'architecture de Montréal. • Ernest Ouimet ouvre le premier véritable cinéma à Montréal, le Ouimetoscope. Il y projettera des films américains et les films français de la maison Pathé. • Grève dans les textiles et première grève des travailleurs de l'amiante. • Errol Bouchette publie son essai *L'Indépendance économique du Canada français*.

Tenue d'une conférence interprovinciale à Ottawa et augmentation du subside fédéral aux provinces. • Début des concours de récoltes et des foires de semences au Canada. • John McClelland fonde à Toronto la maison d'édition McClelland and Stewart Limited. • Aux États-Unis, premier dessin animé au cinéma et première émission de radio. • Un tremblement de terre à San Francisco tue 700 personnes et cause des dommages de 400 millions de dollars. • Le navigateur norvégien Roald Amundsen franchit le passage du Nord-Ouest et détermine la position du pôle Nord magnétique.

CULTURE ET SOCIÉTÉ

Fondation de l'École des Hautes Études Commerciales. • L'abbé Lapointe fonde le premier syndicat catholique : la Fédération ouvrière mutuelle du Nord. • Création de l'Action sociale, qui publie un quotidien, *L'Action catholique*.
• Création de la chaire d'histoire du Canada de Thomas Chapais à l'Université Laval.

Célébration des fêtes du Tricentenaire de Québec. • L'épiscopat accepte la fondation d'un premier collège classique pour jeunes filles, dirigé par les religieuses de la Congrégation de Notre-Dame, qui deviendra le Collège Marguerite-Bourgeoys. • On développe une nouvelle variété de poule, la Chantecler, « la première race canadienne authentique ».

POLITIQUE

Sanction de la Loi constituant en corporation l'Assistance publique, à la demande d'hommes d'affaires désireux de se regrouper en association pour « secourir les affligés et supprimer la mendicité ». • Sanction de la Loi des établissements industriels, qui défend à tout enfant de moins de 14 ans de travailler.

Armand Lavergne et Henri Bourassa font leur entrée à l'Assemblée législative du Québec.

AMÉRIQUE DU NORD

Émeutes anti-asiatiques à Vancouver.
• À Philadelphie, le deuxième dimanche de mai devient le jour de la fête des Mères.

Début de la livraison de la poste rurale dans le sud-ouest de l'Ontario.
• Lucy Maud Montgomery publie *Anne of Green Gables,* traduit en français sous le titre *La Maison aux pignons verts*. • Fondation de la General Motors Company. • L'Américain Baekeland invente la bakélite, et c'est le début de l'ère du plastique.

La drave sur les rivières.

MONDE

Inspiré par les jeunes éclaireurs qu'il avait formés à l'occasion de la guerre des Boers, le général anglais Robert Baden-Powell fonde le scoutisme *(boyscouts),* mouvement qui met les adolescents en contact avec la nature, à laquelle ils doivent s'adapter par un entraînement physique particulier et en développant leur esprit d'observation.

Le jésuite Papin Archambault crée l'Œuvre des retraites fermées.
• Fondation de la Société coopérative agricole des fromagers de Québec aux fins de vente du beurre et du fromage. • Le journal *La Patrie* commence à publier la première traduction d'une bande dessinée américaine, *Buster Brown,* les faits et gestes d'un petit garnement.

Sanction de la Loi concernant les responsabilités des accidents dont les ouvriers sont victimes dans leur travail, la première véritable mesure de sécurité sociale. C'est l'embryon de la Loi sur les accidents de travail.

La compagnie Canadien Pacifique achète la compagnie Allan. • Fondation de la Canadian Amateur Swimming Association. • La pyrale du maïs est signalée pour la première fois en Amérique, aux États-Unis. • Mise au point du dactylographe portatif. • On commercialise les premiers grille-pain aux États-Unis.

Le chimiste français Eugène Schueller met au point les colorants capillaires et fonde la Société française des teintures inoffensives pour les cheveux, qui deviendra en 1910 la société L'Oréal. • Fondation du mouvement guide en Grande-Bretagne. • Le Français Louis Blériot est le premier aviateur à traverser la Manche en avion à moteur.

Ouverture de l'Abitibi à la colonisation. • Tenue du Congrès eucharistique de Montréal où Henri Bourassa répond dans un discours célèbre à Mgr Bourne qui s'était déclaré partisan de l'anglicisation de l'Église canadienne. • On tient à Québec le premier Congrès de la langue française. • Henri Bourassa fonde *Le Devoir.* • Édouard Montpetit devient professeur à l'École des Hautes Études Commerciales de Montréal. Il fait figure de premier économiste québécois officiellement reconnu et dispense son enseignement pendant 35 ans. • Le frère André établit sur le mont Royal l'oratoire Saint-Joseph, qui deviendra un haut lieu de pèlerinage. • Le Québec, pour la première fois dans le monde occidental et six mois avant l'Angleterre, établit un système gouvernemental de bureaux de placement. Auparavant, des agences privées échappant au contrôle de l'État se chargeaient des intérêts des employeurs et des travailleurs. • Le parlement du Québec adopte une loi, pilotée par Armand Lavergne, rendant le bilinguisme obligatoire dans les entreprises de services publics. • Fondation de l'Union expérimentale des agriculteurs de Québec.

CULTURE ET SOCIÉTÉ

POLITIQUE

AMÉRIQUE DU NORD

MONDE

CULTURE ET SOCIÉTÉ

Création à Montréal de l'École sociale populaire, par le père Papin Archambault, pour diffuser auprès des classes moyennes l'interprétation catholique des problèmes sociaux par des conférences et des publications populaires. • Marie Gérin-Lajoie est la première femme « bachelier » du Québec et arrive en tête de tous les candidats. • Jules Fournier fonde l'hebdomadaire *L'Action.* • Fondation de la Ligue antituberculeuse à Trois-Rivières. • Grave invasion de la tordeuse des bourgeons de l'épinette. • Fondation du Prix d'Europe par l'Académie de musique de Québec, attribué chaque année à un élève pour couvrir les frais d'un séjour de deux ans d'études en Europe. • Albert Lozeau commence à faire paraître ses *Billets du soir.*

Albert Lozeau publie *Le Miroir des jours.* • Le 11 août, une tempête de pluie persiste durant 108 heures à Québec. • Fondation du Musée des beaux-arts de Montréal.

POLITIQUE

Le Québec obtient le territoire de l'Ungava. • Fondation à Montréal de la Montreal Suffrage Association, inspirée du mouvement des suffragettes américaines et anglaises. • La Société du parler français au Canada convoque le premier Congrès de la langue française, placé sous le patronage de l'Université Laval.

AMÉRIQUE DU NORD

Le conservateur Robert L. Borden devient premier ministre du Canada. • Ouverture à Cap-Rouge de la première station agronomique fédérale au Québec. • Le nombre de véhicules moteurs immatriculés au Canada est de 20 000.

Le gouvernement de l'Ontario adopte le règlement XVII restreignant l'usage du français dans les écoles bilingues. • Fondation de la F. W. Woolworth Company.

MONDE

Révolution chinoise. • Tenue d'une conférence impériale à Londres. • Le navigateur norvégien Roald Amundsen atteint le pôle Sud.

Dans la nuit du 14 au 15 avril, le *Titanic,* fierté de la flotte commerciale anglaise, heurte un iceberg à 700 kilomètres au sud-est de Terre-Neuve. Quelque 1 500 passagers trouvent la mort. • Premier saut en parachute réussi. • Paul Claudel publie *L'Annonce faite à Marie.* • Carl Jung publie *La Théorie de la psychanalyse.*

Construction à Montréal de la Crèche d'Youville, de l'École normale Jacques-Cartier et du Loyola College.	Une centaine de coopératives regroupent les cultivateurs autour d'une production ou d'un service. • L'*Empress of Ireland* heurte le *Storstad* dans le fleuve Saint-Laurent et coule en 15 minutes, faisant 1 024 victimes. • Première élection de Médéric Martin à la mairie de Montréal.
Le père Papin Archambault fonde la Ligue des droits du français pour la diffusion de cette langue dans le commerce et l'industrie. • Création du service agronomique au ministère de l'Agriculture du Québec par la nomination de cinq premiers agronomes de comté.	La Commission québécoise des eaux courantes est chargée de surveiller l'utilisation des rivières et d'en régulariser le débit au moyen de barrages, afin d'accroître la capacité des usines fonctionnant à l'hydro-électricité.
Organisation du Service fédéral de production, qui contribue à l'amélioration des races animales et des produits. • Adoption de la première loi canadienne régissant les communications. • Premiers récepteurs de radio aux États-Unis. • Le Domelre, fabriqué à Chicago, est le premier réfrigérateur domestique fonctionnel.	Première Guerre mondiale : le premier bataillon canadien, formé de volontaires, traverse l'Atlantique le 3 octobre. • Sanction de la Loi conférant certains pouvoirs au Gouverneur en conseil, citée sous le nom de Loi des mesures de guerre, 1914. • Invention aux États-Unis de la photographie pleine couleur.
Manifestations des suffragettes à Londres. • Albert Schweitzer ouvre un hôpital au Congo. • Le fox-trot devient à la mode et on invente les mots croisés. • La première juge anglaise est assermentée. • Marcel Proust commence *À la recherche du temps perdu* et Alain-Fournier publie *Le Grand Meaulnes*.	Ouverture du canal de Panamá. • Publication en France du roman de Louis Hémon *Maria Chapdelaine,* un an après la mort de son auteur. • Mort au champ de bataille du poète Charles Péguy. • Assassinat de l'homme politique français Jean Jaurès (né en 1859).

CULTURE ET SOCIÉTÉ

POLITIQUE

AMÉRIQUE DU NORD

MONDE

CULTURE ET SOCIÉTÉ

À Montréal, Lionel Groulx commence son enseignement de l'histoire du Canada.

Olivar Asselin prononce un discours au Monument-National : « Pourquoi je m'enrôle ». • Les Éditions Beauchemin publient un ouvrage du peintre et dessinateur Henri Julien, dans lequel paraît pour la première fois son dessin *Un vieux de « 37 »*. Cette silhouette armée apparaîtra sur les communiqués de la cellule Chénier au cours de la crise d'octobre 1970.

POLITIQUE

Billet de cinq dollars émis par la Banque d'Hochelaga.

AMÉRIQUE DU NORD

Le gouvernement fédéral fait appel aux investisseurs canadiens, petits et gros, et lance sa première campagne de vente d'obligations de la Victoire.

Création de l'organisme fédéral appelé Conseil national de recherches. • Le Manitoba devient la première province canadienne à accorder le droit de vote aux femmes. • Le Canada et les États-Unis signent la Convention des oiseaux migrateurs, pourvoyant à la protection de nombreux oiseaux qui traversent la frontière.

MONDE

Albert Einstein formule la théorie de la relativité généralisée.

Mise au point de l'acier inoxydable en Angleterre. • L'heure avancée d'été est adoptée en Angleterre.

En janvier, la Ligue des droits du français lance *L'Action française* et l'abbé Lionel Groulx se joint à la Ligue. • Naissance du Service des productions animales au ministère de l'Agriculture du Québec. • Inauguration du pont de Québec, dont la travée centrale était tombée deux fois pendant sa construction.

La première conscription

En juillet 1917, le premier ministre conservateur Robert Borden fait adopter la Loi du service militaire, ce qui soulève la colère des Québécois qui s'opposent à toute conscription. La violence éclate. Aux élections fédérales du 17 décembre, on accorde le droit de vote aux femmes qui ont des proches parents dans l'armée ou qui travaillent pour celle-ci et le débat sur le droit de vote est relancé avec vigueur. Ce qui était d'abord une manœuvre politique pour augmenter les votes en faveur de la conscription débouche l'année suivante sur une loi qui étend le suffrage, aux élections fédérales, à toutes les femmes majeures. Et le gouvernement Borden remporte la victoire avec une majorité de 71 sièges dans l'ensemble du Canada. Mais le Québec vote en bloc contre ce gouvernement, à l'exception de trois circonscriptions anglophones de Montréal.

L'application de la conscription se fait sans discernement le 1er avril 1918, lundi de Pâques, après cinq jours d'émeutes à Québec pour protester contre la manière dont on applique la conscription ; des militaires dépêchés par Ottawa chargent la foule, sabre au clair, et tirent à la mitrailleuse : 4 morts et 70 blessés. Le 4 avril, on confirme, par un arrêté ministériel, la proclamation de la loi martiale à Québec, qui suspend toutes les libertés civiles et confère au chef des troupes tous les pouvoirs « nécessaires » pour rétablir la paix.

Dans le port d'Halifax, un navire de sauvetage entre en collision avec le *Mont-Blanc,* vaisseau français chargé de munitions, et une gigantesque explosion tue 1 600 personnes, en blesse 9 000 et détruit le quartier industriel de la ville. • Les États-Unis entrent en guerre.

Création d'un Cabinet impérial de guerre en Angleterre et tenue d'une Conférence impériale de guerre. • Bataille de Vimy en France. • Révolution d'Octobre en Russie. • Commencé en 1891, le Transsibérien est complété. • Freud publie *Introduction à la psychanalyse.*

CULTURE ET SOCIÉTÉ

POLITIQUE

AMÉRIQUE DU NORD

MONDE

CULTURE ET SOCIÉTÉ

La revue esthético-littéraire *Le Nigog* dénonce vigoureusement le retard du Québec sur le plan culturel.
• Mise en service du réservoir Gouin pour régulariser le cours de la rivière Saint-Maurice.

La vaccination antivariolique devient obligatoire pour l'entrée à l'école.
• Grève des policiers et pompiers de Montréal. • Lionel Groulx publie *La Naissance d'une race* et Marie-Victorin, *Récits laurentiens*.

POLITIQUE

Les installations électriques de la Shawinigan Water & Power, à Shawinigan.

AMÉRIQUE DU NORD

Le 24 juin a lieu le premier vol aéropostal officiel au Canada, à bord d'un biplan Curtiss JN4 qui transporte 124 lettres de Montréal à Toronto. • Robert S. McLaughlin fonde la General Motors du Canada, filiale canadienne de la General Motors américaine. • L'heure d'été est adoptée en Amérique.

Commission du salaire minimum pour les femmes. • Grève générale de Winnipeg. • Création de la commission royale d'enquête sur les relations industrielles, la commission Mathers, alors que tout le Canada est traversé par des grèves et des malaises ouvriers. • Aux États-Unis, ratification de l'amendement établissant la prohibition.

MONDE

Le 11 novembre, signature de l'armistice. • Épidémie mondiale de grippe espagnole. • Controverse entre Freud et Jung au sujet de la psychanalyse.

Tenue de la Conférence de paix de Paris. • Fondation à Genève de la Société des nations. Le Canada en devient membre. • L'Autriche abolit la peine de mort. • On observe pour la première fois dans le monde, aux Pays-Bas, la maladie hollandaise de l'orme. • André Gide publie *La Symphonie pastorale*.

CULTURE ET SOCIÉTÉ

L'abbé Lionel Groulx prend la direction de *L'Action française,* qu'il conservera jusqu'en 1926. • Maintenant indépendante de l'Université Laval, l'Université de Montréal ouvre l'École des sciences sociales, économiques et politiques. • À cause des ravages de la mouche à scie, le mélèze a pratiquement disparu des forêts du Québec.

Crise économique : 16 % des ouvriers syndiqués sont chômeurs. • Fondation de la Confédération des Travailleurs catholiques du Canada (CTCC), pour représenter l'ensemble du mouvement syndical catholique. La CTCC deviendra au début des années 1960 la CSN. • Fondation de la Ligue des bonnes mœurs.

POLITIQUE

Louis-Alexandre Taschereau, libéral, devient premier ministre du Québec.

Le Québec étatise la vente des boissons alcooliques. Une politique audacieuse. • À la suite de deux grèves importantes, l'État adopte une loi interdisant toute grève ou contre-grève dans les services municipaux. • Adoption de la Loi de l'Assistance publique, qui pourvoit à l'entretien des indigents placés en institution.

AMÉRIQUE DU NORD

Arthur Meighen, unioniste, devient premier ministre du Canada.
• Création du Royal 22e Régiment.
• La fusion de la Police montée du Nord-Ouest et de la force fédérale du Dominion amène la formation de la Gendarmerie royale du Canada.
• La prohibition est décrétée partout aux États-Unis.

William Lyon Mackenzie King, libéral, devient premier ministre du Canada.
• Découverte de l'insuline à la Faculté de médecine de l'Université de Toronto. • Une directive du ministère des Affaires indiennes à ses agents : « faire tout ce qui est en votre pouvoir pour dissuader les Indiens de s'adonner de façon excessive à la danse ». • Aux États-Unis, fondation du *Reader's Digest.*
• La compagnie Kimberley-Clark met en vente la première serviette hygiénique, commercialisée sous le nom de « Kotex ».

MONDE

On fonde la Société des nations et on établit son siège social à Genève.
• On introduit l'assurance-chômage en Grande-Bretagne et en Autriche. • Jeanne d'Arc est canonisée par le pape Benoît XV. • Un tremblement de terre dans la province de Kansu, en Chine, fait 200 000 morts. • Paul Valéry publie *Le Cimetière marin.*

CULTURE ET SOCIÉTÉ

CKAC, fondée par *La Presse,* est la première station radiophonique de langue française. • Montréal possède 56 salles de cinéma. • Fondation de l'École de musique de l'Université Laval. • Fondation du Musée du Québec. • Fondation par le frère Marie-Victorin de l'Institut botanique de Montréal.

Le record de froid pour le Québec : − 54 °C. • Fondation de la première coopérative de pêcheurs, en Gaspésie. • Jules Masse fonde à Montréal la Société du bon parler français. • Fondation de l'Association canadienne-française pour l'avancement des sciences (ACFAS) et de la Société canadienne d'histoire naturelle. • Construction de l'École des Beaux-Arts de Montréal. • En mai, juin et juillet, plusieurs centaines d'incendies de forêt au Québec. Un ravage estimé à 2 000 km^2 ! • Fondation à Sainte-Marie, en Beauce, d'une entreprise de fabrication de petits gâteaux par Arcade Vachon et son épouse Rose-Anna Giroux.

POLITIQUE

Avec la Loi sur les monuments historiques et artistiques, Québec est la première province à reconnaître l'intérêt de son patrimoine. • Le gouvernement gagne de vitesse les propagandistes du mouvement agricole politique et forme la Coopérative fédérée du Québec, qui vendra « pour le compte des cultivateurs les produits qu'elle recevra d'eux ». • Loi de l'hygiène publique : les municipalités doivent se donner un programme en matière de salubrité et d'hygiène. • L'épiscopat demande au premier ministre de ne pas accorder le droit de vote aux femmes. • Le secrétaire de la province, Louis-Athanase David, crée le prix David, désormais accordé annuellement à un écrivain de marque.

AMÉRIQUE DU NORD

Ouverture à New York de la première clinique de contrôle des naissances. George Gershwin fait jouer sa *Rhapsody in Blue*.

MONDE

Début du fascisme en Italie. • Roger Martin du Gard commence la publication des *Thibault,* et *Siddhartha,* de Hermann Hesse, paraît.

Fin du mouvement dadaïste. • Louis de Broglie explique la mécanique ondulatoire. • Maurice Ravel donne son opéra *L'Enfant et les sortilèges*.

À la suite des très nombreux incendies de forêt, le gouvernement fonde l'école des gardes forestiers, à Berthier, et met sur pied le Service de protection des forêts. • Fondation de l'Union catholique des cultivateurs (UCC). • La Banque d'Hochelaga absorbe la Banque nationale et deviendra l'année suivante la Banque canadienne nationale.

Robert Choquette publie un premier recueil de poèmes, *À travers vents*. • Invasion importante du hanneton commun qui dévore les feuilles des érables, des ormes et d'autres arbres de l'est du Québec.

La Loi relative à la tuberculose et à la mortalité infantile permet au Service provincial d'hygiène de mettre en œuvre des moyens pour améliorer la situation. • La Loi des syndicats professionnels reconnaît le droit d'association et l'octroi d'un statut légal aux conventions collectives.

Le gouvernement du Québec, appuyé par la fondation Rockefeller, organise un système d'unités sanitaires de comtés. • Création d'Asbestos Corporation, consortium regroupant plusieurs entreprises exploitant les mines d'amiante.

Kenneth C. Irving, du Nouveau-Brunswick, fonde sa propre chaîne de stations-service. • On compte 2 500 000 appareils radio aux États-Unis. • La compagnie Kimberley-Clark met en vente ses premiers mouchoirs en papier jetables, commercialisés sous le nom de « Kleenex ».

Fondation de l'Église unie du Canada. • L'homme politique Raoul Dandurand devient président de l'Assemblée de la Société des nations. • Les premiers magasins d'alimentation libre-service ouvrent leurs portes aux États-Unis. • Invention du ruban adhésif opaque, le *masking tape*.

André Breton publie son premier *Manifeste du surréalisme*. • Création en Italie de la première autoroute, une « *autostrada* » à deux voies.

Le charleston et les mots croisés deviennent à la mode. • Eisenstein réalise *Le Cuirassé Potemkine*. • Alain Saint-Ogan publie *Zig et Puce,* la première bande dessinée française originale, qui sera reproduite pour la première fois en 1948 dans un journal québécois, *Le Petit Journal.*

CULTURE ET SOCIÉTÉ

POLITIQUE

AMÉRIQUE DU NORD

MONDE

CULTURE ET SOCIÉTÉ

La pyrale du maïs, déjà présente aux États-Unis et en Ontario, est signalée pour la première fois au Québec, à quatre endroits différents. • Fondation du *Petit Journal*.

Fondation de la Ligue catholique féminine, vouée à la défense de la modestie dans le vêtement. • Épidémie de typhoïde à Montréal, causée par le lait avarié : 5 755 cas et 453 décès. • L'incendie du cinéma Laurier Palace, à Montréal, cause la mort de 78 enfants.

POLITIQUE

Parce que les ressources de l'Assistance publique ont peine à suffire aux besoins, le gouvernement impose « un droit de 5 pour cent sur le coût de chaque repas d'un dollar et plus servi au public dans un hôtel ou un restaurant dans les cités et villes ». • Une loi québécoise rend obligatoire la pasteurisation du lait.

AMÉRIQUE DU NORD

À la suite d'une intervention inopportune du gouverneur général Byng — la dernière « bévue » politique commise par un représentant du pouvoir royal —, Arthur Meighen, conservateur, redevient premier ministre du Canada. Mais, bientôt, William Lyon Mackenzie King, libéral, revient au pouvoir. • Les États-Unis succèdent à la Grande-Bretagne comme principal investisseur étranger au Canada. • Mise au point du principe de la télévision en Écosse et aux États-Unis. • La compagnie Kodak produit le premier film en 16 mm. • Les premiers disques de Duke Ellington font leur apparition sur le marché.

Le Conseil privé de Londres attribue le Labrador à Terre-Neuve. • Le gouvernement fédéral met sur pied un programme de pensions de vieillesse. • Émission de timbres-poste bilingues à l'occasion du 60e anniversaire de la Confédération. • On utilise pour la première fois des « aéroplanes » pour répandre des insecticides dans les forêts. • Aux États-Unis, Sacco et Vanzetti sont exécutés. • L'Américain Charles A. Lindbergh file de New York à Paris en 33 heures et demie sur son monoplan, le *Spirit of St. Louis*. • À New York, première projection publique d'un film parlant, *The Jazz Singer,* avec Al Jolson.

MONDE

W. G. Penfield fonde l'Institut de neurologie de Montréal. • Georges Vattier publie *Essai sur la mentalité canadienne-française*. • Création à Montréal de la société Seagram, devenue plus tard le plus important fabricant d'alcool au monde. • Camillien Houde est élu pour la première fois maire de Montréal. • On entreprend la construction de l'Université de Montréal.

Dessin d'un violoneux paru dans l'Almanach du Peuple.

Mise sur pied de la Commission des accidents du travail, qui a pour tâche de fixer les indemnités à payer aux accidentés. La Loi sur les accidents du travail qui l'accompagne n'est que la deuxième du genre au Québec.

George Gershwin lance à New York *An American in Paris*. • Le chanteur Al Jolson vend 12 millions de disques en quatre semaines avec *Sonny Boy*. • Naissance de Mickey Mouse. • Invention aux États-Unis du rasoir électrique par Jacob Schick, et du calculateur analogique.

Création du *Boléro* de Maurice Ravel. • Découverte de la pénicilline par le bactériologiste anglais Alexander Fleming. • David Herbert Lawrence publie *L'Amant de Lady Chatterley*.

LE QUÉBEC MODERNE
1929-2000

CULTURE ET SOCIÉTÉ

Camillien Houde choisi chef du Parti conservateur du Québec. • Fondation de la Société linnéenne de Québec. • Le Service de grande culture du ministère de l'Agriculture inaugure le système des concours de fermes, dont l'objet est l'organisation systématique de la production des entreprises agricoles. • Inauguration également du système d'écoles moyennes d'agriculture, avec l'ouverture de la première à Rimouski. On en ouvrira 12 dans diverses régions du Québec, de même que 10 orphelinats agricoles. • Alfred Desrochers publie *À l'ombre de l'Orford*.

POLITIQUE

Sanction de la Loi permettant d'employer annuellement une somme d'un million de dollars provenant de la vente des liqueurs alcooliques pour aider au maintien des institutions d'assistance publique. • Le Parlement québécois autorise une dépense de 17 millions de dollars pour la mise sur pied d'un programme de routes permanentes.

AMÉRIQUE DU NORD

Le 24 octobre, le krach du « jeudi noir » survient : la Bourse de New York s'effondre. Bientôt, la crise touche tout l'Occident. Partout, chômage et misère gagnent toutes les couches de la société. De 7,7 % qu'il est en 1929, le taux de chômage chez les syndiqués du Québec passe à 26,4 % en 1932. • La sécheresse débute dans les Prairies et se poursuit par intermittence jusqu'en 1937. • Des mets surgelés sont mis en marché pour la première fois aux États-Unis. • Ernest Hemingway publie *L'Adieu aux armes*.

MONDE

Le mot « apartheid » est utilisé pour la première fois. • Mise au point de l'électro-encéphalogramme en Allemagne. • Publications : *Les Enfants terribles* de Jean Cocteau, *L'École des femmes* d'André Gide, *Courrier Sud* d'Antoine de Saint-Exupéry et, à titre posthume, *Lettres à un jeune poète* de Rainer Maria Rilke. • Salvador Dalí se joint au groupe des surréalistes.

Une paroisse de colonisation.

CULTURE ET SOCIÉTÉ

La Société du parler français publie *Glossaire du parler français au Canada.* • La Bolduc (Mary Travers) crée un type de chansons populaires unique au Québec, souvent fort rythmé, alors que Jean Lalonde et Jean Sablon chantent, au micro, des mélodies langoureuses. Formation également du Quatuor Alouette. • Le 1er août, venant d'Angleterre, le dirigeable britannique R-100 arrive à Montréal après un vol de 19 heures, événement qui inspire justement une chanson à la Bolduc. • Fondation de l'*Illustration,* qui deviendra plus tard *Montréal Matin.*

POLITIQUE

Mise sur pied de la Commission d'assurances sociales de Québec, présidée par l'économiste Édouard Montpetit, pour les questions relevant de l'Assistance publique, des assurances sociales et de l'hygiène industrielle. • Le 11 décembre, sanction de la Loi de l'aide aux chômeurs : une somme est remise aux municipalités « pour soulager directement les chômeurs » ou mettre en chantier certains travaux d'ordre public. • Le gouvernement fédéral s'engage à verser la moitié de la somme, soit 10 millions de dollars.

AMÉRIQUE DU NORD

Richard Bedford Bennett, conservateur, devient premier ministre du Canada. • Le nombre de véhicules moteurs immatriculés au Canada est passé à plus d'un million cette année. • On signale pour la première fois aux États-Unis la maladie hollandaise de l'orme. • Découverte de la planète Pluton par Clyde William Tombaugh, du Lowell Observatory.

MONDE

Canonisation à Rome de sept missionnaires morts en 1648-1649, connus sous le nom de saints martyrs canadiens, soit Jean de Brébeuf, Isaac Jogues, Antoine Daniel, Gabriel Lalemant, Charles Garnier, Noël Chabanel et Jean de la Lande. • Tenue d'une conférence impériale à Londres. • Le microbiologiste sud-africain Max Theiler met au point un vaccin contre la fièvre jaune. • L'Allemagne met au point des détergents synthétiques. • Paul Claudel publie *Le Soulier de satin.*

Le centre-ville de Montréal. APC.

Travaux de construction à l'Université de Montréal.

CULTURE ET SOCIÉTÉ

Le 4 octobre, la station de radio CKAC commence la diffusion de sa grande émission du dimanche soir, *L'Heure catholique à la radio,* patronnée et conçue par le Comité des œuvres catholiques de Montréal. • Fondation d'une première section de la Jeunesse ouvrière catholique (JOC) et des Cercles des jeunes naturalistes. • L'Université Laval crée la Station biologique du Saint-Laurent à Trois-Pistoles. • Le 18 novembre, à Cape Hopes Advance (Koartak, au Nouveau-Québec), on atteint un record de vitesse du vent pendant une heure : 201,1 km/heure. • Mort du poète Nérée Beauchemin. • La population de l'agglomération de Montréal dépasse 1 000 000 d'habitants.

POLITIQUE

Le gouvernement introduit une législation qui prévoit l'octroi de « secours directs » pour « l'alimentation, l'habillement, le combustible et le loyer » des indigents. • Mise sur pied d'un premier département du Travail. • Le ministère de l'Agriculture fonde les syndicats d'élevage de chevaux de race pure et met sur pied les couvoirs coopératifs. • Au cours d'élections générales, le Parti libéral de Louis-Alexandre Taschereau est reporté au pouvoir. • Un jugement du Conseil privé de Londres établit le droit du gouvernement du Québec de nommer des commissions

AMÉRIQUE DU NORD

La Cour suprême du Canada décide que le gouvernement fédéral a juridiction sur la radio. • Entrée en vigueur du Statut de Westminster établissant une complète égalité législative entre le Parlement canadien et celui du Royaume-Uni. • Une grève dans les houillères de Saskatchewan se termine dans un bain de sang quand les policiers de la Gendarmerie royale tirent sur des manifestants. • Inauguration de l'Empire State Building à New York et début de la construction du Rockefeller Center. • Le *Star-Spangled Banner* devient l'hymne national américain.

MONDE

Le Japon envahit la Mandchourie. • L'Angleterre met au point des résines synthétiques.

comme celles des services publics,
des accidents du travail, etc.

*Louis-Alexandre Taschereau, premier
ministre du Québec de 1920 à 1936.*

Le marché Bonsecours, à Montréal.

CULTURE ET SOCIÉTÉ

POLITIQUE

AMÉRIQUE DU NORD

MONDE

215

CULTURE ET SOCIÉTÉ

Fondation du mouvement des Jeunes-Canada, qui lance sur la place publique son *Manifeste de la jeune génération,* rédigé par André Laurendeau. Il dénonce la trahison des élites, en particulier celle des dirigeants politiques responsables du « marasme collectif » et de la « marche du peuple canadien-français vers l'abîme ». • Naissance de la Jeunesse étudiante catholique (JEC), calquée sur la Jeunesse ouvrière catholique. • La crise se poursuit et le taux de chômage chez les ouvriers syndiqués du Québec atteint 26,4 %. • Le musicien Claude Champagne est le premier professeur de nationalité canadienne à entrer au Conservatoire de l'Université McGill. • Joseph-Armand Bombardier et Edmond

POLITIQUE

L'Assemblée législative du Québec s'oppose à la canalisation du Saint-Laurent, qui risque de marginaliser le port de Montréal. • Création de la Commission québécoise des affaires municipales.

AMÉRIQUE DU NORD

Tenue d'une conférence impériale à Ottawa. • Fondation à Calgary d'une coalition formée d'agriculteurs, de chefs ouvriers et d'intellectuels, la Cooperative Commonwealth Federation (CCF), connue en français sous le nom de Parti social démocratique.

MONDE

Un Français met au point le premier moulin à légumes presse-purée du nom de Moulinex. • Le physicien anglais James Chadwick découvre le neutron. • Louis-Ferdinand Céline publie *Voyage au bout de la nuit* et François Mauriac, *Le Nœud de vipères.* • On célèbre partout dans le monde le centenaire de la mort de Goethe.

Fontaine construisent le premier
modèle de motoneige à hélice.
• Le 31 août, éclipse totale de Soleil
au Québec. • Jean Narrache publie
Quand j'parl tout seul.

La Crise provoque de nombreuses faillites.

CULTURE ET SOCIÉTÉ

Parution du premier numéro de *L'Action nationale,* organe de la Ligue d'action nationale, qui vient tout juste d'être fondée. • Un groupe de jésuites et de laïcs publient le *Programme de restauration sociale* : on condamne les abus du capitalisme et on souhaite l'adoption du corporatisme et la suspension de l'immigration. Les mots « renaissance », « redressement », « ressaisie » et « restauration » expriment tous l'idée d'un retour à des valeurs et à des formes sociales que l'évolution moderne aurait bafouées ou négligées. Ce programme connaîtra une ample diffusion et restera une référence majeure pour l'ensemble du mouvement nationaliste durant une

POLITIQUE

La Commission d'assurances sociales de Québec recommande diverses solutions comme l'adoption, les orphelinats, l'allocation aux mères nécessiteuses, l'allocation familiale, l'assurance du vieil âge, l'assurance-chômage et l'assurance-maladie-invalidité. Ce rapport marque une date capitale, car maintes mesures subséquentes viendront en droite ligne de ses recommandations. • Création du Conseil québécois du tourisme. • Le gouvernement du Québec pourra désormais autoriser l'exportation d'énergie hydro-électrique jusqu'à concurrence de 300 000 chevaux-vapeur.

AMÉRIQUE DU NORD

Tenue à Ottawa d'une conférence fédérale-provinciale sur les transports. • Les États-Unis adoptent la législation du New Deal. • À la radio, on commence la diffusion en modulation de fréquence. • L'Américain Charles Darrow, en chômage, invente le jeu de Monopoly. • Fondation à Toronto de la Société canadienne d'histoire de l'Église.

MONDE

Accession triomphale d'Adolf Hitler au pouvoir. Il devient chancelier de l'Allemagne. • Quelque 60 000 artistes (écrivains, acteurs, peintres et musiciens) fuient l'Allemagne. • André Malraux publie *La Condition humaine.*

douzaine d'années. • Alain Grandbois publie *Né à Québec* et Claude-Henri Grignon, *Un homme et son péché*.
• L'archevêque de Québec, Rodrigue Villeneuve, est nommé cardinal.
• Fondation à Vaudreuil, par le père Papin Archambault, de l'École de formation sociale.

CULTURE ET SOCIÉTÉ

POLITIQUE

AMÉRIQUE DU NORD

MONDE

Construction de la centrale hydroélectrique de Beauharnois. HQ

CULTURE ET SOCIÉTÉ

Fondation des Scouts catholiques de la province de Québec. • Inauguration de l'Institut de neurologie de Montréal. • Création de l'orchestre des Concerts symphoniques de Montréal par Wilfrid Pelletier et Mme Athanase David, qui deviendra l'Orchestre symphonique de Montréal. • Fondation de la Société historique du Saguenay. • Gérard Morisset entreprend, avec l'aide du Secrétariat de la province, l'inventaire des œuvres d'art. • Ouverture du premier magasin libre-service Steinberg. • Le plus haut sommet des monts Chic-Chocs, en Gaspésie, est nommé mont Jacques-Cartier pour le 400e anniversaire de l'arrivée de Jacques Cartier. • On lance la Clas-

POLITIQUE

Fondation de l'Action libérale nationale, parti politique dirigé par Paul Gouin et qui prône le *Programme de restauration sociale*. • Adoption de la Loi relative à l'extension des conventions collectives de travail, devenue nécessaire parce que les patrons n'acceptent pas la Loi des syndicats professionnels. La convention collective devient un règlement professionnel par le fait de son extension obligatoire à tous les membres d'un secteur industriel, signataires ou non de ladite convention. On espère aussi que la formation de comités paritaires amènera de meilleures

AMÉRIQUE DU NORD

Le gouvernement fédéral crée l'Office des marchés, qui vise à réglementer la vente des produits naturels de façon à en relever la qualité et à en stabiliser les prix. • Naissance des cinq « jumelles » Dionne en Ontario. • L'Américain Roger Tory Peterson publie *Guide des oiseaux de l'Amérique du Nord à l'est des Rocheuses*.

MONDE

Raoul Jobin, jeune ténor québécois de 27 ans, fait ses débuts à l'Opéra de Paris, auquel il demeurera attaché durant plus de 20 ans. • Henry Miller publie à Paris *Tropique du Cancer*.

sique internationale de canot de la Mauricie, événement sportif populaire qui existe toujours.
• Le roman de Jean-Charles Harvey, *Les Demi-Civilisés,* est mis à l'Index.
• Un quotidien de Québec, *L'Action catholique,* commence à publier en français *La Souris Miquette* de Walt Disney.

relations de travail. • Mise sur pied d'une commission d'enquête sur les conditions de travail des bûcherons québécois.

Le Théâtre Saint-Denis, à Montréal. CQ.

CULTURE ET SOCIÉTÉ

Fondation du Collège Saint-Charles-Garnier, à Québec. • Fondation de la Jeunesse agricole catholique (JAC). • Le frère Marie-Victorin publie *La Flore laurentienne*. • Robert Choquette crée le premier feuilleton québécois, *Le Curé de village*. • La Société Provancher obtient la permission de recueillir le duvet d'eider sur les îles Razades dans l'estuaire du Saint-Laurent.

POLITIQUE

À cause de la Crise, le gouvernement Taschereau adopte la Loi pour promouvoir la colonisation et le retour à la terre avec une série de subventions rattachées à tous les éléments de l'installation sur une terre : primes au défrichement, à la construction de l'habitation, à la mise en culture, etc. • Fondation de l'Union nationale par Maurice Duplessis. • Fondation de la Ligue de moralité publique pour assainir les mœurs électorales. • Création à Québec du département de l'Industrie et du Commerce. • Au cours des élections générales du 25 novembre, le Parti libéral québécois est reporté au pouvoir avec une mince majorité de six députés.

AMÉRIQUE DU NORD

William Lyon Mackenzie King redevient premier ministre du Canada. • Fondation de la Banque du Canada. • La firme américaine Douglas fait voler le premier DC 3. • Fondation à New York du mouvement des Alcooliques Anonymes (AA). • On met au point les parcomètres.

MONDE

En Écosse, on invente le radar pour détecter les avions. • Ouverture du métro de Moscou. • Le chimiste allemand Gerhard Domagk annonce la découverte du premier sulfamide. • On met au point l'échelle Richter, qui permet de classer les tremblements de terre selon leur énergie et non selon leurs effets superficiels. • Jean Giraudoux publie *La guerre de Troie n'aura pas lieu*. • La rumba devient la danse à la mode.

À cause de la Crise, le gouvernement Taschereau fait la promotion du retour à la terre.

CULTURE ET SOCIÉTÉ

Neige le 20 mai. • En marge des centrales existantes, Laure Gaudreault fonde le premier syndicat d'institutrices rurales à Clermont, dans Charlevoix. À cette époque, les institutrices ne gagnent que la moitié du salaire des instituteurs. L'année suivante, le mouvement prend de l'ampleur avec la création de la Fédération des institutrices rurales, suivie de celles des instituteurs. • Fondation à Montréal des Variétés lyriques par Charles Goulet et Lionel Daunais. • Le frère Marie-Victorin fonde le Jardin botanique de Montréal. • Claude-Henri Grignon publie le périodique *Les Pamphlets de Valdombre.*

POLITIQUE

L'enquête du Comité des comptes publics révèle la corruption du régime Taschereau ; celui-ci démissionne et confie sa succession à Adélard Godbout. • Quand Maurice Duplessis, à la tête de l'Union nationale, prend le pouvoir le 26 août, la population y voit une véritable libération. Fini le règne des libéraux ! • Le Crédit agricole québécois donne une impulsion nouvelle à l'agriculture québécoise. • Après le gouvernement fédéral et la majorité des autres gouvernements provinciaux, le gouvernement du Québec adopte la Loi des pensions de vieillesse de Québec. • Création du premier département

AMÉRIQUE DU NORD

Création de la Société Radio-Canada. • Le Parlement adopte la monnaie bilingue. • Fondation du quotidien torontois *The Globe and Mail.* • Aux États-Unis, Margaret Mitchell publie *Gone with the Wind (Autant en emporte le vent),* et Dale Carnegie, *Comment se faire des amis.* • Sortie du film *Les Temps modernes,* de Charlie Chaplin.

MONDE

Francis Amyot gagne une médaille d'or à la course de canots mono-places sur 1 000 mètres aux Jeux olympiques d'été de Berlin. • À l'été, la guerre civile éclate en Espagne. • Léon Blum, chef du Parti socialiste français, crée le Front populaire. • Georges Bernanos publie *Le Journal d'un curé de campagne.*

de la Santé et du Bien-Être social.
• Abolition de l'Agence du Québec à
Londres, créée en 1908 et dirigée
par un agent général. • Le Québec
décrète la tenue d'un inventaire de
ses ressources naturelles.

*Laure Gaudreault. Archives de la Centrale
des enseignants du Québec.*

Ouvriers, pensez à l'Union Nationale!

❖   ❖   ❖

Vous avez été négligés, vos intérêts furent trop longtemps sacrifiés aux trusts.
L'heure a sonné qui améliorera votre sort.

QUI a paralysé la loi des contrats collectifs?

QUI a secoué l'apathie du gouvernement Taschereau-Godbout-Bouchard?

QUI a crevé l'abcès gouvernemental avec le bistouri de l'enquête des Comptes
    Publics?

QUI a forcé le gouvernement éphémère de M. Godbout à voter les pensions de
    vieillesse?

QUI a forcé Antoine Taschereau à rembourser $15,000 au trésor provincial?

QUI a fait fuir du gouvernement les indésirables qui vous exploitaient?

QUI vous offre les meilleures garanties d'avenir?

❖   ❖   ❖

SI C'EST MAURICE DUPLESSIS VOTEZ POUR LUI

MAURICE DUPLESSIS
Chef de l'Union Nationale

*Publicité de l'Union nationale pour les élections de 1936, parue dans La Vie syndicale. Archives
de la CSN.*

CULTURE ET SOCIÉTÉ

Grand dépérissement des merisiers, un des trois épisodes graves de dépérissement d'espèces feuillues au XXᵉ siècle. • Création du parc national de la Gaspésie. • Fondation de la ville de Baie-Comeau autour de la papeterie de la Quebec North Shore. • On met sur pied à Montréal la Croisade de la prière. • Fondation de la première coopérative de consommation, « La Familiale ». Pour les nationalistes, la coopération constitue un instrument de reconquête économique. • Grèves de Sorel, touchant 350 ouvriers d'industries. • Grève du textile. • Émile Legault fonde la troupe de jeunes acteurs Les Compagnons de Saint-Laurent. • Fondation des Éditions Fides. • Parution des cahiers

POLITIQUE

Maurice Duplessis fait voter la célèbre « loi du cadenas » interdisant à toute personne d'utiliser sa maison pour propager le communisme ou le bolchevisme. • Adoption de la Loi des salaires raisonnables, qui deviendra plus tard la Loi du salaire minimum. • Adoption de la Loi de l'assistance aux mères nécessiteuses.

AMÉRIQUE DU NORD

La commission Rowell-Sirois étudie les relations fédérales-provinciales. • Invention aux États-Unis de la presse à foin autochargeuse et lieuse. • Dépôt du brevet du tampon hygiénique et formation de la société Tampax. • On commence à utiliser l'insuline pour le traitement du diabète. • John Steinbeck publie *Des souris et des hommes*. • Walt Disney réalise *Blanche-Neige et les sept nains*.

MONDE

La Tchécoslovaquie assiste, impuissante, à l'agitation de sa minorité allemande et à la montée de l'autonomisme slovaque. Au cours d'une réunion qui se tient à Munich sous la présidence de Mussolini, les quatre Grands (Allemagne, France, Grande-Bretagne et Italie) signent les accords de Munich, qui permettent au Reich d'annexer les territoires tchécoslovaques à majorité germanique et accordent l'autonomie à la Slovaquie. L'Occident accueille ces accords avec « un lâche soulagement ». En fait, il fallut reconnaître par la suite que cette démarche faisait partie d'un plan d'Hitler pour annexer de nombreux pays européens. • Conférence impériale à Londres.

de *La Bonne Chanson* de l'abbé Charles-Émile Gadbois. • Jean-Charles Harvey fonde l'hebdomadaire *Le Jour*. • Félix-Antoine Savard publie *Menaud, maître-draveur* et Saint-Denys Garneau, *Regards et jeux dans l'espace*. • Gratien Gélinas crée à la radio le personnage de Fridolin.

Les Compagnons de Saint-Laurent.

Le Québec dispose de bois en grande quantité, une matière première recherchée.

• La société suisse Nestlé crée le « Nescafé », premier essai réussi de fabrication et de commercialisation de café instantané. • André Malraux publie *L'Espoir* et Jean-Paul Sartre, *La Nausée*. • Carl Orff compose *Carmina Burana*. • Picasso peint sa murale *Guernica* pour l'Exposition universelle de Paris. • Jean Renoir réalise *La Grande Illusion*.

CULTURE ET SOCIÉTÉ

POLITIQUE

AMÉRIQUE DU NORD

MONDE

1938

CULTURE ET SOCIÉTÉ

Fondation à l'Université Laval de l'École des sciences sociales par le père Georges-Henri Lévesque, avec un nouveau type d'approche, plus moderne, plus scientifique, pour étudier les réalités sociales. • Création de l'Institut de microbiologie de Montréal. • Fondation, en Gaspésie, du premier syndicat forestier coopératif. • Congrès eucharistique de Québec. • Ringuet publie *Trente arpents*. • Robert Choquette crée pour la radio de Radio-Canada le feuilleton *La Pension Velder*. • Le grand incendie de la rivière York en Gaspésie rase 6 200 hectares de forêts. • Invasion, d'importance économique majeure, de la chenille appelée la « légionnaire » : ravage de 45 000 acres en cultures de toutes sortes.

POLITIQUE

Le gouvernement du Québec achète la mine Gale, dans la région de Val-d'Or, pour l'établissement d'une École des mines. • L'Assemblée législative québécoise vote une somme de 50 millions de dollars pour la voirie.

AMÉRIQUE DU NORD

Fondation de la Société canadienne du cancer. • On pratique pour la première fois une opération pour une maladie cardiaque congénitale. • L'adaptation à la radio américaine, par Orson Welles, du roman de H. G. Wells, *La Guerre des mondes,* cause une forte panique.

MONDE

Le docteur Norman Bethune, chirurgien de Montréal, devient le médecin en chef de l'armée de Mao Tsé-toung. • Sortie du film de Marcel Carné *Quai des brumes,* avec Jean Gabin.

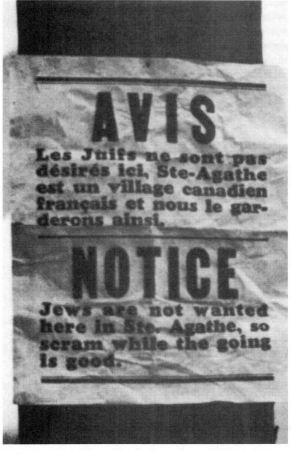

À l'approche de la guerre, l'antisémitisme sévissait aussi au Québec.

CULTURE ET SOCIÉTÉ

Tous les futurs enseignants, sauf les religieux et les religieuses, doivent maintenant s'inscrire à l'École normale. • Fondation de la Fédération des pêcheurs unis du Québec et de la Ligue ouvrière catholique (LOC). • Le peintre John Lyman fonde la Société d'art contemporain, qui regroupe, autour de Paul-Émile Borduas, un certain nombre de jeunes artistes.

POLITIQUE

Aux élections, Duplessis mord la poussière et Adélard Godbout, chef du Parti libéral, devient premier ministre.
• La Loi relative à l'arbitrage interdit désormais toute grève dans les établissements de charité et les hôpitaux.
• Fondation de l'Union des électeurs, qui défend la doctrine créditiste, et parution du journal *Vers demain*.

AMÉRIQUE DU NORD

La Cour suprême décide que les Inuits dépendent de l'autorité constitutionnelle du gouvernement fédéral.
• Inauguration du Service aéropostal canadien et transcontinental. • Le gouvernement King crée l'Office national du film. • John Steinbeck publie *Les Raisins de la colère*. • Du Pont de Nemours fabrique le premier nylon : apparition immédiate des bas de nylon. • Le mathématicien américain George R. Stibitz réalise dans les laboratoires Bell le premier calculateur binaire sous le nom de « Model 1 Relay Computer » ou « Complex Number Calculator ».
• Le DDT est utilisé comme insecticide pour la première fois.

MONDE

L'Allemagne envahit la Pologne et la Seconde Guerre mondiale éclate.
• Découverte de la fission de l'uranium par Joliot-Curie. • Construction du premier hélicoptère par le Russo-Américain Igor Sikorsky. • Antoine de Saint-Exupéry publie *Terre des hommes*.

Adélard Godbout, premier ministre du Québec du 11 juin au 24 août 1936, et de 1939 à 1944.

La deuxième conscription

Le 3 septembre 1939, la Seconde Guerre mondiale éclate. Une semaine plus tard, le Canada entre en guerre. Bientôt, l'Europe entière s'est embrasée. À la fin de 1941, les forces canadiennes outre-mer atteignent près de 125 000 hommes, qui ont tous signé en qualité de volontaires. Le premier ministre canadien, Mackenzie King, et son bras droit, Ernest Lapointe, avaient pourtant promis que jamais il n'y aurait de conscription. Mais voilà qu'au début de 1942 le Parti conservateur, la presse anglophone et certains libéraux réclament la conscription immédiate. Pour être libéré de ses engagements, King annonce la tenue d'un plébiscite national.

Le 27 avril, le Québec refuse à 71,2 % de libérer le gouvernement de ses engagements antérieurs touchant le service militaire, alors que les huit autres provinces y sont favorables à 80 %. Le 23 juillet, le Parlement fédéral révoque l'article 3 de la Loi de mobilisation et peut maintenant imposer l'enrôlement obligatoire. Les adversaires québécois de la conscription, dirigés par Maxime Raymond et André Laurendeau, fondent un nouveau parti politique, le Bloc populaire canadien. Mais la maladie de Raymond et des dissensions internes empêchent le parti de prendre son envol.

Au cours du conflit, parmi les 618 354 militaires envoyés outre-mer, plus de 41 000 seront tués et 53 000, blessés, portés disparus ou non rapatriés.

CULTURE ET SOCIÉTÉ

Installation de Mgr Joseph Carbonneau à l'évêché de Montréal. • Fondation de l'École catholique de service social. • Début d'une grave invasion de la tordeuse des bourgeons de l'épinette.

POLITIQUE

On accorde le droit de vote aux femmes. • Camillien Houde, maire de Montréal, est arrêté pour avoir proclamé son intention de conseiller au peuple de refuser de remplir la carte d'enregistrement pour le recrutement militaire obligatoire. Houde est interné sans procès pendant quatre ans. • Disparition des derniers vestiges du régime seigneurial ; les propriétaires de seigneuries perçoivent leurs rentes pour la dernière fois. • Le Québec crée des agences commerciales à l'étranger.

AMÉRIQUE DU NORD

Adoption de la Loi de l'assurance-chômage. • Découverte à Leduc, en Alberta, de gisements de pétrole. • Signature de l'accord d'Ogdensburg, qui établit une commission permanente de défense canado-américaine. • La pénicilline devient un antibiotique courant. • La population des États-Unis est de 132 164 569 habitants.

MONDE

Début de la bataille d'Angleterre, reddition de la France et évacuation de Dunkerque. • Découverte des grottes de Lascaux, en France, et de leurs peintures qui remontent à 20 000 ans avant Jésus-Christ.

Un hôpital de guerre.

Détachement de la Réserve volontaire de la Marine royale canadienne.

CULTURE ET SOCIÉTÉ

Fondation de la première coopérative d'habitation, à Asbestos. • Grands incendies de forêt dont certains causent une destruction complète de la végétation et même de l'humus sur les sols à schiste. C'est 1,6 million d'acres de forêts (650 000 hectares) qui sont rasés. • Un curé de Courville, en banlieue de Québec, dont la fabrique est endettée, demande l'aide de J.-E. Prudhomme qui organise alors ses premiers grands bingos. • Tenue du Congrès eucharistique de Trois-Rivières. • Lancement par la JOC du Service de préparation au mariage qui, au cours de conférences hebdomadaires, invite les futurs époux à venir rencontrer un prêtre, un notaire, un avocat, un médecin et une infirmière.

POLITIQUE

Le ministère de l'Agriculture ouvre une section de production des animaux à fourrure, élevage qui prend maintenant rang parmi les productions animales de la ferme.

AMÉRIQUE DU NORD

Création du Service d'information de Radio-Canada. • Le 7 décembre, attaque japonaise de Pearl Harbor. • Entrée en guerre des États-Unis. • Commercialisation de la bombe aérosol. • Orson Welles réalise *Citizen Kane*. Il n'a que 25 ans.

MONDE

Le 22 juin, l'Allemagne attaque son ancien allié, l'Union soviétique, au cours de l'opération Barbarossa. Winston Churchill promet de s'allier à l'URSS.

Une des nombreuses affiches qui faisaient la promotion du travail des femmes en temps de guerre.

Mariages collectifs organisés par la Jeunesse ouvrière catholique.

CULTURE ET SOCIÉTÉ

En août, on interdit la circulation dans les forêts de la Gaspésie menacées de destruction par les incendies. • Début de la parution de la collection d'*Études sur notre milieu* sous la direction d'Esdras Minville. • Jean-Marie Poitevin réalise *À la croisée des chemins,* le premier long métrage de fiction québécois « parlant ». • Maurice Richard fait ses débuts avec le Canadien de Montréal. • Création du Conservatoire de musique et d'art dramatique du Québec.

POLITIQUE

Se déclarent contre la conscription et fondent la Ligue pour la défense du Canada : Georges Pelletier, André Laurendeau, Gérard Filion, Jean Drapeau, Michel Chartrand et Paul Gouin. Ils parcourent le Québec pour inciter la population à répondre NON au plébiscite à venir. • L'Assemblée législative se prononce également contre la conscription.

AMÉRIQUE DU NORD

Le Parlement adopte la conscription. • Maxime Raymond fonde le Bloc populaire canadien, le parti des opposants québécois à la conscription à Ottawa, et André Laurendeau en devient le secrétaire. • Le gouvernement canadien ordonne l'internement des Canadiens d'origine japonaise.

• Le physicien italo-américain Enrico Fermi réussit la fission de l'atome.

MONDE

Le 18 août, débarquement meurtrier à Dieppe, en Normandie. Un échec. Des 4 963 Canadiens embarqués à Londres, 2 210 rentrent en Angleterre le lendemain, parmi lesquels 617 blessés. • Albert Camus publie *L'Étranger* et Jean-Paul Sartre, *Les Mouches.*

C'EST LÀ-BAS
qu'on les arrête !

AIDEZ-MOI !

Archives publiques du Canada.

CULTURE ET SOCIÉTÉ

Norman McLaren crée le Département de l'animation à l'Office national du film. • Félix Leclerc publie *Adagio*. • Robert Choquette crée pour la radio le feuilleton *Métropole*.

POLITIQUE

À la suite d'une enquête, l'État institue une commission qui aura pour tâche de préparer un plan universel d'assurance-maladie, commission que Maurice Duplessis s'empressera de dissoudre un an plus tard. • Bien que le clergé s'y oppose encore, la Loi de l'instruction obligatoire entre en vigueur. Les frais de scolarité sont abolis au cours primaire. • L'Assemblée législative du Québec adopte une motion réclamant le retour du Labrador au Québec. • Le gouvernement fédéral cède à Québec l'administration des pêcheries des Îles-de-la-Madeleine. • Le département de l'Industrie et du Commerce est détaché du département des Affaires municipales.

AMÉRIQUE DU NORD

Aux États-Unis, on commence à utiliser la streptomycine pour le traitement de la tuberculose.

MONDE

Du 17 au 24 août, sous le nom de code de « Quadrant », se tient la Conférence de Québec entre Winston Churchill, premier ministre de Grande-Bretagne, et Franklin Delano Roosevelt, président des États-Unis, à laquelle assiste Mackenzie King, premier ministre canadien. Abordant la guerre contre l'Allemagne et le Japon, les deux principaux chefs alliés considèrent comme prioritaire le grand débarquement en Normandie, appelé opération Overlord, et se mettent d'accord pour en accélérer la préparation. Pour diminuer la pression allemande du côté de l'Union soviétique, ils décident aussi d'un débarquement sur la péninsule italienne, l'objectif étant la capitulation sans condition de l'Italie.

Roosevelt, Mackenzie King et Churchill réunis à la Conférence de Québec, le 23 août. Archives publiques du Canada.

Un calendrier « de rationnement ».

CULTURE ET SOCIÉTÉ

La maladie hollandaise de l'orme est signalée pour la première fois au Québec. • Fondation de la Société d'assurance des caisses populaires. • Victor Barbeau fonde l'Académie canadienne-française. • Création des Archives de folklore de l'Université Laval par Luc Lacourcière. • Roger Lemelin publie *Au pied de la pente douce* et Yves Thériault, *Contes pour un homme seul.* • La maison d'édition montréalaise Fides commence à publier *Hérauts,* une traduction des histoires saintes et édifiantes en images d'une maison catholique américaine, Topix. Distribué par le clergé dans beaucoup d'écoles du Québec, *Hérauts* paraîtra jusqu'en 1966. La Jeunesse étudiante catholique commence la distribution

POLITIQUE

Adoption de la Loi établissant Hydro-Québec, d'un nouveau Code du travail, et d'une nouvelle Loi des relations ouvrières, de la Loi sur les différends entre les services publics et leurs salariés, qui définit le mode de procédure au moment des conflits dans les services publics. • Aux élections, le Parti libéral d'Adélard Godbout est défait : l'Union nationale de Maurice Duplessis reprend le pouvoir.

AMÉRIQUE DU NORD

Adoption du programme fédéral des allocations familiales ; vive opposition chez les traditionalistes du Québec, qui y voient une atteinte à l'autonomie provinciale et à la conception chrétienne de la famille. • Adoption de la Loi de la protection de l'enfance.

MONDE

Débarquement en Normandie le 6 juin. • Marcel Carné réalise *Les Enfants du paradis.* • Les premiers V2, fusées allemandes précurseurs des missiles sol-sol, s'écrasent sur Paris et Londres. Le 25 août, Paris est libéré par les Alliés après quatre ans de joug allemand.

dans les écoles de deux revues, une pour les filles, *Claire,* et l'autre pour les garçons, *François.* Ces revues continueront de paraître jusqu'en 1961.

La maladie hollandaise de l'orme commence à frapper les magnifiques arbres de la campagne québécoise.

CULTURE ET SOCIÉTÉ

Scission au sein du mouvement des caisses populaires avec la création de la Fédération de Montréal des caisses Desjardins. • Trois organismes se regroupent pour former la Corporation des instituteurs et institutrices catholiques du Québec (CIC). • Fondation du Service de l'orientation des foyers pour renseigner les époux qui ont moins de cinq ans de mariage sur leur état de vie, leurs devoirs et les inviter à une meilleure compréhension mutuelle de l'amour conjugal et de son sens chrétien. • Gabrielle Roy publie *Bonheur d'occasion,* roman pour lequel elle obtiendra le prix Fémina, et Germaine Guèvremont publie *Le Survenant.* • Fondation de l'Orchestre symphonique de Sherbrooke.

POLITIQUE

Maurice Duplessis refuse de renouveler les ententes fédérales-provinciales et reprend le droit de taxer le revenu des personnes et des corporations, les successions et l'essence. • On crée l'Office de l'électrification rurale et le département des Ressources naturelles.

AMÉRIQUE DU NORD

Le Canadien Hugh McLennan publie *Two Solitudes.* On signe à San Francisco la charte de l'Organisation des Nations Unies, qui fait suite à la Société des nations et qui a pour but d'assurer le maintien de la paix et de la sécurité internationale.

MONDE

Le 8 mai, l'Europe fête le jour de la Victoire. • Les 6 et 9 août, les Américains lancent des bombes atomiques sur Hiroshima et Nagasaki. • Conférences de Yalta et de San Francisco. • Fondation de l'Organisation des Nations Unies (ONU). • Eisenstein réalise *Ivan le Terrible.* • Mort du dictateur nazi Adolf Hitler et du dictateur fasciste italien Benito Mussolini.

Une publication du Comité de la survivance française.

Le cardinal Villeneuve sur le front italien avec le Royal 22ᵉ Régiment.

CULTURE ET SOCIÉTÉ

Fondation de l'Institut d'histoire et de géographie de l'Université Laval ainsi que, par Lionel Groulx, de l'Institut d'histoire de l'Amérique française, à Montréal. • Fondation de la Corporation des enseignants du Québec. • Félix Leclerc publie *Pieds nus dans l'aube*.

POLITIQUE

Le gouvernement du Québec accorde un bail de 20 ans à la Hollinger North Shore Exploration Co. pour l'exploitation de toutes les mines de l'Ungava.

AMÉRIQUE DU NORD

Jusqu'alors sujets britanniques, les résidants du Canada sont maintenant citoyens canadiens, citoyenneté que les immigrés peuvent désormais obtenir. • Le 9 octobre, vers 22 heures, passage de la comète Giacobini-Zinner. • Aux États-Unis, on met au point l'ordinateur électronique et on invente le procédé de la xérographie.

MONDE

Pour *Le Survenant*, Germaine Guèvremont obtient le prix Sully-Olivier de Serres, attribué annuellement par le ministère de l'Agriculture et de la Forêt de France à un ouvrage qui s'inspire du monde rural et dont les qualités littéraires ou iconographiques sont remarquables. • L'Italie accorde aux femmes le droit de vote. • Création de l'Organisation internationale du travail (OIT), de l'Organisation des Nations Unies pour l'éducation, la science et la culture (UNESCO) et du Fonds des Nations Unies pour l'enfance (UNICEF), organismes de l'ONU. • L'Italien Gaggia met au point sa machine à espresso.

Il y a beaucoup de pauvreté dans les faubourgs de Montréal.

CULTURE ET SOCIÉTÉ

Apparition de l'édition en langue française de *Sélection du Reader's Digest,* bientôt le mensuel le plus répandu au Québec. • Lancement à Montréal de la *Revue d'histoire de l'Amérique française.* • Fondation de l'Institut d'histoire et de l'Institut de géographie de l'Université de Montréal.

POLITIQUE

Hydro-Québec, qui a pris possession de Montreal, Light, Heat and Power, dédommage les actionnaires de cette dernière. Le règlement définitif des actionnaires minoritaires de deux filiales, Beauharnois, Light, Heat and Power et Montreal Island Power, ne se fera qu'en 1955, après un long arbitrage. • Une loi donne au gouvernement du Québec le pouvoir d'exiger que tout bois coupé sur les terres de la Couronne soit entièrement ouvré au Québec. • L'Assemblée législative du Québec adopte à l'unanimité une loi abolissant les appels au Conseil privé de Londres en matière civile.

AMÉRIQUE DU NORD

Après 134 sondages, le pétrole jaillit en Alberta. • Le Canada devient membre du Conseil de sécurité de l'ONU. • Les États-Unis adoptent le Taft-Hartley Act, restreignant les droits des centrales syndicales. • Jackie Robinson devient le premier Noir à signer un contrat avec une équipe de baseball majeur. • Mise au point du transistor et de la datation à partir du carbone-14.

MONDE

Nationalisation de l'industrie du charbon en Grande-Bretagne. • Londres décide d'accorder son indépendance à l'Inde. • Afin de prouver l'immigration préhistorique, Thor Heyerdal file en 101 jours sur un radeau à voile du Pérou à la Polynésie. • Publications : *La Peste* d'Albert Camus et le *Journal d'Anne Frank.* • Maria Callas fait ses débuts à Vérone.

Une manifestation d'appui aux grévistes du textile à Valleyfield.

CULTURE ET SOCIÉTÉ

Le peintre Paul-Émile Borduas et ses camarades automatistes, Claude Gauvreau, Jean-Paul Riopelle, Marcelle Ferron, Fernand Leduc, Marcel Barbeau, Jean-Paul Mousseau et Muriel Guilbault, publient en 1948 *Refus global,* texte incendiaire et violent qui dénonce le passéisme, l'obscurantisme et le conformisme artistique et moral de la société québécoise, attaque le clergé et le système d'enseignement et plaide en faveur de la libération totale de l'individu. Chacun a le droit de vivre libre, sans contrainte idéologique ni morale, et d'exprimer cette liberté. « Place à la magie ! Place aux mystères objectifs ! Place à l'amour ! » L'ouvrage, traduit en anglais en 1950, et qui n'a une

POLITIQUE

L'Assemblée législative adopte le fleurdelisé comme drapeau officiel du Québec. • Aux élections générales, l'Union nationale est réélue avec 82 députés sur 92.

AMÉRIQUE DU NORD

Louis Stephen Saint-Laurent, libéral, devient premier ministre du Canada. • Le 11 décembre, signature à Ottawa du document relatif à l'entrée de Terre-Neuve dans la Confédération. • Les États-Unis adoptent le plan Marshall, plan d'aide économique de 17 milliards de dollars pour la reconstruction de l'Europe. • Une équipe de Princeton invente le premier ordinateur de l'histoire : l'IBM SSEC. • Invention de l'appareil photo Polaroïd.

MONDE

Les communistes fomentent un coup d'État et prennent le pouvoir en Tchécoslovaquie. • Naissance de l'État d'Israël. • Nationalisation des chemins de fer britanniques. • Assassinat du leader nationaliste indien Mahatma Gandhi.

influence réelle que dans des cercles restreints, soulève la colère des autorités et vaut au peintre Borduas son renvoi de l'École du meuble de Montréal. • Paul Gury réalise *Un homme et son péché.* • Yvette Brind'Amour et Mercédes Palomino fondent le premier théâtre permanent de Montréal, le Rideau Vert.

Maurice Duplessis (Assemblée nationale).

Page couverture de Refus global, *dessinée par Jean-Paul Riopelle.*

CULTURE ET SOCIÉTÉ

Les 5 000 mineurs d'Asbestos débrayent pour des revendications salariales, le problème des poussières d'amiante, la cotisation syndicale et une forme de participation syndicale à la gestion. Le conflit traîne et des ouvriers sont victimes de violence de la part des policiers, ce qui soulève l'indignation de Mgr Joseph Charbonneau, entre autres personnalités. Le travail reprend à la suite de la médiation de l'archevêque de Québec, Mgr Camille Roy, mais il faudra attendre plusieurs mois la signature de la nouvelle convention collective.
• Pierre Tisseyre crée le prix du Cercle du livre de France. • On diffuse le radio-roman de Pierre Dagenais, *Faubourg à m'lasse.*

POLITIQUE

Adoption de la Loi prohibant la fabrication et la vente de l'oléomargarine au Québec. • Le Québec se porte acquéreur de la seigneurie de Mingan, sur la Côte-Nord. • Le gouvernement du Québec rachète des limites forestières appartenant à la compagnie Quebec Pulp & Paper. • Le gouvernement du Québec vend à Hydro-Québec, pour la somme de 20 millions de dollars, les propriétés physiques, les usines et les barrages érigés sur la rivière des Outaouais.

AMÉRIQUE DU NORD

Terre-Neuve entre dans la Confé-dération et devient la 10e province canadienne. • Le gouvernement étend la citoyenneté de plein droit à tous les Canadiens d'origine asiatique. • Abolition par le Par-lement canadien du droit d'appel au Conseil privé de Londres. • Signature du pacte de l'OTAN entre les États-Unis, le Canada et les pays d'Europe occidentale. • Découverte de la cortisone.

MONDE

L'Union soviétique fait exploser sa première bombe atomique. • Le cardinal hongrois Josef Mindszenty est condamné à la prison à vie pour haute trahison • L'apartheid est mis en vigueur en Afrique du Sud.
• Triomphe des communistes en Chine. • George Orwell publie *1984.*

• Fondation à Montréal, par Gilles Lefebvre, des Jeunesses musicales du Canada.

Grève des 5 000 mineurs d'Asbestos.

CULTURE ET SOCIÉTÉ

POLITIQUE

AMÉRIQUE DU NORD

MONDE

CULTURE ET SOCIÉTÉ

À la suite de la démission de Mgr Joseph Charbonneau, Mgr Paul-Émile Léger devient archevêque de Montréal. • Lancement de la Croisade du chapelet en famille. • Création de l'Ordre du mérite du défricheur. • Gigantesques incendies ravageurs à Rimouski et à Cabano. Les chiffres les plus sombres font état de 317 immeubles brûlés et de 3 000 personnes jetées à la rue. • Jean-Yves Bigras réalise *Les Lumières de ma ville* et Paul Gury, *Séraphin*. • Parutions : *La Petite Poule d'eau* de Gabrielle Roy et le premier des quatre tomes de l'*Histoire du Canada français depuis la découverte*, de Lionel Groulx.

POLITIQUE

Pierre Elliott Trudeau et Gérard Pelletier fondent *Cité libre*, revue qui est un canal d'expression et un centre de rassemblement du nouveau libéralisme. Elle marque son époque par sa fonction critique qui s'attaque d'abord aux vieux thèmes du nationalisme traditionaliste. Le Québec de 1950 serait une société bloquée et rétrograde à laquelle il faudrait insuffler un nouvel esprit susceptible de l'introduire de plain-pied dans le monde moderne. • Mise en chantier par Hydro-Québec de la centrale de Rapide-Deux en Abitibi. • Adoption d'une loi québécoise changeant le nom officiel de la résidence du

AMÉRIQUE DU NORD

Tenue à Québec d'une conférence fédérale-provinciale dans le but de « trouver une méthode satisfaisante d'amendement à la Constitution canadienne », au besoin. La conférence est un échec. • L'autoroute Transcanadienne est entreprise. On mettra 12 ans à la parachever. • La population des États-Unis est de 151 325 798 habitants. • Premières transplantations du rein aux États-Unis. • Mise sur pied à New York de Diner's Club, première organisation de paiement par carte de crédit.

MONDE

Béatification à Rome de Marguerite Bourgeoys. • Pie XII proclame le dogme de l'Assomption. • La Corée du Nord envahit la Corée du Sud. Début de la guerre de Corée. • On estime à environ 2 300 000 000 habitants la population de la Terre.

CULTURE ET SOCIÉTÉ

POLITIQUE

AMÉRIQUE DU NORD

MONDE

lieutenant-gouverneur à Québec : de
« Spencerwood », il devient « Bois de
Coulonge ».

*Gabrielle Roy photographiée par Zarov
en 1945.*

CULTURE ET SOCIÉTÉ

La population du Québec s'élève à 4 055 681 habitants. • Jean-Louis Roux, Jean Gascon et d'autres comédiens formés par le père Émile Legault fondent le Théâtre du Nouveau Monde.

POLITIQUE

Création de la Commission des loyers, dont la juridiction cependant ne couvre que les logements anciens. • Adoption de la première Loi sur la protection de la jeunesse, qui vise à protéger les enfants exposés aux dangers physiques et moraux. C'est une étape importante en matière de reconnaissance du droit des enfants. La loi établit la nécessité d'intervenir dans l'univers familial et de substituer l'autorité juridique à l'autorité paternelle lorsque la protection de l'enfant le requiert.

AMÉRIQUE DU NORD

La population du Canada s'élève à 14 009 429 habitants. • En juin, publication du rapport de la commission Massey sur les arts, les lettres et les sciences au Canada. • L'année dernière, on dénombrait 1 500 000 téléviseurs aux États-Unis ; il y en a maintenant 15 millions. Et on introduit la couleur. • Mise au point du réacteur nucléaire et de la première bombe à hydrogène.

MONDE

L'architecte Le Corbusier reçoit du gouvernement indien la commande de créer une capitale nouvelle pour le Pendjab, Chandigarh.

Visite d'une coopérative agricole par les élèves et les enseignantes d'une école ménagère.

Une scène du film La Petite Aurore l'enfant martyre, *de Jean-Yves Bigras.*

CULTURE ET SOCIÉTÉ

Début à Montréal de la télévision canadienne de langue française, alors que la Société Radio-Canada met sur pied un service local de production et de diffusion. • Fondation de la Faculté de musique de l'Université de Montréal. • Dissolution de la compagnie de théâtre Les Compagnons de Saint-Laurent. • Tenue du troisième Congrès de la langue française au Canada. • Grève des tisserands de Louiseville. • L'Union des artistes adopte son appellation définitive. • Marcel Dubé publie *De l'autre côté du mur.*

POLITIQUE

Aux élections générales, l'Union nationale, dirigée par Maurice Duplessis, est reportée au pouvoir avec l'élection de 68 députés contre 23 libéraux et 1 indépendant. • L'Assemblée législative du Québec adopte une loi créant le ministère des Transports.

AMÉRIQUE DU NORD

Les États-Unis font exploser dans le Pacifique la première bombe à hydrogène. • Ernest Hemingway publie *Le Vieil Homme et la mer* et John Steinbeck, *À l'est d'Éden.*

MONDE

Les derniers tramways londoniens sont mis au rancart. • Samuel Beckett publie *En attendant Godot.* • Sortie du premier film *Don Camillo,* mettant en vedette Fernandel.

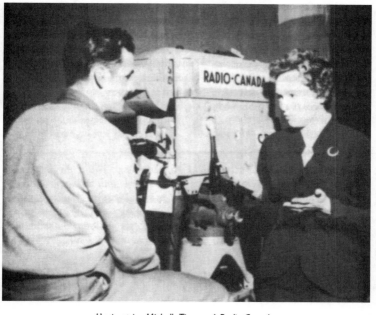

L'animatrice Michelle Tisseyre à Radio-Canada.

CULTURE ET SOCIÉTÉ

L'archevêque Paul-Émile Léger est nommé cardinal. • Mise en chantier du projet Bersimis-Un sur la Côte-Nord. • Fondation des Éditions de l'Hexagone, qui deviennent aussitôt un foyer d'animation et de création dynamique. • Création d'une section française d'animation à l'Office national du film. • Création du Service des reportages de Radio-Canada. • Marcel Dubé publie *Zone*.

POLITIQUE

Le premier ministre Maurice Duplessis annonce que le Québec n'acceptera plus les subsides fédéraux pour les maisons d'enseignement supérieur.

AMÉRIQUE DU NORD

Création de la Commission royale d'enquête sur les problèmes constitutionnels (commission Tremblay), qui marque une étape fondamentale dans l'évolution de la pensée constitutionnelle au Québec. Elle arrive à la conclusion que les Québécois sont taxés pour l'établissement d'un système dont ils ne tirent aucun avantage. • La Commission recommande que le gouvernement fédéral et les provinces entreprennent la réadaptation du régime général de l'impôt. • Débat aux Communes sur les chèques bilingues. • Fondation de la Bibliothèque nationale du Canada. • Un homme d'affaires ontarien met

MONDE

Signature de l'armistice coréen à Panmunjom. • Les États-Unis et la Corée du Sud signent un traité de défense mutuelle. • L'URSS fait exploser une bombe à hydrogène. • Un Américain et un Anglais décrivent la structure exacte de la molécule de l'ADN. • Le Néo-Zélandais Edmund Hillary et son guide népalais font la conquête du mont Everest. • Simone de Beauvoir publie *Le Deuxième Sexe*.

La pièce Tit-Coq, *de Gratien Gélinas, a beaucoup de succès à la scène puis au cinéma.*

sur pied le grand festival annuel de Shakespeare, à Stratford. La première pièce est *Richard III,* avec Alec Guiness dans le rôle titre. • Aux États-Unis, Julius et Ethel Rosenberg, trouvés coupables d'espionnage, sont exécutés. • Les femmes obtiennent le droit de vote au Mexique.

CULTURE ET SOCIÉTÉ

Premières expéditions de minerai de fer en provenance de Schefferville à partir du port de Sept-Îles.
• Création de l'Institut de cardiologie de Montréal. • Fondation de l'Université de Sherbrooke. • On diffuse pour la première fois une messe à la télévision, la messe de Pâques, célébrée à l'église Notre-Dame de Montréal. • Jacques

Henripin publie *La Population canadienne au début du XVIIIe siècle.*
• Fondation des *Écrits du Canada français.*

POLITIQUE

Le gouvernement du Québec établit l'impôt provincial sur le revenu des particuliers et contraint le gouvernement fédéral à diminuer de 10 % sa propre taxation.
• L'Assemblée législative mandate le gouvernement du Québec pour conclure une entente avec le gouvernement fédéral afin de doter

le Québec d'un régime de pension aux invalides.

AMÉRIQUE DU NORD

Le médecin américain Jonas E. Salk met au point un vaccin contre la poliomyélite.

MONDE

Les communistes vietnamiens s'emparent de Diên Biên Phu et occupent bientôt Hanoi. • La France est contrainte de quitter l'Indochine.
• Françoise Sagan publie *Bonjour tristesse,* et John Ronald Reuel Tolkien, *Le Seigneur des anneaux.*

Maurice Richard et Dickie Moore.

CULTURE ET SOCIÉTÉ

Le réseau d'Hydro-Québec alimente la Gaspésie et la région de Chibougamau. • Fondation du Club des ornithologues de Québec, le premier groupe structuré d'ornithologues francophones au Québec. • Le 17 mars, après avoir suspendu Maurice Richard pour le reste de la saison, le président de la Ligue nationale, Clarence Campbell, subit les foudres des partisans du Canadien au forum ; par la suite, la foule en colère saccage de nombreux magasins de la rue Sainte-Catherine. • Le nageur de longue distance québécois Jacques Amyot remporte la première traversée internationale du lac Saint-Jean. • Les ballets Chiriaeff, fondés par Ludmilla Chiriaeff, donnent à Montréal leur première

POLITIQUE

À la conférence fédérale-provinciale d'octobre, le premier ministre Maurice Duplessis réclame d'Ottawa la clarification et la délimitation précise des pouvoirs de taxation du fédéral et des provinces, suivant l'esprit et la lettre de la Constitution canadienne. • Le Comité permanent de la survivance française prend le nom de Conseil de la vie française en Amérique.

AMÉRIQUE DU NORD

Inauguration du parc pour enfants Disneyland aux États-Unis.

MONDE

La Conférence de Bandoung, avec les dirigeants de 29 pays asiatiques et africains, dont Nasser, Nehru, Chou En-lai et Soekarno, consacre l'émergence du tiers-monde sur la scène internationale. • Les briques Lego, inventées par le Danois Ole Kirk Christiansen, apparaissent sur le marché. Le mot lui-même vient du danois *leggodt,* qui signifie « bien jouer ».

représentation. • Félix Leclerc enregistre *Moi, mes souliers* et Gabrielle Roy publie *Rue Deschambault.* • Le comédien Henri Norbert fonde le premier théâtre d'été, à Sun Valley.

Publicité de la compagnie Ford.

Le maire Jean Drapeau, le cardinal Léger et Maurice Duplessis avec les membres du clergé.

CULTURE ET SOCIÉTÉ

POLITIQUE

AMÉRIQUE DU NORD

MONDE

CULTURE ET SOCIÉTÉ

Mise en service de Bersimis-Un sur la Côte-Nord. Mise en chantier de Bersimis-Deux et de la troisième section de Beauharnois. • René Lévesque commence à animer l'émission d'affaires publiques télévisée *Point de mire* à Radio-Canada. • L'Office national du film s'installe à Montréal. • Hans Selye publie *The Stress of Life*.

POLITIQUE

Aux élections générales, l'Union nationale dirigée par Maurice Duplessis est reportée au pouvoir avec 73 députés contre 19 libéraux et 1 indépendant. • L'Assemblée législative porte de 7 % à 9 % l'impôt sur les corporations. • Mise sur pied de l'Office des marchés agricoles, à la suite des recommandations de la Commission d'enquête pour la protection des agriculteurs et des consommateurs formée en 1952. Le but est d'aider à la mise en marché des produits agricoles au moyen de plans conjoints. • Pour la première fois, le ministère de la Santé a le pouvoir d'étudier la pollution des cours d'eau au Québec.

AMÉRIQUE DU NORD

À Ottawa, entrée en vigueur de la Loi sur l'assurance-chômage. • Lester B. Pearson obtient le prix Nobel de la paix. • Fondation du Congrès du travail du Canada (CTC). • Aux États-Unis, Elvis Presley fait fureur avec une première chanson, *Heartbreak Hotel,* et le rock'n roll est la musique à la mode. • Découverte du neutrino au laboratoire américain de Los Alamos. • La population de l'Amérique du Nord est rattrapée puis dépassée par celle de l'Amérique latine.

MONDE

Les troupes soviétiques envahissent la Hongrie. • Aux Jeux olympiques de Cortina, en Italie, la skieuse montréalaise Lucile Wheeler remporte deux médailles de bronze en descente et en slalom géant. • Le Français Michel Quoist publie *Aimer, ou le Journal de Dany,* que les adolescents dévorent.

Émission hebdomadaire consacrée à l'actualité, Point de mire *touche à tous les grands événements mondiaux des années 1950 et consacre le talent de René Lévesque. Documentation Dossiers, Société Radio-Canada.*

CULTURE ET SOCIÉTÉ

Fondation de la Fédération des travailleurs du Québec, la FTQ. • Une grande épidémie de rougeole frappe le Québec. • Les Ballets Chiriaeff deviennent les Grands Ballets canadiens. • L'écologiste Pierre Dansereau publie *Biogeography, an Ecological Perspective*. • Jacques Languirand publie *Les Grands Départs*.

POLITIQUE

En janvier, Raymond Barbeau fonde l'Alliance laurentienne, un mouvement prônant l'indépendance du Québec.

AMÉRIQUE DU NORD

John G. Diefenbaker, conservateur, devient premier ministre du Canada. • Création de NORAD (North American Aerospace Defense), commandement intégré des forces américaines et canadiennes pour la défense aérienne du continent. • Jack Kerouac publie *On the Road*. Il est le premier à utiliser les mots *beat* et *beatnik*.

MONDE

Création du Marché commun européen. • L'ancienne colonie britannique de la Côte-de-l'Or est le premier territoire colonial africain à obtenir son indépendance et prend le nom de Ghana. • La Grande-Bretagne fait exploser une bombe thermonucléaire dans le Pacifique. • Lancement par l'Union soviétique, le 4 octobre, du premier satellite artificiel dans l'espace, le *Sputnik 1*.

Une classe de première année.

CULTURE ET SOCIÉTÉ

Première grève générale des étudiants québécois. • Gratien Gélinas fonde la Comédie canadienne. • Création des Éditions de l'Homme. • Publications : *Agaguk* d'Yves Thériault, *Un simple soldat* de Marcel Dubé, *Les Grands Soleils* de Jacques Ferron.

POLITIQUE

Une scission au sein du mouvement créditiste amène Réal Caouette à créer un nouveau parti, le Ralliement des créditistes. • L'Assemblée législative adopte à l'unanimité la division en deux départements du ministère du Bien-Être social et de la Jeunesse.

AMÉRIQUE DU NORD

Le gouvernement fédéral adopte le Programme national et universel d'assurance-hospitalisation à frais partagés avec les provinces.
• L'Alaska devient le 49e État de l'Union. • Les États-Unis mettent sur pied l'Administration nationale de l'aéronautique et de l'espace (NASA) pour gérer l'exploration spatiale.

• Invention du laser et de la stéréophonie. • Le physicien et ingénieur américain Jack Kilby invente le circuit intégré, plaçant sur un même support les composants de base (transistor, résistance, etc.) de l'électronique, ce qui lui vaudra en 2000 le prix Nobel de physique.

MONDE

Charles de Gaulle devient président de la France. • Exposition universelle de Bruxelles. • Boris Pasternak publie *Docteur Jivago* et Leon Uris, *Exodus*.
• Jacques Tati réalise *Mon oncle*.
• Le Suédois Ake Senning invente le stimulateur cardiaque. • Les premiers parcomètres font leur apparition à Londres.

Félix Leclerc.

1959

CULTURE ET SOCIÉTÉ

Grève des réalisateurs de Radio-Canada. • Jacques Labrecque interprète la première chanson de Gilles Vigneault, *Jos Montferrand,* et Gratien Gélinas crée *Bousille et les justes.* • Mordecai Richler publie *The Apprenticeship of Duddy Kravitz.* • Jacques Plante devient le premier gardien de but à porter un masque.

POLITIQUE

Le 7 septembre, le premier ministre Maurice Duplessis (né en 1890) meurt à Schefferville à la suite d'une congestion cérébrale, alors qu'il effectue une tournée des régions minières. Il est porté en terre à Trois-Rivières le 10 septembre. Paul Sauvé (né en 1907) lui succède comme premier ministre, mais meurt subitement au matin du 2 janvier 1960, après « cent jours » de gouvernement. • Le premier ministre Paul Sauvé annonce une hausse générale des salaires pour les fonctionnaires régis par la Commission du service civil, de même qu'une classification des tâches. • Inauguration des travaux à Manic-Outardes. • Inauguration de la voie maritime du

AMÉRIQUE DU NORD

Hawaï devient le 50e État de l'Union américaine. • La société américaine New Hampshire's Toy Manufacturing lance la poupée de plastique Barbie.

MONDE

Fidel Castro renverse Fulgencio Batista et prend le pouvoir à Cuba. • Le satellite *Lunik 3* de l'Union soviétique prend des photos de la Lune. • Alain Resnais réalise *Hiroshima, mon amour* et Federico Fellini, *La Dolce Vita.*

CULTURE ET SOCIÉTÉ

POLITIQUE

AMÉRIQUE DU NORD

MONDE

Saint-Laurent par la reine Elizabeth II, qui remet en cause la vocation séculaire du port de Montréal. Désormais Montréal n'est plus le lieu de transbordement obligé de la navigation fluviale. • L'Assemblée législative vote une somme de dix millions de dollars pour faciliter aux élèves l'accès aux études supérieures.

La voie maritime du Saint-Laurent, écluse Saint-Louis.

CULTURE ET SOCIÉTÉ

Bombe : *Les Insolences du frère Untel,* de Jean-Paul Desbiens, livre qui dénonce les carences du système d'éducation. L'ouvrage connaît un immense succès. • Raoul Roy, rédacteur de la *Revue socialiste,* fonde l'Action socialiste pour l'indépendance du Québec. • Fondation du Mouvement laïque de langue française. • Fondation en Beauce de la compagnie Les Aciers Canam, qui deviendra Canam Manac. • Wilfrid Pelletier devient directeur général de l'enseignement de la musique au Québec. • Claude Hurtubise fonde les Éditions Hurtubise/HMH (Hurtubise, Mame et Hatier). • Ouverture de l'autoroute métropolitaine à Montréal.

POLITIQUE

Antonio Barrette succède à Paul Sauvé, décédé subitement le 2 janvier. • Aux élections générales, le Parti libéral dirigé par Jean Lesage est porté au pouvoir avec 51 des 95 sièges. • Le gouvernement confie à Hydro-Québec les droits d'aménagement et d'exploitation de toutes les ressources hydrauliques non concédées. • Création d'une Commission d'enquête sur l'administration provinciale de 1955 à 1960. • Augmentation des impôts des particuliers et des corporations en vue de financer l'assurance-hospitalisation.

AMÉRIQUE DU NORD

La population des États-Unis est de 179 323 175 habitants. • John Fitzgerald Kennedy est élu président des États-Unis. • Mise au point de la cuisine sous vide. • Les Américains Bill Hanna et Joe Barbara lancent le dessin animé *The Flintstones (Les Pierrafeu),* version préhistorique de l'émission télévisée de Jackie Gleason, *The Honeymooners.*

MONDE

Brasília remplace Rio de Janeiro comme capitale du Brésil. • Dix-sept anciens territoires coloniaux d'Afrique, dont 14 français, proclament leur souveraineté. • Alain Resnais réalise *L'Année dernière à Marienbad* et Alfred Hitchcock, *Psychose.*

Maintenant ou jamais

Le 27 avril 1960, le premier ministre et chef de l'Union nationale, Antonio Barrette, annonce la tenue en juin d'élections générales très attendues. Voilà maintenant 16 ans que son parti est au pouvoir. Rapidement, il enfourche le vieux cheval de bataille de l'autonomie provinciale. Le chef du Parti libéral, lui, Jean Lesage, cherche depuis un moment déjà à recruter des candidats de prestige. En voici un : René Lévesque, journaliste bien connu de l'émission télévisuelle *Point de mire*. Lévesque accepte, séduit par le programme du parti et la personnalité de Georges-Émile Lapalme, l'ex-chef du parti. Le Parti libéral propose de mettre de l'ordre dans les affaires publiques québécoises, la création d'une commission d'enquête sur l'éducation, l'institution de l'assurance-hospitalisation, l'adoption d'un code de travail, la création d'un ministère des Richesses naturelles, etc. La publicité oppose les trois « L » du Parti libéral, Jean Lesage, Georges-Émile Lapalme et René Lévesque, aux trois « B » de l'Union nationale, Antonio Barrette, Maurice Bellemare et Jos D. Bégin.

La campagne est dure : on dirait une guerre de tranchées. Mais les libéraux ont le vent dans les voiles : les sondages le prouvent. On a choisi comme slogan « C'est maintenant ou jamais ! » Le 22 juin, les jeux sont faits : le Parti libéral dirigé par Jean Lesage est porté au pouvoir avec 51 des 95 sièges à pourvoir. On fera de cet événement le début de la Révolution tranquille.

Le centre-ville de Montréal.

CULTURE ET SOCIÉTÉ

La population du Québec atteint 5 259 211 habitants. • Marcel Chaput publie *Pourquoi je suis séparatiste*.

POLITIQUE

Sanction de la loi créant le ministère des Affaires culturelles, l'Office de la langue française, le Conseil des arts du Québec et le Département du Canada français d'outre-frontière. • Création également de la Régie des alcools du Québec. • Le 10 juin, *Le Devoir* publie les résultats d'un sondage selon lequel 15,2 % des Québécois sont favorables à l'indépendance du Québec. • Marcel Chaput et André d'Allemagne fondent le Rassemblement pour l'indépendance nationale (RIN). • Claire Kirkland-Casgrain devient la première femme élue député à l'Assemblée législative.

AMÉRIQUE DU NORD

Fondation du Nouveau Parti démocratique (NPD), à la suite d'une entente entre le CCF (Cooperative Commonwealth Federation) et le CTC (Congrès du travail du Canada). • Invasion manquée de Cuba, dite de la baie des Cochons, depuis le sud des États-Unis. Quelques jours plus tard, Cuba devient la première république socialiste d'Amérique latine. • Un premier astronaute américain, Alan Sheppard, est envoyé dans l'espace.

MONDE

Yuri Gagarine, cosmonaute russe, est mis en orbite autour de la Terre.
• Construction du mur de Berlin.
• François Truffaut réalise *Jules et Jim*.

La commission Parent

À la fin des années 1950, les études secondaires publiques sont devenues la grande faiblesse du système scolaire québécois • On estime qu'elles mènent une très large proportion d'élèves, sinon la majorité, à un cul-de-sac. En mars 1961, le gouvernement Lesage met sur pied une commission royale d'enquête, présidée par le vice-recteur de l'Université Laval, Mgr Alphonse-Marie Parent, avec pour tâche « d'étudier l'organisation et le financement de l'éducation au Québec ». Au cours de leurs travaux, qui s'échelonnent de 1961 à 1966, les commissaires reçoivent 300 mémoires et visitent plusieurs établissements scolaires au Canada, aux États-Unis et en Europe.

Leurs premières recommandations, déposées en 1963, proposent l'abolition du département de l'Instruction publique, organisme plus que centenaire, et la création d'un ministère de l'Éducation, flanqué d'un organe consultatif, le Conseil supérieur de l'éducation. Plusieurs groupes cependant s'y opposent, dont l'épiscopat catholique, et il faut plus d'un an pour acheminer un projet de loi à cet effet à la sanction royale (19 mars 1964).

Pour assurer à tous les jeunes l'accès à l'école secondaire, le ministère regroupe d'abord les 1 500 commissions scolaires locales en 55 commissions scolaires régionales. Rapidement, un grand nombre d'écoles régionales, dites « polyvalentes », sont mises en chantier. En 1967, les 12 premiers collèges d'enseignement général et professionnel ouvrent leurs portes. Un an plus tard, c'est la création de l'Université du Québec.

CULTURE ET SOCIÉTÉ

POLITIQUE

AMÉRIQUE DU NORD

MONDE

C'est rarement le français qui domine dans l'affichage à Montréal. APC.

CULTURE ET SOCIÉTÉ

Les Caisses populaires acquièrent La Sauvegarde, compagnie d'assurance-vie. • Grand incendie englobant les forêts situées entre le lac Saint-Jean et la tête du Saint-Maurice. Le nuage de fumée est tel qu'il obscurcit le ciel de Montréal. • Arthur Lamothe réalise *Les Bûcherons de la Manouane*. • Lancement du journal historique *Le Boréal Express*. • Lancement du magazine scientifique *Le Jeune Scientifique*, qui deviendra plus tard *Québec Science*. • Montréal est choisi par le Bureau des expositions internationales comme site de l'Exposition universelle et mondiale de 1967.

POLITIQUE

Le *Magazine Maclean* publie les résultats d'un sondage selon lequel 26,2 % des Québécois sont favorables à l'indépendance du Québec. • Formation du « Réseau de résistance », qui veut aider à l'indépendance du Québec par la violence. • Donald Gordon, président du Canadien National, déclare qu'il ne peut trouver dans son personnel aucun Canadien français apte à occuper l'un des 28 postes supérieurs de l'entreprise. Flambée de manifestations nationalistes dans à peu près tous les coins du Québec. Au cours de l'une d'elles, la police de Montréal lance ses chevaux dans la mêlée. • Marcel Chaput et un groupe

AMÉRIQUE DU NORD

Inauguration de l'autoroute Transcanadienne. • À Toronto, Marshall McLuhan publie *La Galaxie Gutenberg*. • Menace d'affrontement URSS–États-Unis à propos de Cuba. • L'astronaute américain John Glenn effectue un vol orbital dans l'espace. • Mort à 36 ans de l'actrice Marilyn Monroe, née Norma Jean Baker.

MONDE

La population de la Terre est d'environ 3 100 000 000 d'habitants. • Deux avocats britanniques fondent Amnistie internationale. • Deuxième Concile du Vatican. • L'usage de la thalidomide est à l'origine de malformations congénitales. • Le néologisme « informatique » est formé à partir des mots « information » et « automatique ».

• Sortie en salle de *Dr. No*, premier film anglais mettant en vedette l'agent secret James Bond.

de ses partisans quittent le RIN et fondent le Parti républicain du Québec. • Aux élections de novembre, le Parti libéral est reporté au pouvoir sur le thème de la nationalisation de l'électricité, avec le slogan « Maîtres chez nous ». Pour le ministre des Richesses naturelles, René Lévesque, c'est la première étape d'une conquête économique.
• Création de la Société générale de financement.

Jean Lesage et René Lévesque au moment de la nationalisation de l'électricité. APC.

CULTURE ET SOCIÉTÉ

Le 20 juillet, éclipse totale du Soleil.
• Hydro-Québec prend possession de dix sociétés d'électricité privées : on estime à 604 millions de dollars le coût de l'opération. • Fondation à Trois-Rivières de la maison d'édition Boréal Express. • Michel Brault et Pierre Perrault réalisent *Pour la suite du monde*.

POLITIQUE

Création de la revue *Parti pris,* dirigée par Pierre Maheu, qui oriente sa lutte sur trois fronts : laïcisme, indépendantisme, socialisme.
• Premières flambées de violence du Front de libération du Québec.
• Le Rassemblement pour l'indépendance nationale (RIN), réuni en congrès à Montréal, se constitue en parti politique. • Le gouvernement lance sur le marché sa première émission d'obligations d'épargne.
• Création du Bureau d'aménagement de l'Est du Québec.
• Adoption de la Loi sur les caisses d'épargne et de crédit et de la Loi sur les associations coopératives.

AMÉRIQUE DU NORD

Lester B. Pearson, libéral, devient premier ministre du Canada.
• Institution de la Commission royale d'enquête sur le bilinguisme et le biculturalisme, présidée conjointement par André Laurendeau et Davidson Dunton.
• Le 22 novembre, assassinat à Dallas du président américain John Fitzgerald Kennedy. Lyndon B. Johnson devient président. • Aux États-Unis, au cours d'une opération à cœur ouvert, on recourt pour la première fois à un cœur artificiel.
• Alfred Hitchcock réalise *Les Oiseaux*.

MONDE

Yasser Arafat fonde le mouvement de résistance Al Fatah contre Israël.
• La cosmonaute russe Valentina Tereshkova fait un vol de trois jours dans l'espace et devient ainsi la première femme cosmonaute.
• Présentation à Berlin du premier magnétophone à cassettes.

Le terrorisme québécois

Le terrorisme québécois commence le 23 février 1963 par l'annonce d'une bombe déposée à la station anglaise CKGM par l'aile radicale du « Réseau de résistance » formé en octobre 1962. Bientôt, par vagues, le Front de libération du Québec frappe. De 1963 à 1967, le mouvement terroriste pose environ 35 bombes, la plupart de faible puissance, dont une sur deux est désamorcée. On s'en prend aux symboles de la Couronne britannique et du gouvernement fédéral : manèges et casernes militaires, monuments, centres de recrutement de l'armée canadienne, boîtes aux lettres. De 1968 à 1970, on pose environ 60 bombes, de forte puissance, dont une sur quatre est désamorcée. Généralement, on s'en prend cette fois au grand capital.

Et viennent les événements d'octobre 1970 : l'enlèvement de l'attaché commercial britannique, James Richard Cross, la lecture du manifeste du FLQ sur les ondes de la radio et de la télévision d'État, l'enlèvement du ministre du Travail et de l'Immigration, Pierre Laporte, le décret de la Loi sur les mesures de guerre, la mort de Pierre Laporte, les perquisitions (31 700 selon les chiffres alors fournis par le Protecteur du citoyen), les 502 arrestations sans mandat, les détentions prolongées sans motifs ni comparutions, la culpabilité par association avec définition rétroactive des offenses. La population en général sortira meurtrie d'« octobre 1970 », événements encore aujourd'hui ténébreux, porteurs de significations multiples et où il est difficile de bien définir la part réelle de chacun des intervenants.

CULTURE ET SOCIÉTÉ

Mise en service de la centrale de Carillon. • Fondation de la compagnie Cascades, à Kingsey Falls. • Naissance de l'Union générale des étudiants du Québec (UGEQ). • Françoise Gratton, Gilles Pelletier et Georges Groulx fondent la Nouvelle Compagnie théâtrale. • Alain Grandbois reçoit le prix Molson, décerné pour la première fois. • Gilles Groulx réalise *Le Chat dans le sac* et obtient le grand prix du Festival du cinéma canadien. • Fondation du Musée d'art contemporain de Montréal. • À la suite d'un vote, plus de 75 % des fonctionnaires québécois décident d'adhérer au Syndicat des fonctionnaires, affilié à la Confédération des syndicats nationaux.

POLITIQUE

Le 30 mai, Pierre Bourgault devient président du RIN. • René Jutras, médecin de Victoriaville, fonde le Regroupement national, qui deviendra le Ralliement national, un autre parti indépendantiste. • Par esprit de dérision politique, Jacques Ferron fonde le Parti Rhinocéros. • Le 10 octobre, « samedi de la matraque » à Québec à l'occasion de la visite de la reine Elizabeth II. Journée de répression brutale face à des foules sans armes. Rupture entre un grand nombre d'indépendantistes et le projet de Révolution tranquille du gouvernement Lesage. • Le projet de loi prévoyant la création d'un ministère de l'Éducation reçoit la

AMÉRIQUE DU NORD

Émeutes raciales aux États-Unis. • Martin Luther King reçoit le prix Nobel de la paix. • Foire universelle de New York. • Le professeur américain G. Rosen utilise pour la première fois la chimiothérapie. • La compagnie américaine Hasbro met en marché son militaire miniature pour enfants G. I. Joe.

MONDE

Les Beatles ont un succès fou et tous les jeunes connaissent leurs premières chansons, comme *I Want to Hold your Hand*. • Le film *Zorba le Grec* de Cacoyannis attire un large public. • Jean-Paul Sartre publie *Les Mots*. • La dernière œuvre de Claude Champagne, *Altitude,* pour chœur, orchestre et ondes Martenot, est consacrée par un concert parisien au palais de Chaillot.

sanction royale, mais la confession-
nalité du système public est assurée
par diverses mesures. • Adoption par
le Parlement du Code du travail et
de la loi établissant le régime des
rentes. La nouvelle Caisse de dépôt
et de placement administre les fonds
perçus par la Régie des rentes et la
Régie de l'assurance-récolte.

Une assemblée du Rassemblement pour l'indépendance nationale.

CULTURE ET SOCIÉTÉ

Inauguration de la première ligne de transport d'électricité au monde à 735 kilovolts. • La naissance et le développement des pratiques d'animation sociale, des comités de citoyens et des groupes populaires constituent une première tentative de transformation des pratiques sociales. • Publications : *Le Couteau sur la table,* de Jacques Godbout, *Prochain épisode* d'Hubert Aquin, *L'afficheur hurle* de Paul Chamberland. • Marie-Claire Blais remporte le prix Médicis avec *Une saison dans la vie d'Emmanuel.* • Gilles Carle réalise *La Vie heureuse de Léopold Z* et Arthur Lamothe, *Poussière sur la ville.* • Gilles Vigneault chante pour la première fois *Mon pays.*

POLITIQUE

Le 24 mai, jour de la fête de Dollard ou de la fête de la Reine, se déroule la plus violente manifestation que Montréal ait connue depuis des années. Bilan : 203 détentions, 131 accusations, 13 policiers blessés. Claude Wagner est alors ministre de la Justice. • Le premier ministre Jean Lesage se lance dans une violente attaque contre les « rêveurs séparatistes ». • Adoption de la Loi de la fonction publique. • Création de la Société québécoise d'exploration minière, connue sous le sigle SOQUEM, et de la Caisse de dépôt et de placement du Québec. • On crée le ministère de la Famille et du Bien-Être social, tel que l'a

AMÉRIQUE DU NORD

Pierre Elliott Trudeau, Jean Marchand et Gérard Pelletier, surnommés alors les « trois colombes », adhèrent au Parti libéral du Canada. • L'unifolié devient l'emblème officiel du Canada. • Le rapport préliminaire de la commission Laurendeau-Dunton constate que la Confédération arrive à un tournant décisif de son histoire et que l'avenir est d'autant plus douteux qu'une bonne partie de la population anglophone n'a même pas conscience de l'existence de la crise. • En Alabama, Martin Luther King dirige une marche avec 4 000 défenseurs des droits sociaux. • Violentes altercations raciales à Los Angeles. • Herbert Marcuse publie *Culture et société.*

MONDE

Le cosmonaute soviétique Leonov quitte son engin spatial *Voskhod II* et flotte dans l'espace durant dix minutes. • L'Angleterre fête le 990e anniversaire de l'abbaye de Westminster.

recommandé le rapport Boucher, du Comité d'étude de l'Assistance publique. • Le gouvernement du Québec signe à Paris ses premières ententes internationales visant à développer la coopération France-Québec dans les domaines de l'éducation et de la culture. • Le gouvernement accorde le droit de vote à toute personne âgée de 18 ans et plus pour l'élection des commissaires d'école.

Pierre Elliott Trudeau, Jean Marchand et Gérard Pelletier, les « trois colombes ».

CULTURE ET SOCIÉTÉ

Signature d'une lettre d'intention en vue de l'aménagement, par Churchill Falls (Labrador) Corp., d'une centrale sur la rivière Churchill, au Labrador, et de l'achat par Hydro-Québec de la majorité de la production de cette centrale. • Fondation à Shawinigan de la première association coopérative d'économie familiale. • Début de la télévision en couleur au Québec. • Wilfrid Pelletier, Jean Papineau-Couture, Serge Garant et Pierre Mercure fondent la Société de musique contemporaine de Québec. • Inauguration du métro de Montréal. • La mini-jupe est à la mode.

POLITIQUE

La Commission royale d'enquête sur l'enseignement, la commission Parent, remet au gouvernement son dernier rapport. • La Commission royale d'enquête sur la fiscalité, présidée par Marcel Bélanger, propose des réformes à tous les niveaux du régime fiscal et un partage plus favorable au Québec des taxes prélevées par les gouvernements de Québec et d'Ottawa. • L'assurance-hospitalisation couvre maintenant les services d'urgence, la radiothérapie, la physiothérapie, les services externes de radiologie et de laboratoire, de même que les services sociaux offerts aux malades hospitalisés. • Création de la

AMÉRIQUE DU NORD

Adoption par le gouvernement fédéral du régime national et universel d'assurance-maladie, un programme à frais partagés. • Aux États-Unis, Timothy Leary, psychologue, directeur de recherches à l'Université d'Harvard et chantre du LSD, est arrêté pour « possession de stupéfiants prohibés ». • Pour protester contre la guerre du Vietnam, tenue d'un premier *love-in* à San Francisco.

MONDE

La sonde spatiale soviétique *Luna 9* se pose en douceur sur la Lune. • En URSS, Léonide Brejnev devient secrétaire général du Parti communiste. • En Chine, le comité central du Parti communiste réclame « une grande révolution culturelle prolétarienne ». • Un DC 8 canadien s'écrase à Tokyo : 188 morts.

Gilles Vigneault.

Commission d'enquête sur la santé et le bien-être social (commission Castonguay-Neveu). Le 5 juin, l'Union nationale, dirigée par Daniel Johnson, reprend le pouvoir. • Pierre Vallières écrit *Nègres blancs d'Amérique.*

CULTURE ET SOCIÉTÉ

POLITIQUE

AMÉRIQUE DU NORD

MONDE

CULTURE ET SOCIÉTÉ

Création des collèges d'enseignement général et professionnel, qui garantissent à tous les élèves la gratuité et l'accessibilité aux études collégiales. • Création de l'Institut de recherche d'Hydro-Québec et de la revue *Forces*. Mise en service des centrales Manic-Un et Manic-Deux et première hausse de tarifs d'électricité depuis 1944.

• L'Exposition universelle de Montréal s'ouvre le 28 avril alors qu'il fait un temps ensoleillé. André Prévost compose le poème symphonique *Terre des hommes* pour le concert inaugural. L'exposition se termine le 27 octobre. • Début d'une grave invasion de la tordeuse des bourgeons de l'épinette. En neuf ans, elle s'étendra à 360 000 km² de

POLITIQUE

En juillet, Charles de Gaulle, président de la République française, s'écrie du balcon de l'hôtel de ville de Montréal « Vive le Québec libre ! » • François Aquin se déclare partisan de la souveraineté totale du Québec et devient le premier député indépendantiste à siéger à l'Assemblée législative. • On met sur

pied le ministère des Affaires intergouvernementales. • Le député libéral de Laurier, René Lévesque, propose une indépendance assortie d'une étroite association, surtout en matière économique, avec le reste du Canada. Il quitte le Parti libéral, qui refuse de discuter de son manifeste, et fonde quelques semaines plus tard

AMÉRIQUE DU NORD

La commission Laurendeau-Dunton recommande de déclarer le français langue officielle aux parlements du Canada, de l'Ontario et du Nouveau-Brunswick, ainsi que dans l'administration gouvernementale canadienne et les tribunaux fédéraux. On suggère également la création de districts bilingues et l'adoption d'une loi sur

les langues officielles. • Tenue d'une conférence interprovinciale sur la Constitution. • Suspension de la peine de mort au Canada pour une période de cinq ans. • Le gouvernement Pearson adopte l'*Ô Canada* comme hymne national canadien. • Intégration des forces armées du Canada. • On institue l'Ordre du Canada.

MONDE

Début de la guerre du Biafra. • Troisième guerre israélo-arabe, la « guerre des six jours ». • En Grèce, « régime des colonels ». • Première transplantation cardiaque par le docteur Christian N. Barnard à Cape Town, en Afrique du Sud. • La République de Chine fait exploser sa première bombe à hydrogène. • Le révolutionnaire cubain d'origine argentine

Ernesto Che Guevara (né en 1928) est tué en Bolivie. • Des tonnes d'herbicides défoliants sont déversées sur le Vietnam par l'armée américaine. • Le superpétrolier *Torrey Canyon* se brise sur des récifs au large de l'Angleterre. C'est la première grande marée noire. • Accord entre la France, l'Angleterre et l'Allemagne pour construire l'Airbus.

forêts. • Jacques Godbout publie *Salut Galarneau !* et Michel Brault réalise *Entre la mer et l'eau douce.*

Le général de Gaulle et le premier ministre Daniel Johnson.

le Mouvement Souveraineté-Association. • Tenue à Montréal des états généraux du Canada français, qui se concluent par un rejet catégorique du fédéralisme canadien, un appui généralisé en faveur des pleins pouvoirs pour le Québec et une orientation vers l'indépendance du Québec.

• On crée la Société de développement de l'industrie cinématographique canadienne, qui deviendra Téléfilm Canada. • Ouverture de la Bibliothèque nationale à Ottawa. • Aux États-Unis, tenue du festival pop de Monterey, qui dure trois jours et attire 50 000 jeunes. • Émeutes raciales à Newark et à Detroit.

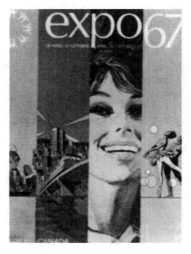

Une affiche pour l'Exposition internationale de 1967.

CULTURE ET SOCIÉTÉ

POLITIQUE

AMÉRIQUE DU NORD

MONDE

CULTURE ET SOCIÉTÉ

Le 25 septembre, inauguration du barrage de Manic-Cinq par Daniel Johnson, Jean Lesage et René Lévesque. • Le premier parc industriel d'État est créé à Bécancour. • Création de l'Université du Québec, avec campus à Montréal, à Trois-Rivières et à Chicoutimi. Une quatrième constituante ouvrira ses portes plus tard à Rimouski. • Création de Radio-Québec et de l'Office franco-québécois pour la jeunesse. • Sur le plan municipal, on accorde le droit de vote à tous les résidents âgés de 18 ans et plus. • Le médecin montréalais Henry Morgentaler ouvre une première clinique d'avortement. • À la rentrée de septembre, 15 cégeps sur 23 se mettent en grève. • À l'été, le

POLITIQUE

Après la mort de Daniel Johnson, Jean-Jacques Bertrand devient premier ministre du Québec. • Abolition du Conseil législatif et création du ministère de l'Immigration. • Le gouvernement décide de verser ses propres allocations familiales. • Invité directement par le Gabon, le Québec se rend à la Conférence des ministres de l'Éducation des pays francophones, ce qui soulève l'ire d'Ottawa. • René Lévesque lance son livre *Option Québec* et fonde le Parti québécois. • Pierre Elliott Trudeau parle du « *lousy French* » des francophones québécois. • Lors du défilé de la Saint-Jean-Baptiste à Montréal, en présence du maire Jean Drapeau et de Pierre Elliott

AMÉRIQUE DU NORD

Pierre Elliott Trudeau, succédant au démissionnaire Lester B. Pearson, triomphe au congrès du Parti libéral fédéral. Il annonce bientôt la tenue d'élections et toute la campagne électorale sera centrée sur la personne de ce nouveau chef : on parlera de « trudeaumanie ». Et il sera élu premier ministre du Canada aux élections du 25 juin. • Aux États-Unis, assassinat du pasteur baptiste Martin Luther King et de l'homme politique Robert F. Kennedy. • Le président Lyndon B. Johnson annonce l'arrêt des bombardements sur la majeure partie du Nord-Vietnam et son retrait de la course électorale. On estime qu'un million

MONDE

Violentes manifestations pendant les événements de Mai 68 en France. • Les Soviets envahissent la Tchécoslovaquie. • Durcissement des relations entre Pékin et Moscou. • Explosion de la première bombe H française. • En Chine, le Parti communiste annonce la fin de « la grande révolution culturelle prolétarienne ». • En URSS, vol d'essai de *Tupolev 144,* premier avion commercial supersonique • L'encyclique *Humanæ Vitæ* de Paul VI se prononce contre toute forme de contraception artificielle. • Hewish et Bell, de l'observatoire Mullard, à Cambridge, en Angleterre, découvrent les pulsars. • Marguerite Yourcenar publie *L'Œuvre au noir.*

docteur Pierre Grondin réussit la première transplantation cardiaque québécoise. • La pièce *Les Belles-Sœurs* de Michel Tremblay est jouée pour la première fois, au Théâtre du Rideau Vert. • Hubert Aquin publie *Trou de mémoire*. • Denis Héroux réalise *Valérie*.

Trudeau, des échauffourées éclatent entre manifestants indépendantistes et policiers : 135 blessés, près de 300 arrestations, dont 81 mineurs. Parmi les personnes arrêtées : Pierre Bourgault, Paul Rose, Jacques Lanctôt, Jacques Larue-Langlois, Richard Bizier et un prêtre-ouvrier, Jacques Couture.

de tonnes de bombes a été lancé sur le Vietnam. • Élection du républicain Richard Nixon à la présidence des États-Unis. • Stanley Kubrick réalise *2001 : Odyssée de l'espace*.

Le barrage Daniel-Johnson, Manic-Cinq. Hydro-Québec.

CULTURE ET SOCIÉTÉ

L'AGEUM (Association générale des étudiants de l'Université de Montréal) et l'UGEQ (Union générale des étudiants du Québec) se sabordent. • Les Expos de Montréal jouent leur premier match à domicile, contre les Cardinaux de Saint-Louis au parc Jarry. • Sainte-Scholastique est choisie comme site du deuxième aéroport international canadien : Mirabel. • Première édition du Festival de la chanson de Granby. • Arthur Lamothe réalise *Le mépris n'aura qu'un temps* et Pierre Perrault, *Les Voitures d'eau*. • Marcel Rioux publie *La Question du Québec*.

POLITIQUE

Création des ministères de la Fonction publique et des Communications. • Mise en place de l'Office de planification et de développement du Québec et du Conseil québécois de l'environnement. • Création de la Société d'exploitation des loteries et courses (Loto-Québec), de la Société québécoise d'initiatives pétrolières (SOQUIP), du Centre de recherche industrielle du Québec (CRIQ) et de la Société de récupération, d'exploitation et de développement forestiers (REXFOR). • Les assises nationales des états généraux du Canada français réclament une nouvelle constitution pour le Québec et un système présidentiel. • Nouvelle flambée de violence

AMÉRIQUE DU NORD

Création de Télésat Canada. • Des centaines de milliers de personnes défilent dans les rues de plusieurs villes américaines pour protester contre la guerre au Vietnam • Tenue du festival pop de Woodstock où 400 000 jeunes assistent à une grand-messe psychédélique et fraternelle.

MONDE

Le 20 juillet, l'homme marche sur la Lune. • Jan Palach, un étudiant tchécoslovaque, s'immole à Prague pour protester contre l'occupation soviétique. • Yasser Arafat devient le premier président de l'Organisation de libération de la Palestine. • À la suite de la démission du général de Gaulle, Georges Pompidou est élu président de la République française. • En Irlande du Nord, les affrontements entre catholiques et protestants font plusieurs dizaines de morts et des centaines de blessés. L'armée britannique intervient. • Willy Brandt devient chancelier de la RFA. • Des commandos égyptiens sabotent deux navires israéliens dans le port d'Eilat. • Au Danemark, tenue d'une première foire internationale

Image tirée du film Les
Voitures d'eau, *de Pierre
Perrault. Coll. Association des
cinémas parallèles du Québec.*

à l'occasion du défilé de la Saint-Jean-
Baptiste à Montréal. La statue représentant saint Jean-Baptiste est décapi-
tée. • Violentes manifestations en
faveur des droits linguistiques des francophones québécois à McGill et Saint-
Léonard. • Le « bill 63 », projet de loi
sur l'enseignement du français, provoque de graves remous.

du sexe. • *Papillon,* la narration des
aventures d'un ancien bagnard, Henri
Charrière, devient un best-seller. • Le
Concorde, l'avion supersonique anglo-
français, vole pour la première fois.

CULTURE ET SOCIÉTÉ

Quelque 450 conducteurs de la compagnie de transport G. Lapalme inc. déclenchent une grève. Le conflit, parfois violent, durera plusieurs mois, mais « les gars de Lapalme » n'auront pas gain de cause. • Montréal est choisi comme site des Jeux olympiques de 1976. • Le Front d'action politique (FRAP), principal parti d'opposition au maire Jean Drapeau, tient son premier congrès politique. • Création de la Société pour vaincre la pollution (SVP). • Première nuit de la poésie au Gesù à Montréal. • Gaston Miron publie *L'Homme rapaillé* et Anne Hébert, *Kamouraska*. • Claude Jutra réalise *Mon oncle Antoine,* désigné en 1984 comme le meilleur film de toute l'histoire du cinéma canadien. • Fondation de la revue *Mainmise*.

POLITIQUE

Le Parti libéral du Québec se choisit un nouveau chef : Robert Bourassa, député à l'Assemblée nationale depuis 1966. • À la suite des recommandations de la Commission d'enquête sur la santé et le bien-être social (commission Castonguay-Nepveu), le gouvernement adopte le régime universel d'assurance-maladie, puis réorganise le système de dispensation des services de santé et des services sociaux. • Le Parti libéral, dirigé par Robert Bourassa, remporte les élections avec 45,4 % des suffrages et 72 des 108 sièges de l'Assemblée nationale. Le Parti québécois arrive second quant au suffrage populaire avec 23,1 %

AMÉRIQUE DU NORD

Au Canada, l'âge du droit de vote est abaissé à 18 ans. • Les États-Unis adoptent le National Environmental Protection Act.

MONDE

Salvador Allende est élu président du Chili. • Fin de la guerre du Biafra, qui capitule aux mains du gouvernement fédéral nigérian. • Le colonel Kadhafi devient premier ministre de la Libye. • La Rhodésie, ancienne colonie britannique, se proclame république indépendante. • Au Cambodge, après 11 siècles de monarchie, proclamation de la République. • Israël bombarde par erreur une école égyptienne : 40 morts. • Première mondiale à Paris : un stimulateur cardiaque au plutonium est implanté sur un malade. • Découverte d'une riche zone pétrolifère dans la mer du Nord, au large de la Norvège. • En Égypte, on termine la construction du barrage d'Assouan. • Les Beatles se séparent. • Exposition universelle du Japon.

Au lendemain du décret de la Loi des mesures de guerre, le 16 octobre, l'armée se déploie dans les rues de Montréal. ANC PA-129838.

des voix, mais ne remporte que 7 sièges. • Crise d'Octobre : enlèvement par le Front de libération du Québec de l'attaché commercial britannique à Montréal, James Cross, et du ministre du Travail, Pierre Laporte. Décret par le gouvernement fédéral de la Loi des mesures de guerre. Suspension de certaines libertés civiles. Des centaines d'arrestations. Assassinat de Pierre Laporte.

Robert Bourassa.

CULTURE ET SOCIÉTÉ

POLITIQUE

AMÉRIQUE DU NORD

MONDE

1971

CULTURE ET SOCIÉTÉ

Annonce du projet de développement hydroélectrique de la baie James. Création de la Société d'énergie de la Baie James (SEBJ) et de la Société de développement de la Baie James (SDBJ). • Mise en service de la centrale Manic-Cinq. • Le Québec devient pour la première fois membre d'une organisation internationale gouvernementale, l'Agence de coopération culturelle et technique. • Le 4 mars, Montréal connaît une des pires tempêtes : 47 centimètres de neige, soufflée par des rafales de 110 kilomètres/heure, formant d'énormes bancs de neige. C'est l'un des mois de mars les plus enneigés de l'histoire du Canada. • Affaissement de terrain à Saint-Jean-Vianney. • Admission des

POLITIQUE

Création du ministère des Affaires sociales et introduction de la Loi sur les services de santé et les services sociaux (loi 65). Mise sur pied des CLSC et création des conseils régionaux de la santé et des services sociaux (CRSSS). • Le Protecteur du citoyen critique sévèrement la conduite des forces policières pendant la crise d'Octobre. • Pierre Vallières, entré dans la clandestinité, rompt avec le FLQ et préconise l'usage des moyens démocratiques pour réaliser la libération des travailleurs québécois.

AMÉRIQUE DU NORD

Le premier ministre du Québec, Robert Bourassa, refuse que l'on rapatrie de Londres la Constitution canadienne s'il n'y a pas de reconnaissance préalable d'un droit de veto du Québec à tout changement constitutionnel. • À Washington, nouvelle manifestation de plus de 500 000 personnes contre la « sale guerre du Vietnam ». • Le lieutenant américain William L. Calley est trouvé coupable de meurtre prémédité au moment du massacre de Mylai, au Vietnam.

MONDE

En Ouganda, coup d'État sanglant du major Idi Amin Dada. Au cours des sept années qui suivent, celui-ci fait exécuter sommairement des dizaines de milliers de personnes. • Le Congo devient le Zaïre. • Le Bangladesh proclame son indépendance. • Proclamation de la Fédération des Émirats arabes, regroupant six principautés du golfe Persique. • Réfugié depuis 15 ans à l'ambassade américaine de Budapest, le cardinal Mindszenty peut fuir pour Rome. • La Chine populaire est admise à l'ONU. • En France, élection de François Mitterrand comme secrétaire du Parti socialiste. • En URSS, mise en service de la plus grande centrale hydroélectrique du monde à Krasnoïarsk, sur l'Ienisseï.

---

femmes comme jurés. • Antonine Maillet publie *La Sagouine*. • Suicide du poète, dramaturge et critique d'art, Claude Gauvreau.

Affrontements pendant la grève de La Presse.

CULTURE ET SOCIÉTÉ

POLITIQUE

AMÉRIQUE DU NORD

MONDE

• Nationalisation des banques privées et des mines de cuivre au Chili. • Faillite de l'entreprise britannique Rolls Royce. • En Suisse, par référendum, le droit de vote est accordé aux femmes pour les élections au fédéral, alors qu'on le leur refuse au Liechtenstein.

CULTURE ET SOCIÉTÉ

Les 200 000 employés du gouvernement forment un front commun et déclarent la grève. Malgré les injonctions, les chefs syndicaux décident de défier le gouvernement Bourassa. Il s'ensuit l'emprisonnement immédiat des principaux chefs, dont Louis Laberge, Marcel Pepin et Yvon Charbonneau. • La scission de 150 syndicats jusque-là affiliés à la Centrale des syndicats nationaux amène la fondation de la Centrale des syndicats démocratiques. • Mise en service de la centrale de Churchill Falls. Début des travaux d'aménagement de la baie James. • Inauguration du projet hydroélectrique des chutes Churchill au Labrador. • Mise au ban du DDT comme insecticide, tant au Québec qu'au Canada. • Gilles Carle réalise *La Vraie Nature de Bernadette*.

POLITIQUE

Adoption de la Loi sur les biens culturels.

AMÉRIQUE DU NORD

Aux États-Unis, début de l'affaire du Watergate. • Le Sénat américain enjoint le président Nixon de retirer les troupes américaines du Vietnam dans un délai de quatre mois. • Lancement de la sonde américaine *Pioneer 10*, qui porte dans l'univers une plaque métallique inaltérable, gravée de symboles pouvant renseigner d'éventuels extra-terrestres sur la vie sur Terre. • Un ingénieur âgé de 28 ans invente le premier jeu vidéo, sorte de tennis sur écran. Il créera sa propre société de jeux vidéo, Atari, achetée par Warner en 1976. • Deux Américains inventent la première calculatrice électronique de poche.

MONDE

Le président américain Richard Nixon rencontre à Pékin le président Mao Tsé-toung. • Le gouvernement britannique prend le pouvoir en Irlande du Nord à la suite de l'escalade de la violence. • À Tel-Aviv, à l'aéroport de Lod, trois terroristes japonais ouvrent le feu sur la foule : 25 morts et 72 blessés. • La police allemande met la main au collet de la « bande à Baader », un groupe terroriste. • Grève mondiale des pilotes de ligne pour protester contre la piraterie aérienne. • En France, Georges Marchais devient secrétaire du Parti communiste. • Luis Buñuel réalise *Le Charme discret de la bourgeoisie*.

Jacques Dion, Paul-Émile Dalpé et Amédée Daigle quittent la CSN et fondent la CSD.

CULTURE ET SOCIÉTÉ

Début des travaux de la Commission d'enquête sur le crime organisé (CECO). • Fondation à Québec de CKRL MF, première radio communautaire de langue française du monde. • Création du Conseil de presse du Québec par le milieu journalistique, alors que les gouvernements étudient sérieusement la possibilité de légiférer pour discipliner les médias. • Jean-Pierre Lefebvre réalise *Les Dernières Fiançailles* et André Brassard, *Il était une fois dans l'Est.*

POLITIQUE

La Gendarmerie royale du Canada vole à Montréal la liste des membres du Parti québécois. • Dépôt du rapport de la Commission d'enquête sur la situation de la langue française et sur les droits linguistiques (commission Gendron). • Nouvelle victoire du Parti libéral dirigé par Robert Bourassa. • Adoption du Code des professions, qui subordonne les corporations au pouvoir de l'État jusque dans le champ de la formation.

AMÉRIQUE DU NORD

Création du Conseil du statut de la femme et du Conseil canadien de la situation de la femme. • Renouvellement de la suspension de la peine de mort au Canada. • Le président américain Richard Nixon est compromis dans l'affaire du Watergate. • Aux États-Unis, révolte armée de 200 Indiens sioux dans le village de Wounded Knee, au Dakota du Sud. Ils réclament une amélioration de leurs conditions de vie dans les réserves et la prise en considération de leurs droits de citoyens. • Henry Kissinger devient secrétaire d'État aux Affaires étrangères. • Un tremblement de terre au Mexique fait 1 000 morts. • Un représentant

MONDE

Au Chili, le régime Allende est renversé par un coup d'État du général Pinochet, Salvador Allende se suicide. • Quatrième guerre israélo-arabe. • Restauration de la république en Grèce. • À Paris, signature d'un cessez-le-feu entre le Nord-Vietnam et les États-Unis. Plus de 56 000 soldats américains sont morts au cours de ce conflit, qui a coûté aux États-Unis 135 milliards de dollars. • Amnistie internationale organise à Paris un congrès mondial pour l'abolition de la torture. • Crise du pétrole dans le monde à la suite de fortes hausses du prix du pétrole brut. • Bernardo Bertolucci réalise *Le Dernier Tango à Paris.*

La basilique de Sainte-Anne-de-Beaupré.

de commerce américain, Gary Gigax, crée « Donjons et Dragons », le premier jeu de rôle moderne.

CULTURE ET SOCIÉTÉ

POLITIQUE

AMÉRIQUE DU NORD

MONDE

CULTURE ET SOCIÉTÉ

Inondations printanières importantes. Le gouvernement doit verser 20 millions de dollars en aide financière aux victimes réparties dans plus de 200 municipalités. • Saccage des installations de la baie James par certains ouvriers de la FTQ-Construction. • À cause de la violence accrue sur les chantiers, une commission présidée par le juge Robert Cliche enquête sur l'exercice de la liberté syndicale dans l'industrie de la construction. • Dans les hôpitaux psychiatriques du Québec, on commence à utiliser le lithium, un sel de carbonate, pour le traitement des maniaco-dépressifs. • Fondation du quotidien indépendantiste *Le Jour*. • Madeleine Ferron et Robert Cliche publient *Les Beaucerons, ces insoumis,*

POLITIQUE

La loi 22 proclame le français langue officielle du Québec. Ambiguë et difficile d'application, jugée extrémiste par les uns et trop timide par les autres, cette loi réussit à mécontenter autant la majorité francophone que les minorités anglophones.

AMÉRIQUE DU NORD

Le ministère des Affaires indiennes crée un Bureau des revendications autochtones. • Réélection de Pierre Elliott Trudeau et du Parti libéral à Ottawa. • De 354 qu'il était en 1957, le nombre de Canadiens condamnés pour des offenses reliées à la drogue passe à 30 845. • Gerald Ford succède à Richard Nixon à la présidence des États-Unis. • À Boston, émeutes racistes pour protester contre la mixité dans les écoles pour Blancs. • Mise en chantier, à Dallas, du plus grand aéroport du monde.

MONDE

En Yougoslavie, le maréchal Tito est élu président de la république à vie ; en Tunisie, c'est Habib Bourguiba. • L'Inde devient la sixième nation à posséder la bombe atomique. • En France, la majorité civile est abaissée à 18 ans. • Découverte à l'Institut Pasteur de Paris de facteurs immunologiques communs au fœtus et aux cellules cancéreuses. • Alexandre Soljénitsyne perd la citoyenneté soviétique et doit partir en exil. Il commence la publication de *L'Archipel du Goulag*.

1735-1867. • Michèle Lalonde publie
Speak White. • Michel Brault réalise
Les Ordres et Anne-Claire Poirier, *Les
Filles du Roy.* • Tenue de la Super-
francofête à Québec.

*De plus en plus d'ethnies sont représentées
dans les écoles du Québec. Photo : André
Rival.*

CULTURE ET SOCIÉTÉ

Le 24 juillet, une tornade détruit la moitié du village de Bonaventure, en Gaspésie, faisant quatre morts.
• Radio-Québec entre en ondes.
• Fondation de l'Association nationale des étudiants du Québec (ANEQ).
• Dépôt du rapport de la commission Cliche, qui recommande la mise en tutelle de quatre grands syndicats de la construction. • Tenue des audiences publiques de la Commission d'enquête sur le crime organisé (CECO). • Inauguration de l'aéroport de Mirabel.
• Accord avec les Cris et les Inuits au sujet des territoires de la baie James. Cette convention reconnaît aux Amérindiens des droits d'occupation et d'usage d'une partie du territoire et prévoit le versement de compensations financières assez substantielles.

POLITIQUE

Adoption de la Charte québécoise des droits et libertés de la personne.

AMÉRIQUE DU NORD

Création de la Société d'État Pétro-Canada, ou Société d'énergie du Canada. • L'Église anglicane du Canada approuve l'ordination des femmes. • On joue pour la première fois, à New York, la pièce de Pierre Shaffer, *Equus*.

MONDE

Victoire communiste au Vietnam.
• En Espagne, mort du dictateur absolu Franco. • À Paris, signature d'un accord de coopération nucléaire entre la France et l'Irak. • La guerre civile entre Musulmans et Phalangistes redouble de violence au Liban.
• À l'ONU, on adopte une résolution assimilant le sionisme à une forme de racisme. • En Angola, proclamation de l'indépendance dans une atmosphère de guerre civile. • Les Américains opposent leur veto à l'admission de deux Vietnam à l'ONU. • L'ONU proclame 1975 « l'Année de la femme ». • La Communauté économique européenne crée l'ECU, unité de compte européenne non alignée sur le dollar. • En France, début de l'émission littéraire de

• À Cannes, le réalisateur Michel Brault obtient le Prix de la mise en scène pour son film *Les Ordres*.

Malgré la Convention de la Baie-James, la vie continue d'être difficile pour les communautés inuites.

Bernard Pivot, *Apostrophes*. • La firme japonaise Sony lance le format vidéo grand public Beta, alors que la firme JVC lance le format vidéo grand public VHS (pour « Video Home System »). • Émile Ajar (Romain Gary) publie *La Vie devant soi*.

CULTURE ET SOCIÉTÉ

Grandes inondations du fleuve. Le gouvernement doit verser 23 millions de dollars aux victimes des inondations réparties dans plus de 600 municipalités. • Le 17 juillet, ouverture à Montréal des jeux de la XXIe Olympiade. • Affrontement entre l'Association des gens de l'air, qui réclame la francisation de l'espace aérien, et les contrôleurs aériens anglophones. Ottawa cède pour un temps aux pressions des pilotes et des contrôleurs anglophones. • Nouveau front commun des employés du secteur public. • Mise en service de la centrale Manic-Trois. • Gilles Groulx réalise *24 heures ou plus* et obtient le Prix de la critique canadienne. • Luc Plamondon crée l'opéra rock

POLITIQUE

Aux élections du 15 novembre, le Parti québécois dirigé par René Lévesque remporte la victoire. • Dans le comté de Papineau, élection de Jean Alfred (PQ), premier député de race noire.

AMÉRIQUE DU NORD

L'Église anglicane du Canada ordonne six femmes. • La population des États-Unis est de 215 005 859 habitants. • Le démocrate Jimmy Carter est élu président des États-Unis. • La sonde américaine *Viking 1* se pose sur Mars.

MONDE

Le Venezuela nationalise son industrie pétrolière. • Émeutes raciales à Soweto, en Afrique du Sud. • Raid israélien sur l'aéroport d'Entebbe, en Ouganda, pour libérer 103 otages aux mains de 7 pro-Palestiniens qui avaient détourné l'avion. Le raid fait 31 morts. • Entrée des forces syriennes au Liban. • Cuba confirme la présence de militaires cubains en Angola. • Coup d'État militaire en Argentine, dirigé par le général Videla. • Création du Front national de libération de la Corse. • Proclamation de la réunification du Vietnam. Hanoi devient la capitale. • Un nuage de dioxine sur la région de Seveso, en Italie, amène l'évacuation d'urgence de la population. • L'Académie nationale des sciences

Starmania. • Jean Paré fonde la revue *L'actualité,* fusion du *Maclean* et de l'*Actualité.* • Adrien Thério fonde le magazine littéraire *Lettres québécoises.*

René Lévesque et Claude Morin siégeant à l'Assemblée nationale.

affirme que les gaz des contenants-aérosols peuvent causer des dommages à la couche d'ozone.

CULTURE ET SOCIÉTÉ

Fernand Seguin obtient le prix Kalinga, la plus haute distinction internationale dans le domaine du journalisme scientifique. • Fondation de l'Union des écrivains québécois. • Suicide à Montréal de l'écrivain Hubert Aquin (né en 1929).

POLITIQUE

Adoption par le gouvernement Lévesque de la loi 101, qui va plus loin que la loi 22 dans l'affirmation de la primauté du français au travail et sur la place publique. Regroupés au sein de l'organisation Alliance-Québec, des anglophones choisissent de contester la loi devant les tribunaux et réussissent à en faire invalider certaines parties. • Démarrage du programme OSE (Opération de solidarité économique), alors que le gouvernement injecte jusqu'en 1980 plus d'un demi-milliard de dollars dans l'économie pour créer ou soutenir 46 000 emplois. • Adoption d'une loi régissant le financement des partis politiques,

AMÉRIQUE DU NORD

Création de la société d'État Via Rail Canada. • Vague de froid sans précédent aux États-Unis ; il neige en Floride. • Jacqueline Means devient la première femme ordonnée prêtre de l'Église épiscopale en Amérique. • Les États-Unis renoncent à leurs droits perpétuels sur la zone du canal de Panamá. • Première exécution publique aux États-Unis depuis 1967, celle de Gary Gilmore. • *La Guerre des étoiles,* film de George Lucas, sort en salle. Suivent rapidement les figurines pour les enfants. • La société américaine Apple livre son premier ordinateur domestique « Apple II ». • Mort du chanteur américain Elvis Presley (né en 1935).

MONDE

Durcissement de la répression en Afrique du Sud. • En Libye, proclamation de la « république populaire socialiste arabe ». • Léonide Brejnev est élu à la tête du præsidium du Soviet suprême. • Ian Smith est élu premier ministre de la Rhodésie. • L'Égypte est mise au ban par les pays arabes pour ses pourparlers de paix avec Israël. • Mise en service du plus grand gazoduc du monde, reliant la Norvège à la Basse-Saxe. • Découverte en Turquie du plus important gisement d'uranium du monde. • Inauguration à Paris du centre Georges-Pompidou.

Monique Mercure remporte le Grand Prix d'interprétation à Cannes pour sa prestation dans J. A. Martin, photographe, un film de Jean Beaudin.

---

interdisant dorénavant aux entreprises et aux syndicats de contribuer financièrement à la caisse électorale des partis et obligeant ces derniers à divulguer l'état de leurs revenus et de leurs dépenses.

CULTURE ET SOCIÉTÉ

Levée de boucliers lorsque Thomas Galt, président de la Sun Life, annonce le déménagement du siège social de la compagnie d'assurances de Montréal à Toronto, prétextant que la loi 101 limite les possibilités d'embauche de personnes compétentes en anglais. La Sun Life détient alors environ 9 % du marché québécois de l'assurance. Elle n'en détient plus que 6,6 % dix ans plus tard. • Mise en service d'Outardes-Deux, ce qui termine l'aménagement des rivières Manicouagan et aux Outardes. • Gilbert Langevin publie *Mon refuge est un volcan.* • La musique « disco » est à la mode.

POLITIQUE

Adoption de la Loi du zonage agricole, qui vise à protéger les terres les plus fertiles, en particulier celles de la région de Montréal, menacées par la spéculation et la stérilisation péri-urbaines. • Loi assurant l'exercice des droits des personnes handicapées et qui entraîne la création de l'Office des personnes handicapées du Québec.

AMÉRIQUE DU NORD

Mise en service de la première grande ligne d'interconnexion (765 kV) avec les États-Unis. • Une Bible de Gutenberg est vendue deux millions de dollars à un encan à New York. C'est le prix le plus élevé jamais payé pour un livre.

MONDE

Neuf cents membres de la secte américaine Temple du Peuple, dirigés par leur chef Jim Jones, se suicident collectivement en Guyane. • Nombreuses manifestations contre le régime du Shah en Iran. • En Italie, les Brigades rouges enlèvent, puis assassinent le leader de la Démocratie chrétienne, Aldo Moro. • Élection papale du cardinal polonais Karol Wojtyla, qui prend le nom de Jean-Paul II. • Le Canadien Michael Birch remporte la Route du rhum, première transatlantique française en solitaire entre Saint-Malo et Pointe-à Pitre. • Un bébé-éprouvette, une fille, vient au monde en Angleterre.

Il y a de moins en moins d'entreprises agricoles, mais elles sont plus grandes et plus mécanisées.

CULTURE ET SOCIÉTÉ

Plusieurs orages violents causent de nombreux dommages sur le territoire du Québec. • Mise en service de la centrale LG-Deux à la baie James. • Anne-Claire Poirier réalise *Mourir à tue-tête*. • Antonine Maillet publie *Pélagie-la-Charrette,* qui lui vaut le prix Goncourt.

POLITIQUE

La Loi sur la protection de la jeunesse a pour fondement le respect des droits des enfants, la responsabilité parentale et le maintien dans le milieu naturel. Le Comité de protection de la jeunesse devient une sorte d'ombudsman de l'enfant. • La Loi de la santé et de la sécurité au travail vise à diminuer à la source les risques d'accident du travail.

AMÉRIQUE DU NORD

Joe Clark, conservateur, devient premier ministre du Canada. • La Cour suprême du Canada déclare que la loi québécoise qui fait du français la seule langue officielle est inconstitutionnelle. • En Ontario, 240 000 personnes sont évacuées après le déraillement d'un train transportant du chlore. • Aux États-Unis, signature des accords de Camp David entre le président égyptien Anouar el-Sadate et le premier ministre Menahem Begin. • En Pennsylvanie, la panne du système de refroidissement de la centrale nucléaire de Three Mile Island provoque l'évacuation des enfants et des femmes enceintes dans un rayon

MONDE

Au Cambodge, fin de la dictature de Pol Pot ; de celle d'Idi Amin Dada en Ouganda ; de celle d'Anastesio Somoza au Nicaragua. • Profitant du temps des Fêtes, l'URSS envahit l'Afghanistan. • En Iran, renversement du Schah et instauration de la République islamique. • En Algérie, le colonel Chadli Bendjedid est élu président de la république. • Au Venezuela, on découvre un gisement de pétrole équivalent à l'ensemble des réserves de l'OPEP. • Mise au point du disque compact par Philips aux Pays-Bas et par Sony au Japon. • Un Japonais de la firme Sony, passionné de golf et de musique, met au point le baladeur ou *walkman*.

Une partie du complexe de la baie James.

de huit kilomètres. • À l'Université
de Minneapolis, première transfusion
de sang synthétique.

CULTURE ET SOCIÉTÉ

Dans une salle de Chapais, 44 citoyens périssent lorsqu'un jeune homme met le feu à une branche de sapin durant la fête municipale du jour de l'An. • Floralies internationales de Montréal. • Le 1er septembre, une averse brutale et brève fait deux morts et des millions de dollars de dégâts à Montréal. • Francis Mankiewicz réalise Les Bons Débarras et Jean-Claude Labrecque, L'Affaire Coffin. • Jean O'Neil publie Cap-aux-oies.

POLITIQUE

Le 20 mai, le gouvernement demande à la population, par la voie d'un référendum, de lui accorder le mandat d'entreprendre avec le gouvernement fédéral des négociations devant mener à la souveraineté-association pour le Québec. Le taux de participation est d'environ 86 % !

AMÉRIQUE DU NORD

Pierre Elliott Trudeau, libéral, redevient premier ministre du Canada. • Le républicain Ronald Reagan est élu président des États-Unis. • Les États-Unis rompent leurs relations diplomatiques avec l'Iran. • Éruption du mont St. Helens aux États-Unis : le volcan crache un panache de cendre dont les retombées traversent le continent en 3 jours et font le tour du monde en 19 jours. • Assassinat à New York du musicien et chanteur anglais John Lennon.

MONDE

Le tribunal Russel sur les violations des droits des Indiens des Amériques siège aux Pays-Bas. • En URSS, le dissident Andreï Sakharov est exilé à Gorki. • Marguerite Yourcenar devient la première femme élue à l'Académie française. • Naissance en Pologne du syndicat libre Solidarité. • En Yougoslavie, mort du maréchal Tito.

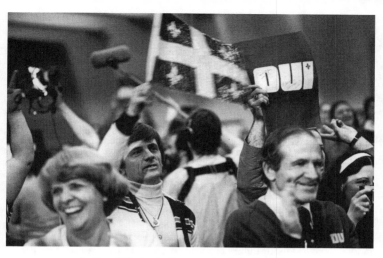

Archives du Centre de documentation du Parti québécois.

Le référendum

Le 15 novembre 1976, avec la promesse d'être « un bon gouvernement », de ramener la paix sociale et le progrès et de tenir un référendum sur la souveraineté-association, le Parti québécois, dirigé par René Lévesque, était porté au pouvoir. Au cours des années qui ont suivi, grâce au dynamisme de ses politiques et aux moyens de persuasion dont il disposait comme gouvernement, il a cherché à augmenter l'appui populaire pour la souveraineté-association lors du référendum à venir.

Au printemps 1980, le gouvernement du Québec fait connaître sa proposition d'une nouvelle entente avec le reste du Canada fondée sur le principe de l'égalité des peuples, entente qui permettrait au Québec d'acquérir le pouvoir exclusif de faire ses lois, de percevoir ses impôts et d'établir ses relations extérieures. Le gouvernement demande à la population, par la voie d'un référendum, de lui accorder le mandat d'entreprendre avec le gouvernement fédéral des négociations devant mener à la souveraineté-association pour le Québec. La bataille est chaude et polarise plus que jamais l'opinion. Le camp du « oui » mène une campagne plutôt défensive ; celui du « non » reçoit un fort appui politique et financier du gouvernement fédéral, en particulier du premier ministre Pierre Elliott Trudeau qui promet un renouvellement du système fédéral. Le 20 mai, plus de 85 % des Québécois expriment leur choix et près de 60 % d'entre eux répondent par la négative, ce qui oblige le Parti québécois à remiser son option souverainiste.

CULTURE ET SOCIÉTÉ

Portant les couleurs de Ferrari, Gilles Villeneuve remporte un premier Grand Prix de formule 1. • Le 2 novembre, mort de Thérèse Casgrain, tenante des droits des femmes. • Denys Arcand réalise *Le Confort et l'Indifférence*. • Louis Caron publie *Le Canard de bois*. • Alice Poznanska-Parizeau publie *Les lilas fleurissent à Varsovie*. • Mavis Gallant publie *Home Truths : Selected Canadian Stories*. • Luc Plamondon met sur pied la Société professionnelle des auteurs et compositeurs du Québec. • Mort de l'écrivain Jovette Bernier (née en 1900). • Mort du poète John Glassco (né en 1909). • Gilles Carle réalise *Les Plouffe*. • Le comédien Yves Jacques produit, réalise et interprète le premier vidéoclip québécois.

POLITIQUE

On confie dorénavant le régime de l'aide sociale au ministère du Travail et de la Main-d'œuvre, plutôt qu'à celui des Affaires sociales. • Le 6 mars, Jean Keable publie le rapport de la Commission d'enquête relative aux opérations policières suivant la crise d'Octobre. On recommande de poursuivre en justice les policiers qui ont été impliqués dans des activités illégales de 1971 à 1973. • Le 13 avril, réélection du Parti québécois avec 49,2 % des voix et 80 sièges à l'Assemblée nationale. • Le 11 juin, René Lévesque dépose en Chambre le rapport Paré sur l'accès du citoyen à l'information gouvernementale et sur la protection des renseignements personnels.

AMÉRIQUE DU NORD

Le Canada connaît l'une des pires saisons d'incendies de forêt du siècle. • Le 8 octobre, le président du Sénat canadien, Jean Marchand, déclare en conférence de presse que le décret de la Loi sur les mesures de guerre en 1970 équivalait à « mobiliser un canon pour tuer une mouche ». • Le 5 novembre, les neuf provinces anglophones du Canada concluent un accord avec le gouvernement Trudeau pour rapatrier unilatéralement la Constitution canadienne. Le gouvernement Lévesque ne peut que constater l'échec de sa stratégie constitutionnelle. • Sans l'accord du Québec, le gouvernement fédéral rapatrie la Constitution canadienne le 2 décembre.

MONDE

IBM met sur le marché son premier ordinateur individuel, l'IBM-PC. • Crise politique en Pologne, conduisant les Soviétiques à proclamer l'état de guerre, qui ne sera levé qu'en juillet 1983. • Le 22 septembre, inauguration du train à grande vitesse (TGV) français. • Le 5 mai, à la suite d'une grève de la faim de 66 jours, décès de Bobby Sands, militant de l'IRA incarcéré à la prison de Maze, près de Belfast. • Élection de François Mitterrand à la présidence de la République française. • Le 13 mai, un jeune ressortissant turc, Ali Agca, blesse grièvement le pape Jean-Paul II sur la place Saint-Pierre à Rome. • En Égypte, un commando assassine le président Anouar al-Sadate pendant une revue militaire.

Affiche des Plouffe, *de Gilles Carle. Coll. Association des cinémas parallèles du Québec.*

CULTURE ET SOCIÉTÉ

Le 18 janvier, des chutes de neige abondantes accompagnées par des rafales atteignant 110 km/h et des températures de − 30 °C paralysent Schefferville pendant plusieurs jours. • Mort de l'écrivain Félix-Antoine Savard (né en 1896). • Mort du peintre René Richard (né en 1895). • Mort de l'ethnologue Robert-Lionel Séguin (né en 1920).

• Le 17 avril, le temps doux et les fortes pluies sont à l'origine des plus fortes crues en 42 ans dans les Cantons-de-l'Est et en Beauce, causant des dégâts estimés à 4 millions de dollars. • Mort du physiologiste d'origine autrichienne Hans Selye (né en 1907). • Accident et mort tragique du coureur automobile Gilles Villeneuve (né en 1950) en

POLITIQUE

Mise en service du barrage hydroélectrique LG-Trois. Réorganisation administrative d'Hydro-Québec. • Adoption à l'unanimité par l'Assemblée nationale du projet de loi 65, qui donne accès aux documents des organismes publics et protège les renseignements touchant la personne.

• Lancement du programme gouvernemental Corvée-Habitation, ayant pour but de relancer l'industrie de la construction et de faciliter l'accès à la propriété. • Adopté le 11 décembre par l'Assemblée nationale, le projet de loi 105 impose des conventions collectives aux employés de l'État.

AMÉRIQUE DU NORD

En mars, au large de Terre-Neuve, la plate-forme pétrolière *Ocean Ranger* coule au cours d'une tempête, entraînant la mort de ses 84 occupants. • Le 18 mai, Bombardier reçoit une commande de 1 milliard de dollars pour la construction de 825 voitures du métro de New York. C'est le plus gros contrat de l'histoire

canadienne. • Le 2 novembre, Iron Ore annonce l'arrêt définitif de ses activités minières à Schefferville. • Le 27 septembre, le quotidien acadien *L'Évangéline* publie son dernier numéro.

MONDE

Canonisation de Marguerite Bourgeoys, fondatrice de la congrégation de Notre-Dame. • Béatification à Rome d'Eulalie Durocher, mère Marie-Rose, fondatrice de la congrégation des Sœurs des Saints-Noms-de-Jésus-et-de-Marie. • Mort de l'écrivain français Louis Aragon (né en 1897). • Mort du cinéaste allemand Rainer Werner Fassbinder (né en 1945). • En

URSS, Andropov succède à Brejnev au secrétariat général du Parti communiste. • La Grande-Bretagne repousse la tentative de conquête des îles Malouines par l'Argentine en imposant un blocus naval et aérien. • L'Espagne se joint à l'OTAN. • Helmut Kohl devient chancelier de la République fédérale allemande. • La Chine atteint le milliard de personnes.

Belgique. • Une émeute éclate à l'Institut Archambault de Sainte-Anne-des-Plaines, la pire dans les annales pénitentiaires canadiennes. Trois gardiens et deux détenus sont tués. • Anne Hébert reçoit le prix Femina pour *Les Fous de Bassan*. • Roger Lemelin publie *Le Crime d'Ovide Plouffe*. • Alphonse Piché publie *Dernier profil*. • Le cinéaste André Forcier réalise *Au clair de la lune*. • Frédéric Back reçoit l'oscar du meilleur court métrage pour *Crac* ; un deuxième lui sera remis en 1988 pour son court métrage *L'homme qui plantait des arbres*. • Mort du pianiste torontois Glenn Gould (né en 1932).

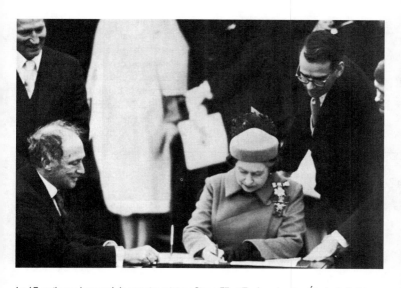

Le 17 avril, sous le regard du premier ministre Pierre Elliott Trudeau, la reine Élisabeth II appose sa signature au bas de la nouvelle Constitution canadienne. Le Canada rompt ainsi sa dépendance envers le Parlement britannique. La cérémonie a lieu en l'absence du Québec, qui refuse de signer la nouvelle entente. Archives nationales du Canada PA-141503. Photo : Robert Cooper.

CULTURE ET SOCIÉTÉ

L'insuffisance de neige durant l'hiver 1982-1983 pousse les centres de ski vers la faillite. • Le 7 juin, près de Québec, un orage violent accompagné de grêlons et de rafales de vent de 100 km/h renverse des avions légers immobilisés au sol et abat de gros arbres et des lignes à haute tension à Saint-Nicolas. • Incendies de forêt particulièrement nombreux au Québec pendant l'été. • Gérald Godin publie *Sarzène*. • Micheline Lanctôt réalise *Sonatine*. • Richard Boutet et Pascal Gélinas réalisent *La Turlute des années dures*. • À la mi-novembre, le verglas plonge le Québec dans l'obscurité et cause des pannes de courant qui durent plusieurs jours à certains endroits. • Le 13 décembre, une tempête

POLITIQUE

En mai, des coopératives régionales de pêcheurs, subventionnées par le gouvernement du Québec, remplacent la Fédération des pêcheurs unis du Québec, qui est en faillite technique. • Le 21 juin, la compagnie d'aviation Québécair devient la propriété du gouvernement du Québec. • La FTQ met sur pied le Fonds de solidarité, organisme ayant pour mission d'investir dans les entreprises pour maintenir ou créer de l'emploi. • Le 1er septembre, entrée en vigueur au Québec de la Loi anti-briseurs de grève. • Le 26 septembre, élection de Gérald Larose comme président de la CSN. • Le 15 octobre, Robert

AMÉRIQUE DU NORD

Le 2 juin, un incendie entraîne l'atterrissage forcé d'un avion d'Air Canada à l'aéroport de Cincinnati, causant la mort de 23 personnes. • Lancement du jeu vidéo Pac Man par la société japonaise Namco et la société américaine Midway.

MONDE

Mort d'Arthur Koestler (né en 1905), essayiste et écrivain britannique d'origine hongroise. • Mort du peintre espagnol Juan Miró (né en 1893). • Mort du cinéaste espagnol Luis Buñuel (né en 1900). • Mort du dramaturge américain Tennessee Williams (né en 1911). • Mort du créateur de Tintin, le Belge Georges Rémy (né en 1907), mieux connu sous le nom de Hergé. • Le 12 avril, premier vol d'essai de la navette spatiale *Columbia*. • Le 13 juin, la sonde *Pioneer X* devient la première machine humaine à quitter le système solaire. • Le Polonais Lech Walesa reçoit le prix Nobel de la paix.

record de verglas s'abat sur le sud du Québec, laissant 500 000 Montréalais sans électricité durant plus de 36 heures. Au moins 67 mm de pluie froide couvre le sol de gadoue, de glace et d'eau, ralentissant toute activité. • Mort du poète Gatien Lapointe (né en 1931). • Mort d'Émile Legault (né en 1906), auteur dramatique et metteur en scène. • À

Québec, décès de la romancière Gabrielle Roy (née en 1909). • Mort de l'écrivain Yves Thériault (né en 1915).

Bourassa se retrouve de nouveau à la tête du Parti libéral du Québec.

CULTURE ET SOCIÉTÉ

Le 8 mai, le caporal Denis Lortie abat quatre personnes à l'Assemblée nationale. Aucun parlementaire n'est présent. • Jacques Brault publie *Agonie* et Jacques Poulin, *Volkswagen Blues*. • Jean Papineau-Couture compose l'œuvre pour piano *Idée*. • André Melançon réalise *La Guerre des tuques*. • Denys Arcand réalise *Le Crime d'Ovide Plouffe* et Léa Pool, *La Femme de l'hôtel*. • Mort de l'écrivain Gilbert Larocque (né en 1943). • Mort de l'historien Maurice Séguin (né en 1918). • Une importante baisse du niveau de l'eau dans la rivière Sainte-Anne et dans le fleuve Saint-Laurent au cours des hivers 1984 et 1985 provoque une chute importante de la population de poulamon atlantique. • Aux Jeux olympiques d'hiver à

POLITIQUE

Le 27 mai, inauguration de la centrale électrique LG-Quatre, ce qui marque l'achèvement des travaux de la première phase du complexe La Grande à la baie James. • La Société générale de financement et Hydro-Québec concluent des ententes qui permettent à la société française Péchiney de construire une aluminerie à Bécancour. • En septembre, visite du pape Jean-Paul II au Québec et au Canada. • En novembre, René Lévesque affirme que la souveraineté ne sera pas l'enjeu des prochaines élections, provoquant le départ de sept membres de l'exécutif national.

AMÉRIQUE DU NORD

La Cour suprême invalide la « clause Québec » de la Charte de la langue française. • Le premier ministre du Canada, Pierre Elliott Trudeau, quitte la vie politique le 2 février. Son successeur, le libéral John Turner, est défait aux élections de septembre alors que le Parti conservateur remporte 212 des 282 sièges. Brian Mulroney devient premier ministre du Canada le 4 septembre et compte au Québec 58 de ses 212 députés élus. • Le premier amendement de la Constitution canadienne accorde de nouveaux droits aux autochtones et entre en vigueur le 21 juin. • En mai, Jeanne Sauvé devient la première femme à accéder au poste de gouverneur

MONDE

Mise en marché de l'ordinateur domestique MacIntosh par la compagnie Apple. • Mort du réalisateur français François Truffaut (né en 1932). • En URSS, Constantin Oustinovich Tchernenko succède à Iouri Andropov après la mort de celui-ci. • Une période de grande sécheresse s'amorce en Éthiopie, entraînant une famine que la guerre civile aggravera. • En octobre, assassinat d'Indira Gandhi, premier ministre de l'Inde.

Sarajevo, Gaétan Boucher enlève le
1 000 m et le 1 500 m en patinage de
vitesse. Aux jeux d'été à Los Angeles,
la plongeuse Sylvie Bernier remporte
une médaille d'or au plongeon de 3 m.

*Brian Mulroney devient
premier ministre du Canada
le 4 septembre. On le voit ici
en visite officielle en France
en compagnie du président
François Mitterrand et de
l'ambassadeur Lucien
Bouchard. Ambassade de
France.*

général du Canada. • Le 5 septembre,
Marc Garneau devient le premier
Canadien à participer à un voyage
dans l'espace. • Dans les Territoires
du Nord-Ouest, à l'île Beechy, on
découvre un membre de la dernière
expédition de John Franklin. Il s'agit du
corps, presque parfaitement conservé,
de John Torrington, mort en 1846.

CULTURE ET SOCIÉTÉ

Les 4 et 5 mars, Montréal subit la plus forte tempête de neige de la décennie. • Parution du livre d'Arlette Cousture *Les Filles de Caleb*. • Jean Beaudin réalise *Le Matou* à partir du roman d'Yves Beauchemin. • Mort de l'historien Michel Brunet (né en 1917). • Décès de l'écrivain et médecin Jacques Ferron (né en 1922). • Mort des écrivains François Hertel (né Rodolphe Dubé en 1905) et Francis Réginald Scott (né en 1899). • Mort du violoniste et compositeur Arthur Leblanc (né en 1906).

POLITIQUE

En juin, René Lévesque démissionne de son poste de premier ministre. Pierre-Marc Johnson lui succède. • Aux élections générales du 2 décembre, le Parti libéral remporte 99 sièges avec 55,9 % des voix. Le Parti québécois obtient 23 sièges, avec 38,6 % des suffrages. • Politique d'aide aux femmes violentées visant la lutte contre la réalité des femmes battues et celle des femmes victimes d'agression sexuelle. • Mise en place de la commission Rochon, qui a pour mandat d'enquêter sur les services de santé et les services sociaux.

AMÉRIQUE DU NORD

John Fraser, ministre fédéral des Pêches, se voit dans l'obligation de démissionner, à la suite du scandale du thon avarié. • En septembre, la Commission royale d'enquête McDonald recommande le libre-échange avec les États-Unis. • Le 2 septembre, à 900 km des côtes de Terre-Neuve, des chercheurs français retrouvent l'épave du *Titanic*. • On évalue la population canadienne à 25 millions d'habitants.

MONDE

Mort du peintre et écrivain français Jean Dubuffet (né en 1901). • Mort du peintre français d'origine russe Marc Chagall (né en 1887). • Mort de l'acteur et réalisateur américain Orson Welles (né en 1915). • En URSS, en mars, Mikhaïl Gorbatchev devient secrétaire général du Parti communiste, après la mort de Constantin Tchernenko. Andrei Gromyko accède en juin à la présidence du praesidium du Soviet suprême. • Le 10 juillet, en Nouvelle-Zélande, des agents des services d'espionnage français coulent le *Rainbow Warrior*, bateau du mouvement écologiste Greenpeace, dans le port d'Auckland. Un photographe portugais perd la vie.

Juriste, poète et homme politique, Francis Reginald Scott a exercé une grande influence sur plusieurs générations de penseurs canadiens, dont Pierre Elliott Trudeau. Il a notamment contribué à la révocation de la fameuse loi du cadenas de Maurice Duplessis. Photo : Sarah H. Tobe.

CULTURE ET SOCIÉTÉ

POLITIQUE

AMÉRIQUE DU NORD

• Le 19 septembre, à Mexico, un tremblement de terre cause la mort d'au moins 7 000 personnes.

MONDE

CULTURE ET SOCIÉTÉ

Le Rassemblement des associations étudiantes universitaires (RAEU) met fin à ses activités. • À la fin du mois de mai, une chute de grêlons de la taille de balles de tennis cause des millions de dollars de dommages sur la Rive-Sud. • Le 7 septembre, le réseau de télévision Quatre Saisons entre en ondes. • Gérald Godin publie *Soirs sans atouts.* • Denys Arcand réalise *Le Déclin de l'empire américain,* Léa Pool, *Anne Trister* et Yves Simoneau, *Les Fous de Bassan,* d'après le roman d'Anne Hébert. • Présentation de *Being at Home with Claude* par le dramaturge René-Daniel Dubois. • Mort du compositeur Serge Garant (né en 1929). • Mort du hockeyeur Jacques Plante (né en 1929).

POLITIQUE

Le 9 novembre, Jean Doré devient maire de Montréal avec 67 % des suffrages et le RCM (Rassemblement des citoyens de Montréal) accède au pouvoir. • Le 3 juillet, Québec devient la première ville nord-américaine inscrite sur la liste du patrimoine mondial de l'Unesco.

AMÉRIQUE DU NORD

Le 28 janvier, à 11 h 38, les sept astronautes se trouvant à bord de la navette *Challenger* perdent la vie dans une explosion en plein ciel qui survient 73 secondes après leur envol, à Cape Canaveral, en Floride. • Le 21 mai, les gouvernements américain et canadien entament des pourparlers sur le libre-échange. • À Atlanta, début mai, quatre jours de célébration marquent le centenaire de Coca-Cola.

MONDE

Mort des écrivains français Simone de Beauvoir (née en 1908) et Jean Genet (né en 1910). • Mort du Roumain Mircea Eliade, historien des religions (né en 1907). • Mort de l'écrivain argentin Jorge Luis Borges (né en 1899). • Mort du réalisateur américain Otto Preminger (né en 1906). • Un réacteur de la centrale nucléaire de Tchernobyl, en Ukraine, explose le 26 avril. Moscou tente d'étouffer la nouvelle pendant trois jours, jusqu'à ce que la Suède détecte un nuage radio-actif et exige des explications. L'explosion provoque une pollution radio-active importante de l'environnement, et l'Europe vit dans la crainte de la contamination en raison des vents. On constatera avec le temps que les personnes les plus vulnérables (enfants,

La place Royale à Québec, ville du patrimoine mondial. Université Laval. Photo : Marc Robitaille.

vieillards, etc.) habitant dans la région immédiate ont souffert des radiations.
• En URSS, le XXVIIᵉ Congrès du Parti communiste de l'Union soviétique porte au pouvoir Mikhaïl Gorbatchev et ses projets de réformes politiques et économiques, la *glasnost* et la *perestroïka*.

CULTURE ET SOCIÉTÉ

Au printemps, à Sainte-Marie de Beauce, on évacue des centaines de personnes à cause de la crue des eaux. • Alors qu'une violente tempête de neige avait frappé tout le Québec en janvier, des records de chaleur marquent la saison estivale. Les orages du 14 juillet déversent sur Montréal 103 mm de pluie en deux heures, ce qui paralyse la circulation et entraîne la noyade d'un automobiliste sur le boulevard Décarie et d'importantes inondations. • Le 2e Sommet de la francophonie se tient du 2 au 4 septembre à Québec. • Le 6 octobre, à Québec, une fillette retrouve l'ouïe grâce à un implant cochléaire. C'est une première médicale. • Fernand Séguin publie *La Bombe et l'Orchidée*. • Jean-Claude Lauzon réalise *Un zoo la nuit*.

POLITIQUE

Le 13 mai, la société Alcan annonce son intention de construire une nouvelle usine d'aluminium à Laterrière. • Le 1er novembre, décès de René Lévesque (né en 1922), leader du mouvement indépendantiste et importante figure de la politique québécoise. • Le 18 décembre, la commission Rochon dépose son rapport d'enquête sur les services de santé et les services sociaux. • La levée de l'excommunication des « rebelles » par le synode des évêques québécois marque le 150e anniversaire de la rébellion de 1837. Les restes de Jean-Olivier Chénier, mort à la tête d'un groupe de 200 patriotes, sont transférés au cimetière catholique de Saint-Eustache.

AMÉRIQUE DU NORD

Le 30 avril, les premiers ministres des 10 provinces du Canada se réunissent au lac Meech, dans l'Outaouais, afin de rédiger une entente de principe sur les cinq conditions que pose le Québec pour signer la Loi constitutionnelle d'avril 1982 : reconnaissance du Québec comme société distincte, garantie d'un rôle accru en matière d'immigration, participation des provinces à la nomination des juges de la Cour suprême du Canada, limitation du pouvoir de dépenser du gouvernement fédéral et reconnaissance d'un droit de veto au Québec sur les amendements à la Constitution. • Le 3 juin, les 10 premiers ministres et Brian Mulroney signent l'Accord du lac

MONDE

Le 10 mai, à Rome, béatification de Mgr Louis-Zéphirin Moreau, quatrième évêque de Saint-Hyacinthe. • Mort de l'écrivain français Marguerite Yourcenar (née Crayencour en 1903). • Mort de l'auteur dramatique français Jean Anouilh (né en 1910). • Mort du physicien belge Louis de Broglie (né en 1892). • En décembre, les présidents Reagan et Gorbatchev se rencontrent à Washington pour signer un traité prévoyant l'élimination des missiles à moyenne portée. • Le 11 mai, à Lyon, s'amorce le procès de Klaus Barbie, ancien chef de la Gestapo dans cette ville. Après Nuremberg en 1945-1946, c'est le plus important procès intenté contre un criminel nazi.

Roger Le Bel et Gilles Maheu dans Un zoo la nuit *de Jean-Claude Lauzon. Coll. Association des cinémas parallèles du Québec.*

Meech. • Le 4 octobre, le Canada et les États-Unis en arrivent à une entente de principe sur un contrat de libre-échange entre les deux pays. • Aux États-Unis, on effectue la première greffe cœur et poumon. • Mort de l'artiste américain d'origine slovaque Andy Warhol. • Mort du cinéaste canadien Norman McLaren.

• Début de l'*intifada,* la « guerre des pierres » amorcée par de jeunes Palestiniens dans les territoires occupés par Israël.

CULTURE ET SOCIÉTÉ

À partir du 22 juin, l'autoroute 20 entre Montréal et Québec porte le nom d'autoroute Jean-Lesage, en l'honneur de l'ancien premier ministre du Québec qui a ouvert la voie à la Révolution tranquille. • Francis Mankiewicz réalise *Les Portes tournantes*. • Mort du chansonnier Félix Leclerc (né en 1914), célèbre dans toute la francophonie. • Mort du violoneux Jean Carignan (né en 1914). • Mort du comédien et metteur en scène Jean Gascon. • Mort du journaliste scientifique Fernand Seguin (né en 1922). • Montréal fête Noël sans la neige, pour la seule fois de la décennie.

POLITIQUE

Le 6 janvier, Québec annonce la signature avec l'État de New York d'un contrat d'exportation d'électricité. C'est le plus important de son histoire avec une valeur de 17 milliards de dollars, sur une période de 21 ans. • Le 17 avril, plus de 25 000 personnes marchent dans les rues de Montréal pour appuyer la cause du français au Québec. • À la mi-décembre, la Cour suprême du Canada déclare qu'en vertu de la Charte des droits et libertés, le Québec ne peut interdire l'anglais comme langue d'affichage. • Adoption du projet de loi 178 sur l'affichage commercial. • Le 30 décembre, un incendie survient

AMÉRIQUE DU NORD

Adoption de la Loi interdisant la publicité sur le tabac à compter du 1er janvier 1989. • Signature d'un accord commercial de libre-échange entre le Canada et les États-Unis. • Le 22 septembre, le Canada présente officiellement ses excuses aux Canadiens d'origine japonaise internés durant la Seconde Guerre mondiale. • Le 25 novembre, à 18 h 40, un violent tremblement de terre, évalué à 6,2 à l'échelle de Richter et dont l'épicentre se trouve près de Chicoutimi, cause des vibrations ressenties jusqu'à Sept-Îles, au Québec, à New York, en Nouvelle-Angleterre et à Toronto. Entre 10 et 20 millions de dollars de

MONDE

Aux Jeux olympiques de Séoul, le sprinter canadien Ben Johnson, médaillé d'or au 100 m, sera disqualifié pour dopage. La Canadienne Carolyn Waldo remporte deux médailles d'or en nage synchronisée. • François Mitterrand est réélu à la présidence de la République française. • Le 18 octobre, l'Allemagne de l'Est accepte de porter sa part de responsabilité morale pour l'extermination de six millions de juifs et de payer des dédommagements aux familles des victimes.

dans les locaux d'Alliance-Québec, entraînant la mobilisation des médias et des milieux nationalistes, alors que l'enquête policière piétine.

dommages au Québec. • Élection de Georges Bush à la présidence des États-Unis.

Après l'adoption du projet de loi 178 sur l'affichage bilingue, les stops deviendront la cible privilégiée des graffiteurs. Photo : Françoise Tétu de Labsade.

CULTURE ET SOCIÉTÉ

Fondation de la Fédération des étudiants et étudiantes du Québec (FEEQ). • Durant l'été, le Canada connaît sa pire saison d'incendies de forêt en 80 ans, soit depuis le début des compilations de statistiques sur le sujet. • Le 6 décembre, à l'École polytechnique de Montréal, Marc Lépine, 25 ans, abat 14 jeunes femmes et en blesse 13 autres avant de retourner l'arme contre lui. Québec décrète un deuil national de trois jours. • Le mois de décembre le plus froid depuis une centaine d'années, selon les statistiques compilées par l'Université McGill. • Jacques Poulin publie *Le Vieux Chagrin.* • Denys Arcand réalise *Jésus de Montréal.* • Mort du sociologue Jean-Charles Falardeau (né en 1914).

POLITIQUE

Le 25 septembre, réélection du Parti libéral, dirigé par Robert Bourassa, avec 92 sièges et 49,9 % des voix. Le Parti québécois obtient 40,1 % des voix et fait élire 29 députés tandis que le Parti Égalité obtient 3,6 % des voix et 4 sièges. • Le 5 novembre, Jean-Paul L'Allier est élu maire de Québec sous la bannière du Rassemblement populaire.

AMÉRIQUE DU NORD

Le 7 juin, premier match des Blue Jays au Sky Dome de Toronto devant 45 000 personnes. • Le 30 juin, la Banque du Canada retire le billet de un dollar pour le remplacer par une pièce de monnaie de même valeur, le huard. • Wayne Gretzky devient le meilleur pointeur de l'histoire de la Ligue nationale de hockey en dépassant, le 15 octobre, le record de 1 850 points établi par Gordie Howe.

MONDE

Mort du dramaturge irlandais Samuel Beckett (né en 1906). • Mort du peintre espagnol Salvador Dalí (né en 1904). • Le 15 avril, une bousculade dans les gradins du stade de football de Sheffield, en Angleterre, entraîne la mort de 95 personnes. • En Europe de l'Est, le régime communiste se désagrège ; les populations aspirent à la démocratie occidentale. • Vingt pour cent des dirigeants du Parti communiste de l'Union soviétique, au pouvoir dans 15 républiques d'URSS, perdent leurs sièges lors de l'élection du nouveau Congrès des députés du peuple. La chute du mur de Berlin, le 9 novembre, marque symboliquement la fin de la division Est-Ouest en Europe. • Le prix Nobel de la paix est décerné au Dalaï-Lama.

• Mort du peintre Alfred Pellan (né en 1906). • Mort de l'ethnologue Luc Lacourcière (né en 1910). • Mort du syndicaliste et homme politique Jean Marchand (né en 1918).

in memoriam

Geneviève **BERGERON**   Hélène **COLGAN**
Nathalie **CROTEAU**   Barbara **DAIGNEAULT**
Anne-Marie **EDWARD**   Maud **HAVIERNICK**
Maryse **LAGANIÈRE**   Maryse **LECLAIR**
Anne-Marie **LEMAY**   Sonia **PELLETIER**
Michèle **RICHARD**   Annie **ST-ARNEAULT**
Annie **TURCOTTE**   Barbara **KLUCZNIK WIDAJEWICZ**

6 DÉCEMBRE 1989

Plaque commémorative des victimes de la tragédie à Polytechnique. Centre d'archives de l'École Polytechnique.

• À partir d'un réseau de 24 satellites, mise en place du GPS (Global Positioning System) à l'usage des forces armées américaines.

CULTURE ET SOCIÉTÉ

Le 25 juin, le défilé de la Saint-Jean, rue Sherbrooke, attire plus de 250 000 personnes. • Pour la première fois depuis 15 ans, on constate une augmentation du taux de natalité au Québec, pour l'année 1989. • Création de l'opéra *Nelligan* par l'auteur Michel Tremblay et le compositeur André Gagnon. • La Fondation Émile-Nelligan décerne le premier Grand Prix de littérature Gilles-Corbeil, doté d'une bourse de 100 000 dollars, au romancier Réjean Ducharme. • Le gardien de but du Canadien, Patrick Roy, signe un contrat de trois ans, qui lui vaudra plus de un million de dollars par année. Il devient le joueur de hockey le mieux payé de l'histoire de l'équipe. • Mort de l'écrivain d'origine

POLITIQUE

En juin, mise sur pied de la commission Bélanger-Campeau, chargée d'étudier l'avenir politique du Québec. • Le 11 juillet, la Sûreté du Québec investit la pinède d'Oka dans le but de déloger des Mohawks du village voisin de Kanesatake, épaulés par des sympathisants d'autres communautés mohawks du continent, dont des Warriors. Les Amérindiens ont érigé des barricades qui bloquent l'entrée à un terrain qu'ils revendiquent, protestant contre le projet de la municipalité d'Oka qui vise l'agrandissement d'un terrain de golf. Le caporal Marcel Lemay, 31 ans, meurt dans une fusillade entre policiers et Mohawks. Le siège

AMÉRIQUE DU NORD

Le 22 juin, échec de l'Accord du lac Meech. L'Assemblée législative du Manitoba ajourne ses travaux sans même avoir débattu de la question, et, à Terre-Neuve, le vote devant permettre la ratification de l'accord est annulé. Devant cet échec complet, le 26 juin, quatre députés québécois à Ottawa quittent leur parti pour former le Bloc québécois, dont Lucien Bouchard assurera la direction. • Le 10 avril, adoption à Ottawa de la Loi sur la taxe sur les produits et services. • Le 14 septembre, le projet pétrolier Hibernia obtient l'appui d'Ottawa.

MONDE

La Namibie devient indépendante. • Le 11 février, en Afrique du Sud, Nelson Mandela est libéré après 27 ans de détention pour sa lutte contre l'apartheid. • Le 11 mars, après 16 ans de dictature, le président chilien Augusto Pinochet cède le pouvoir au président élu Patricio Aylwin. • Le 29 mai, Boris Eltsine remporte l'élection présidentielle de la Fédération de Russie. • Le 9 juin, Vaclav Havel remporte la victoire en Tchécoslovaquie. • Le 2 août, l'Irak envahit l'émirat du Koweit et l'annexe peu après à titre de 19e province. C'est l'amorce d'une grave crise internationale. • Le 3 octobre, les deux Allemagnes se réunifient après 45 ans de séparation. • Le 19 novembre, fin officielle de la guerre polonaise Alice Poznanska-Parizeau (née en 1930). • Mort du chanteur Gerry Boulet (né en 1946). • Mort de Gérard Dion (né en 1912), professeur et pionnier des relations industrielles au Canada. • Mort du peintre Jean Paul Lemieux (né en 1904). • Mort du comédien et directeur de théâtre Jean Duceppe (né en 1923). • Mort du peintre

autodidacte Arthur Villeneuve (né en 1910). • Mort de l'écrivain d'expression anglaise Hugh McLennan (né en 1907).

s'amorce lorsque les Warriors bloquent la route 344 à l'aide d'une pelle mécanique. Par solidarité, les Mohawks de Kahnawake bloquent le pont Mercier et construisent des barricades sur la route 132. C'est le début de « la crise d'Oka ». L'armée canadienne remplacera la Sûreté du Québec aux barricades le 17 août.

Le 1er septembre, l'armée avance vers les positions mohawks et cerne une trentaine de Warriors récalcitrants. Le 26 septembre, les Mohawks finissent par se rendre. Pour certains, les événements d'Oka sont un symbole du réveil autochtone.

froide ; les pays de l'OTAN et du pacte de Varsovie signent un traité prévoyant la réduction des armes conventionnelles en Europe. • Mort du compositeur Aaron Copland (né en 1900). • Au Nicaragua, Violeta Chamorro devient la première femme élue chef d'un État d'Amérique centrale.

Après l'effondrement de l'accord du lac Meech, le défilé de la Saint-Jean prend une ampleur extraordinaire à Montréal. Photo : Jacques Nadeau.

CULTURE ET SOCIÉTÉ

En avril, inondations désastreuses en Beauce. • Publication du premier dictionnaire d'inuktitut du Nouveau-Québec, par Taamusi Qumak à Povungnituk. • Le 22 mai, l'alpiniste Yves Laforest atteint le sommet de l'Everest en compagnie de l'Américain Mark Ritchie. • Mort du biochimiste et leader indépendantiste Marcel Chaput (né en 1918). • Mort de l'écrivain et poète Robert Choquette (né en 1905). • Mort du peintre et sculpteur Jean-Paul Mousseau (né en 1927).

POLITIQUE

En septembre, pour la première fois dans l'histoire judiciaire canadienne, trois femmes juges délibèrent en même temps sur une même cause à la Cour d'appel du Québec. • Montréal dépose un premier plan d'urbanisme, 350 ans après sa fondation. • Création de la taxe de vente du Québec (TVQ). • Publication du rapport Allaire, portant sur l'avenir politique du Québec et commandé par le Parti libéral à la suite du fiasco du lac Meech. Il recommande essentiellement un important transfert des pouvoirs du gouvernement fédéral d'Ottawa à Québec.

AMÉRIQUE DU NORD

Le 17 mai, Ottawa annonce des compressions de près de un milliard de dollars dans les dépenses militaires. • Mort de l'essayiste canadien Herman Northrop Frye (né en 1912). • Le Canada reconnaît la souveraineté de l'Estonie, de la Lettonie, de la Lituanie et de l'Ukraine.

MONDE

Début de la guerre du Golfe, à la suite de l'annexion du Koweït par l'Irak. La guerre se termine au bout de 40 jours par la reddition de l'Irak, mettant fin à une opération militaire menée principalement par les États-Unis. • Mort du musicien de jazz américain Miles Davis (né en 1926). • Mort du romancier anglais Graham Greene (né en 1904). • En juin, Boris Eltsine devient le premier président de Russie élu au suffrage universel. Le 31 juillet, les présidents Mikhaïl Gorbatchev et George Bush signent le traité START, portant sur la réduction des armes nucléaires et stratégiques. Le 19 août, la résistance menée par Boris Eltsine fait échouer le coup d'État des conservateurs en Russie. Il dissout

Des troupes canadiennes font partie du contingent qui s'est battu au Koweït, sous l'égide des Nations Unies, à la suite de l'envahissement de celui-ci par l'Irak en août 1990. Défense nationale. Photo : Christian Coulombe.

le Parti communiste et provoque l'éclatement de l'URSS. • En septembre, on découvre sur un glacier des Alpes autrichiennes le corps d'un homme ayant vécu il y a 4 000 ans. • Le 13 septembre, accord de paix en Afrique du Sud entre les communautés blanche et noire, visant l'élimination de la violence raciale. • Le 30 septembre, en Haïti, l'armée renverse le premier président élu dans l'histoire du pays, le président Aristide.

CULTURE ET SOCIÉTÉ

Mort de l'écrivain et journaliste Roger Lemelin (né en 1919). • Montréal célèbre le 350ᵉ anniversaire de sa fondation. • Julie Payette et trois autres Canadiens intègrent l'équipe d'astronautes américains de Cape Canaveral. • Pour la sixième fois au Canada, et pour la première fois au Québec, une femme, Lina Abi Khalil, donne naissance à des quintuplés.

POLITIQUE

Le 6 octobre, le gouvernement du Québec lance la nouvelle carte d'assurance-maladie du Québec avec photographie du détenteur. On prévoit une mise en place graduelle du système.

AMÉRIQUE DU NORD

Le 2 juillet, le gouvernement fédéral impose un moratoire de deux ans sur la pêche à la morue au large des côtes. • La Chambre des communes d'Ottawa réhabilite Louis Riel, leader métis pendu à Regina en 1885. • Le 26 octobre, par la voie d'un référendum, les Canadiens refusent d'entériner l'entente constitutionnelle de Charlottetown du 28 août. Le « non » l'emporte dans six provinces. • Louise Fréchette devient la première femme à occuper le poste d'ambassadeur du Canada auprès des Nations Unies.

MONDE

Installé en banlieue de Paris, Euro-Disney ouvre ses portes au public en avril. • Émeutes raciales à Los Angeles à la suite de l'acquittement de quatre policiers blancs accusés d'avoir brutalisé un Noir. • Le 14 juin, le Sommet de la Terre à Rio de Janeiro se termine avec la signature d'une déclaration officielle destinée à sauver la planète. • Le 7 octobre, à San Antonio, au Texas, le Canada, le Mexique et les États-Unis signent l'Accord de libre-échange nord-américain (ALENA). • Le pape Jean-Paul II réhabilite Galilée, qui avait été condamné en 1633 par le tribunal de l'Inquisition pour avoir soutenu les théories de Copernic sur la rotation de la Terre.

En 1992, soit 107 années après avoir été reconnu coupable de trahison et condamné à mort pour son rôle dans la rébellion du Nord-Ouest, Louis Riel sera réhabilité par la Chambre des communes. Lithographie d'Octave-Henri Julien. ANC C-86515.

CULTURE ET SOCIÉTÉ

En août, le quotidien *Le Devoir* cesse sa publication pendant deux jours, en raison de problèmes d'ordre financier. • François Girard réalise *Trentedeux films brefs sur Glenn Gould,* long métrage qui obtient un succès international. • Au printemps, le Canadien remporte la coupe Stanley à Montréal. Des milliers de personnes se rassemblent dans les rues pour fêter la victoire. L'événement dégénère et des commerces du centre-ville sont saccagés. • En décembre, le Comité olympique rend justice à Sylvie Fréchette et lui accorde la médaille d'or qu'elle aurait dû remporter à Barcelone.

POLITIQUE

Adoption du projet de loi 86 qui permet, à certaines conditions, l'utilisation de l'anglais dans l'affichage commercial. • En novembre, le ministre des Transports, Sam Elkas, commande une étude sur le financement privé de la construction, de l'entretien et de l'exploitation des routes, franchissant ainsi un pas vers la privatisation des autoroutes. • Assouplissement des critères d'admission au réseau scolaire anglophone québécois. • Daniel Johnson prend la relève de Robert Bourassa à la direction du Parti libéral.

AMÉRIQUE DU NORD

Le 25 juin, Kim Campbell, du Parti conservateur, devient la première femme à occuper le poste de premier ministre du Canada. • Aux élections du 25 octobre, les libéraux de Jean Chrétien obtiennent la majorité avec 178 députés élus. Les bloquistes, dirigés par Lucien Bouchard, remportent 54 sièges au Québec et sont appelés à former l'opposition officielle, tandis que les réformistes gagnent 52 sièges dans l'Ouest canadien. Huit néodémocrates et deux conservateurs sont élus. • En septembre, la Cour suprême du Canada se prononce contre le suicide assisté.

MONDE

En janvier, les présidents américain et russe signent un deuxième traité sur la réduction des armements nucléaires stratégiques (START-2). • En mars, l'Afrique du Sud reconnaît avoir fabriqué six bombes nucléaires, mais affirme les avoir détruites en 1991. • Le 1er novembre 1993, entrée en vigueur du traité de Maastricht sur l'Union européenne. Les États membres s'engagent essentiellement dans un processus d'approfondissement de leur union économique et monétaire. • Le 19 avril, à Waco, au Texas, David Koresh et 85 de ses disciples meurent dans un violent incendie qui rase le ranch de leur secte, alors qu'ils sont cernés par la police fédérale américaine. Il n'y aura que neuf survivants • Le prix Nobel de

CULTURE ET SOCIÉTÉ

POLITIQUE

AMÉRIQUE DU NORD

MONDE

Le premier ministre du Québec, Robert Bourassa, annonce sa démission le 14 septembre. Photo : Jacques Nadeau.

la paix est décerné conjointement à Nelson Mandela et au président sud-africain Frederic de Klerk. • Au musée d'art moderne d'Amsterdam, vol d'œuvres de Picasso et de Braque évaluées à sept millions de dollars.

CULTURE ET SOCIÉTÉ

L'année est ponctuée par les aléas climatiques. Le mois de janvier est le plus froid depuis au moins 50 ans, selon Environnement Canada. La demande en électricité auprès d'Hydro-Québec atteint un record, soit 30 583 mégawatts. En juillet, de violents orages s'abattent sur plusieurs régions du Québec et de l'Ontario. Une tornade dévaste le village de Saint-Charles-sur-Richelieu et une autre s'abat sur Aylmer, causant dommages et blessures. • En juin, Radio-Canada obtient une licence du CRTC pour l'établissement d'un réseau francophone d'informations.

POLITIQUE

Aux élections générales du 12 septembre, le Parti québécois revient au pouvoir. • Le 6 décembre, le premier ministre Jacques Parizeau entame le processus référendaire un avant-projet de loi. L'Assemblée nationale devra ensuite voter ce projet de loi, qui sera sanctionné lors d'un référendum. La question posée sera formulée comme suit : « Êtes-vous en faveur de la loi adoptée par l'Assemblée nationale déclarant la souveraineté du Québec ? » • Le chef du Bloc québécois, Lucien Bouchard, est amputé de la jambe gauche à la suite d'une infection bactériologique. Les autochtones affirment leur droit de se séparer d'un Québec indépendant.

AMÉRIQUE DU NORD

Le 8 février, Québec et Ottawa s'unissent pour mettre fin à la contrebande ouverte de cigarettes et annoncent une baisse de 50 % des taxes sur les produits du tabac. • Le Collège militaire de Saint-Jean ferme ses portes. • L'ex-espion Mike Frost révèle que le Centre de sécurité des communications du gouvernement canadien a pratiqué l'écoute électronique à l'endroit du Québec. • Les évêques du Canada expriment une fois de plus leur opposition à l'euthanasie.

MONDE

Au Rwanda, du mois d'avril au mois de juin, de graves affrontements entre Hutus et Tutsis font entre 500 000 et 1 000 000 de morts, et ce, malgré la présence de troupes onusiennes. Ce conflit figure désormais parmi les grands génocides du siècle • Le 9 mai, Nelson Mandela, à la tête du Congrès national africain (ANC), devient le premier président noir d'Afrique du Sud. • Le 25 mai, des astronomes américains disent avoir découvert un gigantesque trou noir dans la constellation de la Vierge, à 52 millions d'années-lumière de la Terre. • Le 6 juin, la Basse-Normandie fête le 50e anniversaire du débarquement allié en France, événement marquant de la fin de la Seconde Guerre mondiale. • Le 17 juin, à Los Angeles, arrestation

Au Rwanda, du mois d'avril au mois de juin, de graves affrontements entre Hutus et Tutsis font entre 500 000 et 1 000 000 de morts, et ce, malgré la présence de troupes onusiennes. Ce conflit figure désormais parmi les grands génocides du siècle. Image tirée de La Part de Dieu, la part du diable, documentaire sur le génocide du Rwanda, de Danièle Lacourse et Yvan Patry. Coll. Rendez-vous du cinéma québécois.

d'O. J. Simpson, figure légendaire du football américain, accusé du meurtre de son ex-épouse et de l'ami de celle-ci. • Le 28 septembre, le traversier *Estonia* coule en pleine nuit dans la mer Baltique, au large de la Finlande, entraînant la mort de 900 personnes. • Le 5 octobre, tragédie de la secte de l'Ordre du temple solaire, faisant 5 victimes au Québec et 48 en Suisse.

CULTURE ET SOCIÉTÉ

Le 26 mai, 550 femmes entament une marche de 10 jours vers Québec, pour y faire valoir des revendications à caractère socio-économique. La marche « Du pain et des roses » mobilise 15 000 personnes dans la ville de Québec seulement. • Le 20 août, 1 020 incendies ravagent près de 185 000 hectares de forêt par rapport à une moyenne de 664 incendies depuis les 5 dernières années et une superficie moyenne détruite de 80 890 hectares.
• Charles Binamé réalise *Eldorado* et Robert Lepage, *Le Confessionnal*.
• À Montréal, l'auteur de la musique du Cirque du Soleil, René Dupéré, attire plus de 180 000 personnes rue Sainte-Catherine, pendant le 16ᵉ Festival international de jazz de Mont-

POLITIQUE

Le chef du Bloc québécois, Lucien Bouchard, presse le premier ministre du Québec, Jacques Parizeau, de modifier le projet de souveraineté mis de l'avant par le Parti québécois en y intégrant une union politique et économique avec Ottawa. Le Parti québécois accepte le virage. • Le 30 octobre se déroule le deuxième référendum sur la souveraineté du Québec. Les médias du monde entier couvrent l'événement. Après une campagne remplie d'émotions, partisans souverainistes et fédéralistes se retrouvent nez à nez. Le camp du « oui » récolte 49,4 % des suffrages et celui du « non » 50,6 %.
• En décembre, Jacques Parizeau quitte la vie politique après 30 ans d'activité.

AMÉRIQUE DU NORD

À la suite des résultats du référendum québécois sur la souveraineté, Jean Chrétien promet des réformes constitutionnelles. En décembre, une motion sur la société distincte du Québec est adoptée.
• En septembre, Mᵉ Guy Bertrand entreprend des démarches juridiques visant à faire déclarer inconstitutionnel le processus référendaire.
• Ottawa rend publique sa décision de privatiser le port de Montréal et sept autres ports canadiens. • Les chefs d'État du G7, dont le Canada assume la présidence, se réunissent au Sommet de Halifax.

MONDE

Au Japon, commémoration du 50ᵉ anniversaire de l'explosion des bombes atomiques qui ont fait 100 000 victimes à Hiroshima, le 6 août, et 80 000 victimes à Nagasaki, le 9 août. • Du 5 septembre 1995 au 27 janvier 1996, malgré le profond désaccord de la communauté internationale, la France persiste à faire six expériences nucléaires souterraines dans l'atoll de Mururoa.
• Le poète irlandais Seamus Heany reçoit le prix Nobel de littérature.
• La communauté européenne décide que sa monnaie commune sera l'euro et non l'écu. • Le 4 novembre 1995, à Tel-Aviv, le premier ministre israélien, Itzhak Rabin, est assassiné par un fanatique juif opposé au processus de paix. • Signés à Paris le 14 décembre

réal. • En juillet, on découvre des milliers de plants de cannabis dans la réserve indienne de Kanesatake. La Sûreté du Québec s'entend avec la police amérindienne pour procéder à l'arrachage des plants.

Le premier ministre du Québec, Jacques Parizeau, et le chef du Bloc québécois, Lucien Bouchard, unissent leurs efforts au moment du deuxième référendum sur la souveraineté du Québec. Photo : Jacques Nadeau.

par les présidents bosniaque (Alija Izetbegovic), serbe (Slobodan Milosevic) et croate (Franco Tudjman), les accords de Dayton mettent un terme au conflit en Bosnie-Herzégovine. • Entrée en Bourse de Netscape, société de logiciels de la Silicon Valley, marquant le début de la révolution Internet dans l'économie mondiale.

CULTURE ET SOCIÉTÉ

Du 19 au 21 juillet, des pluies diluviennes font 10 morts et causent de graves dommages dans les régions du Saguenay, de la Côte-Nord et de Charlevoix. Plus de 12 000 personnes sont relogées et plus de 200 maisons détruites. Dans la seule région du Saguenay, les dommages sont évalués à 1,5 milliard de dollars. • Le deuxième album du chanteur-compositeur Daniel Bélanger, *Quatre saisons dans le désordre,* connaît un franc succès. • Pierre Houle réalise la télésérie *Omertà : la loi du silence,* de l'auteur Luc Dionne. • Robert Lepage lance son deuxième film, *Le Polygraphe,* au Festival de Venise. • Le samedi 12 octobre, à 16 h, la rupture d'un câble d'acier entraîne la chute du funiculaire reliant la

POLITIQUE

Lucien Bouchard prend la relève de Jacques Parizeau et devient premier ministre du Québec, quittant la direction du Bloc québécois. • Le résultat serré du référendum de 1995 provoque de fortes tensions sociopolitiques. Parallèlement à une montée des boucliers au sujet de la question linguistique, un certain nombre d'hommes politiques, d'intellectuels et de journalistes, issus en grande majorité des communautés anglophones et allophones, réclament la partition du territoire québécois dans l'éventualité de la sécession du Québec. • Deux sommets sur l'économie et l'emploi, en mars et en octobre, réunissent le

AMÉRIQUE DU NORD

En 1996, selon Statistique Canada, la population du Canada atteint 28 846 761 habitants et celle du Québec, 7 138 795 habitants. Après l'Ontario (10 753 573 habitants), le Québec est la province la plus populeuse. La région métropolitaine de Montréal compte 3 326 510 habitants, alors que celle de Québec en compte 671 889, celle de Chicoutimi-Jonquière 160 454, celle de Sherbrooke 147 384 et celle de Trois-Rivières 139 956. • Adoption par le gouvernement fédéral canadien de la Loi sur l'équité salariale ; les entreprises ont jusqu'en 2001 pour s'y conformer.

MONDE

Le 25 mars, les États-Unis, la France et le Royaume-Uni signent le traité de Rarotonga sur la dénucléarisation du Pacifique Sud. • Le 23 mai, en Algérie, assassinat de l'archevêque d'Oran, Mgr Pierre Claverie, victime des groupes islamistes. La guerre civile algérienne aurait fait quelque 50 000 morts depuis le début de 1992. • Le 20 janvier, à la suite de l'accord d'Oslo II, élections du président de l'Autorité palestinienne et du Conseil d'autonomie des territoires autonomes et occupés. Yasser Arafat obtient 88 % des suffrages et devient le premier président palestinien élu. • Mort de François Mitterrand (né en 1916). • Le prix Nobel de la paix est décerné à Mgr Belo, évêque du Timor terrasse Dufferin à la rue du Petit Champlain, à Québec. Il y aura 2 morts et 14 blessés. • Mort de l'ancien premier ministre libéral Robert Bourassa. • L'actif de la Caisse de dépôt dépasse le cap des 50 milliards de dollars.

gouvernement, le patronat, les syndicats et les groupes sociaux afin de trouver un concensus sur la réduction du déficit et la création d'emplois.

Robert Lepage. Coll. Rendez-vous du cinéma québécois. Photo : Sophie Grenier.

oriental, et à José Ramos-Horta, porte-parole du mouvement indépendantiste timorais.

CULTURE ET SOCIÉTÉ

POLITIQUE

AMÉRIQUE DU NORD

MONDE

CULTURE ET SOCIÉTÉ

En septembre, on baptise l'autoroute 40, sur la rive nord du fleuve Saint-Laurent, l'autoroute Félix-Leclerc. • Le 13 octobre, dans Charlevoix, un autocar fou dévale la côte des Éboulements à l'entrée de Saint-Joseph-de-la-Rive et plonge dans un ravin, tuant 43 des 48 passagers, des personnes âgées domiciliées pour la plupart à Saint-Bernard de Beauce. C'est le pire accident de la route dans l'histoire canadienne. • Mort du cinéaste Jean-Claude Lauzon et de la comédienne Marie-Soleil Tougas dans un accident d'avion. • Louis Saïa réalise *Les Boys,* qui fracasse les records d'assistance au Québec. • Wajdi Mouawad, auteur et metteur en scène, crée *Littoral.* • Le 30 mai, de la fusion d'Abitibi-Price, de

POLITIQUE

Aux élections fédérales du 2 juin, le Bloc québécois obtient au Québec 45 élus avec 42 % des suffrages. Les libéraux remportent 25 sièges et les conservateurs, 5. • Le budget Landry confirme la priorité du gouvernement : atteindre le déficit zéro d'ici l'an 2000. Le 1er juillet, 35 000 employés et cadres de l'État quittent leur emploi, suivant un programme de retraite anticipée. Les compressions budgétaires sont accompagnées de réformes importantes dans plusieurs secteurs de l'administration publique.

AMÉRIQUE DU NORD

Au printemps, au Manitoba, les plus graves inondations du siècle dans cette province entraînent le déplacement de 30 000 personnes et causent des millions de dollars de dommages. • Aux élections fédérales du 2 juin, le Parti libéral, dirigé par Jean Chrétien, remporte la victoire avec 39 % des suffrages. Le Parti réformiste, avec 18 % des voix, soit 61 sièges, remplace le Bloc québécois à titre d'opposition officielle • Le 31 mai, inauguration du pont de la Confédération, reliant l'Île-du-Prince-Édouard au continent. • *Hibernia,* la plus grosse plate-forme pétrolière du monde, arrive au large de Terre-Neuve après son remorquage sur près de 500 km. • Au

MONDE

Après l'arrivée au pouvoir de Laurent Kabila et de ses soldats rebelles, le Zaïre devient la République du Congo. • Le 30 juin, à minuit, Hong-Kong est restitué à la Chine, au terme du bail cédant le territoire chinois aux Britanniques pour une durée de 99 ans. • Mort de la princesse Diana dans un accident de voiture à Paris. • Mort de mère Teresa à Calcutta. • Retour de la gauche en France ; le Parti socialiste dirigé par Lionel Jospin est appelé à former le nouveau gouvernement. • En décembre, 121 États signent la Convention d'Ottawa sur l'interdiction des mines antipersonnel et la coopération internationale en matière de déminage et d'assistance aux victimes. • Avec l'approbation de Boris Eltsine, l'OTAN s'ouvre

Toronto, et de Stone-Consolidated, de Montréal, naît le plus grand producteur de papier du monde, l'Abitibi-Consolidated, qui possède 18 usines de produits forestiers au Canada, aux États-Unis et au Royaume-Uni, emploie 13 000 personnes et a une capacité de production de 4,3 millions de tonnes de papier par an, dont 2,8 tonnes de papier journal. La société établit son siège social à Montréal. • Jacques Villeneuve devient champion du monde de formule 1.

Canada, après quatre années d'une enquête qui a coûté 17,5 millions de dollars, le juge Horace Krever blâme sévèrement la Croix-Rouge canadienne et les responsables du système du sang pour leurs erreurs ; les 30 000 victimes du sang contaminé ont contracté le SIDA ou l'hépatite C.

---

maintenant à la Pologne, à la Hongrie et à la République tchèque, qui deviendront membres en 1998.
• L'Asie est frappée par une crise boursière, financière et économique. La crise provoque dans le monde le plus gros choc depuis le krach boursier d'octobre 1987. • Aux États-Unis, pour la première fois, un fabricant, Ligget, reconnaît que la cigarette cause des problèmes de santé et que la nicotine crée une dépendance. Ces aveux conduisent à un accord, à la fin du mois de juin, entre le gouvernement américain et les fabricants de tabac, qui paieront 370 milliards de dollars sur 25 ans à 40 États américains.
• Signature du protocole de Kyoto sur la réduction des gaz à effet de serre.

CULTURE ET SOCIÉTÉ

Du 5 au 9 janvier, la pire tempête de verglas de l'histoire du Québec plonge le Sud-Ouest dans l'obscurité. Aux pires moments du désastre, 1 400 000 foyers, soit plus de 3 millions de personnes, sont privés d'électricité. On met sur pied des centaines de centres d'hébergement. En Montérégie, où une centaine de pylônes sont tombés, il faut complètement reconstruire le réseau électrique ; le courant ne reviendra qu'un mois plus tard. Selon le bilan publié le 12 février par le bureau du coroner, cette tempête de pluie verglaçante et les pannes d'électricité qui ont suivi ont entraîné la mort de 27 personnes. • Un avion de la compagnie Propair s'écrase à Mirabel, causant la mort de

POLITIQUE

Le 3 mars, Daniel Johnson quitte la direction du Parti libéral du Québec. Jean Charest, député conservateur à Ottawa, lui succédera. • Le 30 novembre, élections générales au Québec. Avec 42,7 % des voix, le Parti québécois remporte 75 sièges alors que le Parti libéral en obtient 48 avec 43,71 % des voix. Le parti de l'Action démocratique du Québec remporte 1 siège avec 11,78 % des voix. • En août, un jugement de la Cour suprême du Canada reconnaît à la fois la légitimité d'une sécession démocratique du Québec et l'obligation du gouvernement fédéral de négocier cette sécession. • Entente Québec – Terre-Neuve sur le

AMÉRIQUE DU NORD

Le 1er novembre, début officiel de la transmission numérique par une quarantaine de chaînes de télévision aux États-Unis. • Le 2 septembre, 229 passagers se trouvant à bord d'un avion de la compagnie Swissair sont tués lorsque l'appareil s'abîme en mer, au large de la Nouvelle-Écosse. • La Chambre des représentants du Congrès américain enclenche la procédure de destitution du président pour la deuxième fois dans l'histoire des États-Unis. • Mort de l'historien et archiviste politique canadien Stanley Bréhaut Ryerson (né en 1911). • Mort de Frank Sinatra (né en 1915).

MONDE

Le 1er novembre, grâce à la mise en service d'Iridium, première constellation de satellites de téléphonie mobile, il est désormais possible de communiquer de n'importe quel point du globe à l'aide d'un téléphone portable. • En novembre, l'ouragan Mitch cause la mort de milliers de personnes en Amérique centrale. • En mai, l'Inde procède à trois essais nucléaires, les premiers depuis 1974, s'attirant la condamnation unanime de la communauté internationale. • Sur 160 pays réunis à Rome sous l'égide des Nations Unies, 120 adoptent le projet de statut de la Cour pénale internationale (CPI), appelée à juger les crimes de génocide, les crimes contre l'humanité, les crimes de guerre et les crimes d'agression.

11 personnes. • Manon Briand réalise *2 secondes* et François Girard, *Le Violon rouge,* qui remportera 9 prix Jutra. • Denis Villeneuve réalise *Un 32 août sur terre.* •Le chanteur-compositeur Jean Leloup enregistre *Les Fourmis.*• Mort de Maurice Champagne (né en 1936), artisan de la Charte québécoise des droits de la personne. • Mort de la chanteuse Pauline Julien (née en 1928). • Mort du juge Robert Sauvé (né en 1931). • Mort de l'écrivain et militant québécois Pierre Vallières (né en 1938). • Loblaws, la plus importante entreprise de distribution alimentaire du Canada, acquiert Provigo, la plus importante chaîne d'alimentation du Québec, au coût de 1,6 milliard de dollars.

développement de la rivière Churchill. Une partie de l'électricité produite servira à alimenter Terre-Neuve ; l'autre sera achetée par Hydro-Québec qui la revendra aux États-Unis. On prévoit la création de 49 000 emplois. • En juin se tient la Conférence d'Ottawa sur la culture, qui regroupe une vingtaine de pays et porte sur la préservation de l'identité culturelle dans le contexte de la mondialisation. Le Québec, qui n'a pas droit de parole, refuse d'y participer. • La Loi sur le contrôle des armes à feu entre en vigueur.

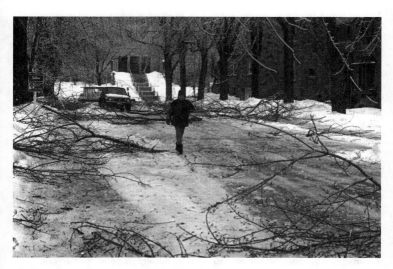

Les aléas climatiques, comme la tempête de verglas qui couvre de glace la vallée du Saint-Laurent en 1998, ponctuent l'histoire sociale des Québécois. Hydro-Québec.

CULTURE ET SOCIÉTÉ

La veille du jour de l'An, une avalanche s'abat sur l'école de Kangiqsualujjuaq, village isolé de la baie d'Ungava, où s'étaient réunis presque tous les habitants, causant la mort de neuf personnes. • Mort du père de la Charte de la langue française, Camille Laurin (né en 1922). • Mort de l'auteur Gratien Gélinas (né en 1909). • Le Québec est l'invité d'honneur au Salon du livre de Paris. *La petite fille qui aimait trop les allumettes,* de Gaétan Soucy, est encensé par la critique française. • Richard Desjardins et Robert Monderie réalisent *L'Erreur boréale,* film qui dénonce l'exploitation abusive de la forêt • Marie-Claire Blais remporte le Prix international de l'Union latine pour l'ensemble de

POLITIQUE

Début octobre, les camionneurs indépendants érigent des barrages routiers en Abitibi, en Mauricie et au Saguenay. Le conflit s'étendra bien vite à Montréal et à la Côte-Nord. Ils revendiquent le droit de se syndiquer et dénoncent la hausse du coût du pétrole. • Un jugement de la Cour du Québec stipule que la prédominance obligatoire du français dans l'affichage commercial brime les libertés fondamentales des anglophones. • La Chambre des communes adopte le projet de loi C-20, qui restreint le droit à l'autodétermination du Québec. Le gouvernement québécois riposte en déposant le projet de loi 99, qui réaffirme les droits fondamentaux ainsi que les

AMÉRIQUE DU NORD

La fusion des deux plus importantes compagnies pétrolières américaines, Exxon et Mobil, donne naissance à la plus grosse entreprise industrielle du monde, représentant une capitalisation boursière de 238 milliards de dollars. • Création du nouveau territoire du Nunavut et investiture d'un Parlement local de 19 membres, le premier gouvernement majoritairement autochtone au Canada. • Après 15 ans de lutte, dont 6 devant les tribunaux, Ottawa accepte enfin d'indemniser les employés du gouvernement fédéral qui ont été lésés par des pratiques salariales inéquitables.

MONDE

Le 24 mars, un incendie dans le tunnel routier du Mont-Blanc, qui relie la France à l'Italie, cause la mort de 39 personnes. • Depuis le début de l'épidémie, 14 millions de personnes sont mortes du sida. • Au cours de l'année, on parle beaucoup du bogue informatique qui pourrait survenir au tournant du millénaire. Les gouvernements et les entreprises investissent quelques centaines de milliards de dollars pour se prémunir contre ses effets éventuels. • La population mondiale atteint les six milliards d'habitants. • Au Venezuela, des pluies diluviennes entraînent des inondations qui causent la mort de dizaines de milliers de personnes et font 200 000 sans-abri. • À la fin du mois de mars, les forces de l'OTAN bomson œuvre. • Mort de Jean Drapeau (né en 1916). • Le tennisman Sébastien Lareau devient le premier Québécois à gagner un tournoi du Grand Chelem en remportant la finale du double aux Championnats internationaux des États-Unis avec l'Américain Alex O'Brien. • Après 125 ans d'activité, la Bourse de Montréal, la plus vieille des Bourses canadiennes, se consacrera désormais aux produits dérivés. La Bourse de Toronto devient la seule à traiter les actions des grandes entreprises canadiennes.

CULTURE ET SOCIÉTÉ

prérogatives du peuple québécois et de l'État du Québec.

Les camionneurs indépendants érigent des barrages routiers dans plusieurs régions du Québec, revendiquant notamment le droit de se syndiquer. L'Écho abitibien.

POLITIQUE

AMÉRIQUE DU NORD

bardent la Yougoslavie, sans avoir consulté le Conseil de sécurité de l'ONU, pour obliger Slobodan Milosevic à signer l'accord d'autonomie du Kosovo. • Le 31 décembre, le président de la Russie, Boris Eltsine, annonce sa démission six mois avant la fin de son deuxième mandat.

MONDE

CULTURE ET SOCIÉTÉ

L'opéra rock de Luc Plamondon *Notre-Dame de Paris* est présenté à Londres.
• Denis Villeneuve réalise *Maelström*.
• Mort du hockeyeur Maurice Richard (né en 1921). • Mort de la romancière Anne Hébert (née en 1916). • En tennis, Sébastien Lareau et David Nestor remportent, en double, la médaille d'or aux Jeux olympiques de Sydney. • Avec quatre productions fixes et trois spectacles itinérants, le Cirque du Soleil est présent en Amérique, en Europe et en Asie.
• Le 7 février, achat du Groupe Vidéotron, le plus important cablodistributeur au Québec, par la Caisse de dépôt et Quebecor.
• Biochem Pharma, de Laval, le joyau de l'industrie pharmaceutique québécoise, annonce son intention de se

POLITIQUE

Au début de février se tient à Québec le Sommet de la jeunesse où le gouvernement et les groupes de jeunes arrivent difficilement à un consensus. Des manifestations extérieures et la formation d'un « contre-sommet » marquent l'événement. • Le 25 avril, la ministre d'État aux Affaires municipales et à la Métropole, Louise Harel, rend public le *Livre blanc sur la réorganisation municipale,* projet qui provoque de vives controverses dans toute la province. • Adoption de la loi consacrant les fusions municipales. Les municipalités des régions de Québec, Montréal et Longueuil sont fondues aux villes-centres. • Le 27 novembre, Jean Chrétien devient

AMÉRIQUE DU NORD

Le 10 janvier, America Online, le portail internet le plus populaire au monde, achète le géant américain des médias, Time-Warner, à l'occasion d'une fusion estimée à 240 milliards de dollars (166 milliards $ US), ce qui en fait la plus grosse transaction financière de l'histoire. • Éclatement de la bulle informatique qui avait vu monter en flèche les titres des sociétés actives dans le domaine de l'Internet. • Microsoft, le géant du logiciel, est jugé coupable du viol de la législation américaine antitrust. Il échappe cependant au démantèlement. • Le 13 décembre, après un suspense de plus d'un mois et en raison du système électoral américain

MONDE

Le 1er janvier, le bogue informatique de l'an 2000 se révèle être un pétard mouillé. • La Fédération des femmes du Québec organise la Marche mondiale des femmes, en collaboration avec des groupes de femmes dans 159 pays et territoires. Le point culminant est la rencontre, à New York, entre une délégation internationale et des représentants de l'ONU. • Le 5 octobre, à Belgrade, une vague de 300 000 manifestants investit le Parlement et la télévision d'État, sans que l'armée n'entreprenne d'actions répressives. Le soulèvement populaire a raison du régime de Slobodan Milosevic ; Vojislav Kostunica, vainqueur au premier tour de la présidentielle, se proclame président de la Yougoslavie. • En Ouganda, le massacre de 924 membres

fusionner avec la société britannique Shire Pharmaceuticals Group.
• Le 10 novembre, Gesca, filiale de Power Corporation, déjà propriétaire de *La Presse, La Tribune, Le Nouvelliste* et *La Voix de l'Est*, acquiert *Le Soleil, Le Droit* et *Le Quotidien* ainsi que quinze hebdos et trois imprimeries d'Unimédia, filiale de Hollinger, propriété de Conrad Black. • Décès

d'André « Dédé » Fortin, chanteur du groupe Les Colocs (né en 1962), et de Pierre Elliott Trudeau (né en 1919), ancien premier ministre du Canada.

le premier chef de gouvernement canadien à être réélu avec une majorité pour la troisième fois depuis Mackenzie King en remportant 172 sièges, contre 66 à l'Alliance canadienne de Stockwell Day, 38 au Bloc québécois, 13 au Nouveau Parti démocratique et 12 au Parti conservateur.

de suffrage universel indirect, le républicain George W. Bush accède à la présidence des États-Unis, bien qu'il ait obtenu 530 000 voix de moins que son rival, le démocrate Al Gore.

de la secte du Mouvement pour le rétablissement des dix Commandements de Dieu devient le plus important meurtre de masse de l'histoire. • On termine le séquençage intégral du génome de la mouche drosophile, l'un des organismes les plus étudiés en biologie. • Le consortium international du Projet du Génome Humain et la société américaine Celera

Genomics annoncent qu'ils achèvent le séquençage du génome humain. Le processus sera finalement complété en 2003. • Les Pays-Bas sont le premier pays au monde à légaliser l'euthanasie. • La justice chilienne inculpe le général Augusto Pinochet pour l'exécution sans jugement par l'unité militaire, la Caravane de la mort, de 75 prisonniers politiques en octobre 1973.

CULTURE ET SOCIÉTÉ

L'Ordre des technologues professionnels du Québec accorde à la ligne de transport électrique à 735 kV d'Hydro-Québec le titre d'innovation technologique québécoise du XXe siècle. • Pour la première fois, les dépenses en santé au Canada dépassent les 100 milliards de dollars. • Parution en France de *Putain,* de la Québécoise Nelly Arcan, qui confirme l'engouement pour l'autofiction.

POLITIQUE

Au printemps, Lucien Bouchard quitte la politique. Bernard Landry lui succède à titre de premier ministre du Québec. • Une entente tripartite entre Québec, Ottawa et les Innus reconnaît les droits ancestraux de ces derniers.

AMÉRIQUE DU NORD

En avril se tiennent à Québec le troisième Sommet des Amériques, réunissant 34 des 35 dirigeants des Amériques (Cuba n'ayant pas été invité) et le deuxième Sommet des peuples. Manifestations monstres. • Des médecins américains implantent un cœur artificiel autonome dans la poitrine d'un être humain. • Le 11 septembre, deux avions de ligne détournés par des terroristes d'Al Quaeda percutent les tours du World Trade Center à New York, qui s'effondreront. Un troisième s'écrase sur le Pentagone et un quatrième en Pennsylvanie. Ces attentats font quelque 3 000 morts. • Apple lance son lecteur de MP3, le

MONDE

L'ancien président yougoslave, Slobodan Milosevic, devient le premier ex-chef d'État à comparaître devant la justice internationale au Tribunal de La Haye. • Le Royaume-Uni est la première nation à adopter une loi permettant de financer le clonage thérapeutique par des fonds publics. • La suspension des paiements de la dette publique argentine de 132 milliards de dollars constitue le moratoire financier le plus important de l'Histoire, la plus grande faillite publique jamais enregistrée. • Création du Forum social mondial de Porto Alegre, au Brésil. • Le 11 décembre, entrée de la Chine dans l'Organisation mondiale du commerce.

iPod. • Faillite de Enron, courtier en
énergie américain, suite aux
malversations de certains de ses
dirigeants, dont Kenneth Lay et
Jeffrey Skilling, qui seront reconnus
coupables de fraude et de complot.
Des centaines de milliers d'employés
et de petits épargnants perdent leurs
économies dans la débâcle.

CULTURE ET SOCIÉTÉ

Québec interdit toute recherche sur le clonage humain et sur les cellules souches d'embryons humains. • Première union civile entre homosexuels au Québec. • La série télévisée *Un gars, une fille,* créée par Guy A. Lepage, est adaptée dans une vingtaine de pays. • Yann Martel reçoit le prestigieux Booker Prize pour son roman *Life of Pi.* • Décès du peintre Jean-Paul Riopelle (né en 1923), du syndicaliste Louis Laberge (né en 1924), du comédien André Cailloux (né en 1920) et du chorégraphe Jean-Pierre Perreault (né en 1947).

POLITIQUE

Signature de la Paix des Braves entre la communauté crie et le gouvernement du Québec, qui prévoit entre autre le versement aux Cris sur une période de 50 ans d'une somme de près de 4 milliards de dollars et la création de 10 000 emplois reliés à la mise en œuvre du projet Eastmain-Rupert. L'entente de développement économique et communautaire Sanarrutik, elle, entre le Nunavik et le gouvernement québécois, accorde aux Inuits plus de 800 millions de dollars sur 25 ans et prévoit le partage des bénéfices de projets de développement des ressources naturelles du territoire inuit. • Par décret gouvernemental, la fête de

AMÉRIQUE DU NORD

Avec un total d'actifs de 107 milliards de dollars, l'opérateur Worldcom décroche le titre de plus grosse faillite de l'histoire américaine. • La sonde *Mars Odyssey* découvre des traces d'eau sur la surface de la planète rouge.

MONDE

Le 1er janvier, les 12 pays ayant adopté l'euro, la devise européenne, utilisent désormais la même unité de paiement. • En Afghanistan, après la défaite des Talibans, mise en place d'un gouvernement provisoire. • Au Brésil, élection de Luiz Inácio Lula da Silva, l'un des fondateurs du Parti des travailleurs. • Tenue d'un troisième Sommet de la Terre, à Johannesburg, en Afrique du Sud. • Daniel Pearl, journaliste au *Wall Street Journal,* est assassiné par ses ravisseurs au Pakistan.

Yann Martel (© Danielle Schaub).

Dollard et celle de la Reine font place désormais à la Journée nationale des Patriotes. • Adoption de la loi visant à lutter contre la pauvreté et l'exclusion sociale.

CULTURE ET SOCIÉTÉ

Crise majeure à la Caisse de dépôt et placement du Québec. Celle-ci accuse un rendement négatif de 9,5 % pour l'année 2002. • À Cannes, le réalisateur Denys Arcand obtient le Prix du scénario, et la comédienne Marie-Josée Croze, le Prix d'interprétation féminine pour *Les Invasions barbares*. • Kent Nagano devient chef de l'Orchestre symphonique de Montréal. • Parution d'*Un dimanche à la piscine à Kigali*, de Gil Courtemanche, qui sera porté à l'écran par Robert Favreau en 2006. • *Loft Story*, inspiré de l'émission néerlandaise *Big Brother*, est la première téléréalité présentée sur les ondes québécoises. • Le Montréalais Éric Gagné est nommé le meilleur lanceur de la Ligue nationale

POLITIQUE

Le 14 avril, élections générales au Québec. Le Parti libéral remporte 76 sièges, le Parti québécois, 45, et l'Action démocratique du Québec, 4. Les 37 femmes élues forment un nombre record à l'Assemblée nationale. • Paul Martin remplace Jean Chrétien à la tête du Parti libéral du Canada et devient premier ministre.

AMÉRIQUE DU NORD

Le 1er février, peu après 9 h, les sept astronautes se trouvant à bord de la navette *Columbia* perdent la vie dans une explosion en plein ciel lors de leur retour sur terre après un vol de 16 jours. • La dernière Beetle « classique » de Volkswagen est produite au Mexique. • Arnold Schwartzenegger est élu gouverneur de la Californie.

MONDE

En mars, invasion de l'Irak par les États-Unis. • Épidémie de SRAS (syndrome respiratoire aigu sévère) originaire du Sud-Est asiatique, à l'origine de 8 098 cas, dont 774 décès, dans le monde. • Éclatement d'un conflit meurtrier au Darfour, région de l'ouest du Soudan. • En août, la canicule fait 20 000 morts en Europe. • Air France et British Airways mettent fin à l'exploitation de l'avion supersonique Concorde. • La Chine devient le troisième pays à envoyer un homme dans l'espace.

de baseball. • Décès de l'indépendantiste Pierre Bourgault (né en 1934), du cinéaste Richard Boutet (né en 1940), de l'homme de théâtre Jean-Pierre Ronfard (né en 1929), et de l'économiste François-Albert Angers (né en 1909).

Les Invasions barbares (© *Attila Dory*).

CULTURE ET SOCIÉTÉ

Les Invasions barbares rafle trois César en France, et reçoit l'Oscar du meilleur film en langue étrangère. Dernière saison des Expos de Montréal. • Référendums sur les défusions municipales : les 31 villes qui ont choisi de se défusionner devront continuer de siéger au conseil d'agglomération. • Décès du peintre Guido Molinari (né en 1933), du bédéiste Albert Chartier (né en 1912), créateur d'*Onésime,* du compositeur Roger Matton (né en 1929), du peintre Jean-Paul Jérôme (né en 1928) et de Claude Ryan (né en 1925), ancien chef du Parti libéral du Québec et éditorialiste au *Devoir.*

POLITIQUE

La députée de Bourget, Diane Lemieux, devient leader parlementaire du Parti québécois à l'Assemblée nationale. C'est la première femme à occuper ce poste clé pour un parti politique en Chambre. • Dans le comté de Nelligan, élection de Yolande James (Parti libéral), première femme députée de race noire à l'Assemblée nationale. • Audiences de la Commission Gomery sur le scandale des commandites à Ottawa. Une poignée d'agences de publicité proches du Parti libéral du Canada avaient empoché 100 millions $ en commissions et honoraires.

AMÉRIQUE DU NORD

Le 4 janvier, le rover *Spirit,* lancé par la NASA, atterrit sur la planète Mars où il effectuera une série d'analyses géologiques et transmettra des images à la Terre. Il sera suivi deux semaines plus tard du rover *Opportunity.* • George W. Bush est reporté au pouvoir aux États-Unis. • Un sondage mené par CBS révèle que 55 % des Américains souscrivent à la thèse du créationnisme, et que 65 % des citoyens souhaitent qu'elle soit enseignée parallèlement à la théorie de l'évolution dans les écoles du pays. • Le 16 septembre, début du lock-out dans la Ligue nationale de hockey. Le conflit durera 301 jours.

MONDE

Huit pays longtemps à l'est du rideau de fer et les îles de Chypre et de Malte intègrent l'Europe, qui compte maintenant 25 États membres. • Vingt-huit ans après son lancement, la sonde américaine *Voyager 1* devient le premier objet de fabrication humaine à franchir l'héliosphère, la principale frontière du système solaire. • Épidémie de grippe aviaire d'origine asiatique. • Les autorités britanniques autorisent une équipe de biologistes de l'université de Newcastle à créer des embryons humains à des fins exclusivement scientifiques et médicales. • Des hématologues français réussissent à produire *in vitro* de grandes quantités de globules rouges humains fonctionnels. • À Beslan, en Ossétie

Claude Ryan (© Jacques Grenier).

du Nord, une prise d'otages dans une école fait 330 morts et plus de 500 blessés. • La petite clé USB (Universal Serial Bus), aux capacités de stockage d'information surprenantes, devient le meilleur moyen de transport pour les fichiers numériques. • Le 26 décembre, un tsunami ravage les côtes de l'Océan indien et fait 185 000 morts et 49 000 disparus.

CULTURE ET SOCIÉTÉ

Inauguration de la nouvelle Bibliothèque nationale du Québec (BNQ), la plus grande médiathèque francophone après celle de Paris. • Grève de 170 000 étudiants, soit la plus importante mobilisation étudiante de l'histoire du Québec. • Le 25 août, perquisition dans les bureaux de Norbourg gestion d'actifs. Des centaines de millions de dollars confiés au gestionnaire de fonds ont mystérieusement disparu ; 51 chefs d'accusation sont portés contre Vincent Lacroix, P.-D.G. de l'entreprise. • Jean-Marc Vallée réalise *C.R.A.Z.Y.,* qui remporte de nombreux prix tant au pays qu'à l'étranger. • Décès du journaliste Gérard Filion (né en 1909), du

POLITIQUE

Après la démission de Bernard Landry, Louise Harel, députée de Hochelaga-Maisonneuve, devient chef de l'opposition à Québec. Le 15 novembre, André Boisclair est élu à la tête du Parti québécois. • Après sept des dix provinces, dont le Québec, le Parlement du Canada légalise le mariage entre conjoints de même sexe.

AMÉRIQUE DU NORD

Le Canada refuse de participer au projet américain de défense antimissile. • Les États-Unis annoncent avoir éradiqué la rubéole grâce à la vaccination. • L'ouragan Katrina frappe les côtes de la Louisiane, faisant quelque 1 500 morts à La Nouvelle-Orléans. Des centaines de milliers de personnes sont déplacées, et la reconstruction de certains quartiers inondés de la ville nécessitera des années. • Le *Sedna IV* part pour un séjour de plus d'un an en Antarctique dans le but d'y étudier les effets des changements climatiques. • Création du site YouTube, qui permet aux internautes de diffuser et de consulter des vidéos.

MONDE

Au Liberia, pays fondé en 1822 par des esclaves américains affranchis, Ellen Johnson-Sirleaf devient la première femme élue à la présidence d'un État africain. • Lateu, dans l'archipel de Vanuatu, en Océanie, qui compte une centaine d'habitants, devient le premier village au monde à être déplacé en raison du réchauffement climatique et de la montée des océans. • Au siège de l'UNESCO, 151 pays appuient le traité international sur la diversité culturelle. • Décès du pape Jean-Paul II à qui succédera le cardinal Joseph Ratzinger, qui prend le nom de Benoît XVI.

compositeur et chef d'orchestre Alexander Brott (né en 1915), du philosophe et historien de la culture Raymond Klibansky (né en 1905), de l'anthropologue Jean-Pierre Desaulniers (né en 1946), du poète et essayiste Michel van Schendel (né en 1929), du libraire Henri Tranquille (né en 1916), de l'homme de radio Guy Mauffette (né en 1915).

C.R.A.Z.Y. (© Sébastien Raymond).

CULTURE ET SOCIÉTÉ

Mise en place du régime d'assurance parentale. • Hausse des naissances pour la quatrième année d'affilée au Québec ; le nombre de naissances a connu une augmentation spectaculaire de 8 % en un an. • Des archéologues découvrent à Québec l'emplacement d'un des deux forts qu'ont occupés Jacques Cartier et Jean-François de La Rocque de Roberval entre 1541 et 1543. Avec le site viking de l'Anse-aux-Meadows, à Terre-Neuve, c'est le plus ancien établissement européen localisé au nord du Mexique. • Entrée en vigueur de la loi anti-tabac interdisant la cigarette dans les bars et les restaurants du Québec. • Le 7 septembre, fusillade au collège Dawson, à Montréal. Une étudiante

POLITIQUE

Fondation du parti politique Québec solidaire, dont les deux porte-parole sont Françoise David et Amir Khadir. • Loi imposant les conditions de travail dans le secteur public. • Eva Ottawa, une Atikamekw de Manawan, est élue grand chef de la nation atikamekw. Elle est la première femme de l'histoire contemporaine des Amérindiens du Québec à occuper un poste politique aussi élevé. • Tenue à Mashteuiatsh, au Lac-Saint-Jean, du Forum socioéconomique des Premières Nations. • Les Communes adoptent une résolution reconnaissant le Québec comme une nation à l'intérieur du Canada.

AMÉRIQUE DU NORD

Près des deux tiers des Américains sont obèses ou accusent une surcharge pondérale. • Le Cirque du Soleil lance à Las Vegas son spectacle *LOVE*, qui vient s'ajouter à *Ô*, *Zumanity* et *KÀ*, déjà présentés dans cette ville. • Western Union, la première société à lancer les télégrammes commerciaux en 1851, abandonne ce type de communication.

MONDE

Au Chili, Michelle Bachelet devient la première femme démocratiquement élue à la présidence d'un pays d'Amérique du Sud. • Saddam Hussein est condamné à mort pour crimes contre l'humanité. Il est pendu au début de l'année 2007. • Le 5 mai, signature d'un accord de paix entre le gouvernement soudanais et l'Armée de libération du Soudan. La guerre civile au Darfour a déjà fait plus de 200 000 morts et entraîné l'exil de quelque 2 millions de personnes. Malgré l'accord, les atrocités se poursuivent. • Deux soldats israéliens sont enlevés au Liban ; Israël réplique en lançant des attaques qui feront plus d'un millier de morts. • Le groupe japonais Nikon abandonne la perd la vie et une vingtaine de personnes sont blessées. Le tireur est abattu par la police. • Le 30 septembre, effondrement du viaduc de la Concorde. Une commission d'enquête présidée par Pierre Marc Johnson est chargée d'en identifier les causes. • Décès du poète montréalais Irving Layton (né en 1912), du cinéaste Bernard Gosselin (né en 1934), du père de la publicité au Québec Jacques Bouchard (né en 1931) et du ténor Léopold Simoneau (né en 1916).

Eva Ottawa (© Marie-Claude Simard).

fabrication d'appareils photo argentiques, sauf de deux modèles, pour la photo numérique qui représente 98 % de ses ventes. • Floyd Landis, vainqueur du Tour de France, perd son titre après avoir échoué à un contrôle antidopage. • Pluton perd son statut de planète ; le système solaire n'en compte plus que neuf. • Introduction à la Bourse de la première banque chinoise, ICBC. • Disparition du marché de la cassette VHS, remplacée par le DVD.

CULTURE ET SOCIÉTÉ

Création de la Commission de consultation sur les pratiques d'accommodements reliées aux différences culturelles, dirigée par Gérard Bouchard et Charles Taylor. • Soixante-douze librairies du Québec se regroupent pour former Librairies indépendantes du Québec (LIQ). • À l'été, épidémie d'algues bleues dans plus d'une centaine de lacs au Québec.

POLITIQUE

Le 26 mars, élections générales au Québec. Le Parti libéral remporte 48 sièges, l'Action démocratique du Québec, 41, et le Parti québécois, 36. • À Québec, et pour la première fois dans l'histoire canadienne, le cabinet ministériel compte autant de femmes que d'hommes. • Dépôt au Parlement du projet de loi C-220, qui interdit l'usage des gras trans. • Règlement final sur l'équité salariale.

AMÉRIQUE DU NORD

FaceBook, le site de réseau social créé par Mark Zuckerberg, compte quelque 60 millions de membres dans le monde entier. MySpace en compte plus de 200 millions. • Le prix Nobel de la paix est remis à Al Gore, ancien candidat à la présidence américaine et auteur du film *Une vérité qui dérange,* et au GIEC (Groupe d'experts intergouvernemental sur l'évolution du climat) pour saluer leur contribution à la lutte contre le réchauffement climatique. • La crise des prêts hypothécaires à risques (les *subprimes*) prend de l'ampleur aux États-Unis, entraînant un ralentissement économique et une chute des titres des institutions financières.

MONDE

En France, Ségolène Royal est la première femme représentante d'un parti politique qui obtient plus de 30 % des voix, le Parti socialiste, à se présenter à la présidence de la République. • À Paris, 80 éditeurs internationaux, dont trois québécois, signent un manifeste pour la protection et la promotion de la bibliodiversité. • L'Union interparlementaire, organisation mondiale des parlements des 262 États souverains, annonce que la proportion de femmes dans les classes politiques du monde entier a atteint près de 17 % en 2006, un niveau record et une hausse de près de six points de pourcentage en dix ans. • Parution de *Harry Potter and the Deathly Hallows,* 7e et dernier tome de la série de J. K. Rowling qui s'est

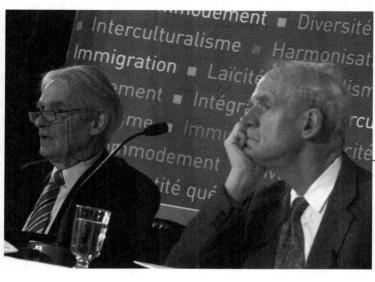

Gérard Bouchard et Charles Taylor (© Martin Alarie).

vendue à quelque 300 millions d'exemplaires dans le monde.
• Entrée en vigueur de la Convention internationale sur la diversité culturelle adoptée par l'UNESCO.
• Toyota devient le plus grand fabricant automobile du monde, devant le nord-américain General Motors. • Selon l'Institut national d'études démographiques de France, un habitant de la Terre sur 2 réside désormais en ville. Il y a 100 ans, c'était un sur 10. • Décès de l'apôtre des pauvres et des sans-logis l'abbé Pierre (né en 1912), du cinéaste suédois Ingmar Bergman (né en 1918) et du ténor Luciano Pavarotti (né en 1935).

Index

Table des matières

MISE EN PAGES ET TYPOGRAPHIE :
LES ÉDITIONS DU BORÉAL

ACHEVÉ D'IMPRIMER EN AVRIL 2008
SUR LES PRESSES DE L'IMPRIMERIE GAGNÉ
À LOUISEVILLE (QUÉBEC).